土木工程实验系列教材

桥梁工程专业实验

主　编　张汉平
副主编　钟穗东

华南理工大学出版社
SOUTH CHINA UNIVERSITY OF TECHNOLOGY PRESS
·广州·

图书在版编目(CIP)数据

桥梁工程专业实验/张汉平主编. —广州：华南理工大学出版社，2017.5
土木工程实验系列教材
ISBN 978-7-5623-5186-3

Ⅰ.①桥… Ⅱ.①张… Ⅲ.①桥梁工程-实验-高等学校-教材 Ⅳ.①U44-33

中国版本图书馆 CIP 数据核字(2017)第 013360 号

桥梁工程专业实验
张汉平 主编

出 版 人： 卢家明
出版发行： 华南理工大学出版社
(广州五山华南理工大学 17 号楼，邮编 510640)
http://www.scutpress.com.cn E-mail:scutc13@scut.edu.cn
营销部电话：020-87113487 87111048（传真）
策划编辑： 赖淑华
责任编辑： 王魁葵
印 刷 者： 虎彩印艺股份有限公司
开 本： 787 mm×1092 mm 1/16 **印张：** 10.25 **字数：** 250 千
版 次： 2017 年 5 月第 1 版 2017 年 5 月第 1 次印刷
定 价： 22.00 元

土木工程实验系列教材
编辑委员会

前　言

近年来，高校实验教学日益受到重视，从国家教育部到全国各高校都积极采取措施推进实验教学的创新发展，实验教学成为培养具有创新精神、创造能力和较强实践能力的高素质人才的重要组成部分。《桥梁工程专业实验》教材正是以培养创新型人才为宗旨编写而成的，对学生实验思维、创新探研与想象空间和创造力的培养具有较强的广泛性和实用性。

本书共有7章，详细讲述了桥用材料力学性能、桥梁构配件与张拉、桥梁测试技术和桥梁结构静动态特性、桥模结构模态分析与测试，以及桥梁模型结构的优化与异变探研试验等方面教学内容和实验指导，是现时桥梁专业实验的精品教材。书中除桥梁专业的常规实验外，凸显综合设计型、探索性的创新实验与教学方法，如结构桁架梁、桥型仿真类等一批试验，是编者多年参与实验教改、开发创新探研性实验教学成果的呈现，它充分体现了桥梁专业工程实例与课程实验融合的时代必要性，是教学与实际相容的范例教材。实践证实，这类实验能充分激发学生的学习兴趣、创新思维，提升学生的专业技能水平。

实验是人们认识事物的途径，是获取原始数据资料的重要手段，对所获取的原始资料只有经过周详的理论分析，才能做出正确的结论，才能为理论提供宝贵的资料和依据。因此，不应该把实验看成单纯经验性的操作；相反，它是一种根据丰富的原始资料对事物进行深入理论分析和探研的持续。在实验过程中自始至终贯穿着从实践到理论，从理论再到实践的辩证关系，由此可见教育领域中实践教学的充要性和可续性。

《桥梁工程专业实验》既有专业理论的原理，又有实际实验的范例，其素材前瞻、内容适广，不仅为高校本专业本科和研究生提供实验教学内容的指导，同时亦可为相关学科研究人员、工程检测技术人员的工作实践提供有益的帮助和参考。

本书由张汉平、钟穗东负责撰写，许光辉参与部分编写工作。在编写过程中，得到业内学者的大力支持，对此深表感谢。因编写者水平有限，疏漏之处在所难免，诚望读者指正。

编　者

2016年9月

目　　录

第1章 桥用预应力材料

随着桥梁建造科学技术的快速发展，各种先进的施工工艺得到了进一步完善，预应力混凝土技术已被广泛采用。桥梁建设规模越来越大，施工质量和安全问题越显突出，对桥用预应力材料检验及张拉设备的校准尤为重要。

1.1 预应力钢绞线力学性能检验

1.1.1 钢绞线标记方法

预应力混凝土用钢绞线是主要的桥预应力筋，它是用冷拔钢丝制造，在绞线机上以一根稍粗的直钢筋为中心，其余钢丝围绕中心直钢筋进行螺旋状绞合，再经过低温回火处理而成的，其规格有3股、7股、19股等，其中以7股钢绞线为常用。

预应力钢绞线应成批验收，每批由同一钢号、同一规格、同一生产工艺制造的钢绞线组成，检验批每批不超过60 t，每批3根。

检验依据：《预应力混凝土用钢绞线》(GB/T 5224—2014)

标记方法：例如，公称直径为15.20 mm，强度级别为1860 MPa的七根钢丝捻制的标准型钢绞线标记为：预应力钢绞线1×7-15.20-1860-GB/T 5224—2014。

1.1.2 外观检验

预应力钢绞线的公称直径、直径允许偏差、中心钢丝直径加大范围应符合GB/T 5224—2014的规定。钢绞线的捻距应为钢绞线公称直径的12～16倍，如无特殊要求，钢绞线的捻编方向为左捻。钢绞线内不得有折断、横裂和相互交叉的钢丝；每根成品钢绞线表面不得带有任何形式的电接头。成品钢绞线表面不得带有润滑剂、油渍等降低钢绞线与混凝土黏结力的物质。钢绞线表面允许有轻微的浮锈，但锈蚀不得成肉眼可见的麻坑。用肉眼检查钢绞线表面质量，用精度为0.02 mm的卡尺测量直径和捻距，直径应以横穿直径方向的相对两根外层钢丝为准，测得钢绞线中心钢丝直径 d_0、外层钢丝直径 d 和捻距，可以算出钢绞线捻角 α，钢绞线的参考截面面积 S_n 可以按式(1-1)计算。

$$S_{\mathrm{n}} = \frac{\pi d_0^2}{4}\left(1 + \frac{6}{\sin\alpha}\frac{d^2}{d_0^2}\right) \tag{1-1}$$

常用1×7-15.20-1860-GB/T 5224—2014钢绞线参考截面面积 S_n 值取140.0 mm^2。

1.1.3 力学性能指标及检验项目

整根钢绞线的拉力实验结果应符合表1-1的规定。

表1-1 钢绞线的力学性质(GB/T 5224—2014)

钢绞线结构	钢绞线公称直径/mm	抗拉强度 R_m/MPa ≥	整根钢绞线的最大力 F_m/kN ≥	整根钢绞线的最大力的最大值 $F_{m,max}$/kN ≥	规定非比例延伸力 $F_{p0.2}$/kN ≥	最大力总伸长率(L_0≥500mm) A_{gt}/% ≥	应力松弛性能	
							初始负荷相当于实际最大力的百分数/%	1000h后应力松弛率 r/% ≤
1×7 标准型	15.20	1470	206	234	181	对所有规格	对所有规格	对所有规格
		1570	220	248	194	3.5	70	2.5
		1670	234	262	206		80	4.5
		1720	170	190	150			
		1860	260	288	229			
		1960	274	302	241			

检查项目有:

(1)屈服力

钢绞线屈服力采用引伸计标距(不少于一个捻距)的非比例延伸达到引伸计标距的0.2%时所受的力($F_{p0.2}$)。为便于供方日常检验,也可以测规定总延伸到达原标距1%的力(F_{tl}),其值符合本标准规定的$F_{p0.2}$值可以交货,但仲裁实验时测定$F_{p0.2}$。测定$F_{p0.2}$和F_{tl}时预加荷载为公称最大力的10%。

(2)最大力F_m

整根钢绞线的最大力实验按GB/T 21839的规定进行,如试样在夹头内和距钳口2倍钢绞线公称直径内断裂,达不到本标准性能要求时,实验无效。计算抗拉强度R_m时取钢绞线的公称横截面面积(钢绞线公称直径为15.20 mm,公称横截面面积为140 mm^2)。

(3)最大力总伸长率A_{gt}

最大力总伸长率A_{gt}按GB/T 21839的规定进行测量。伸长率A_{gt}的精确值只能用引伸计测得,如果试样上的引伸计不能延伸到试样断裂,可按下列方法测定伸长率A_t代替A_{gt}。

测定钢绞线(15.20 mm)伸长率时,其标距≥500 mm,记录实验机夹紧时的距离L,若测定伸长的引伸计距离(标距L)定为500 mm,1%即5.0 mm时的负荷F_{tl}后,卸下引伸计,读取实验系统上显示位移值L_1。然后加荷至钢绞线断裂,此时记录上下工作台间的最终距离L_2;测量伸长率时预加荷载对试样所产生的延伸率0.1%应在总延伸内。可理论计算钢绞线的伸长率

$$A_{gt} = 0.1\% + 1\% + \Delta L / L \tag{1-2}$$

其中，$\Delta L = L_2 - L_1$。

钢绞线加载过程曲线见图 1－1。

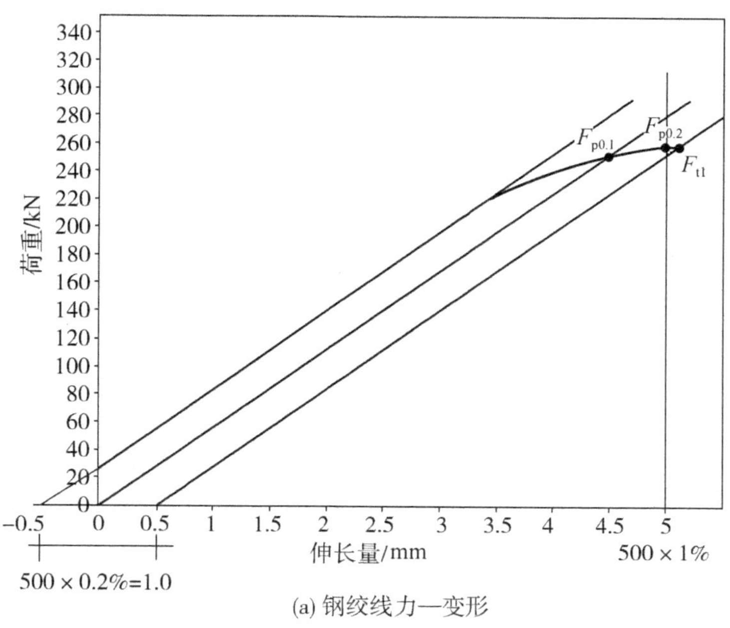

(a) 钢绞线力—变形

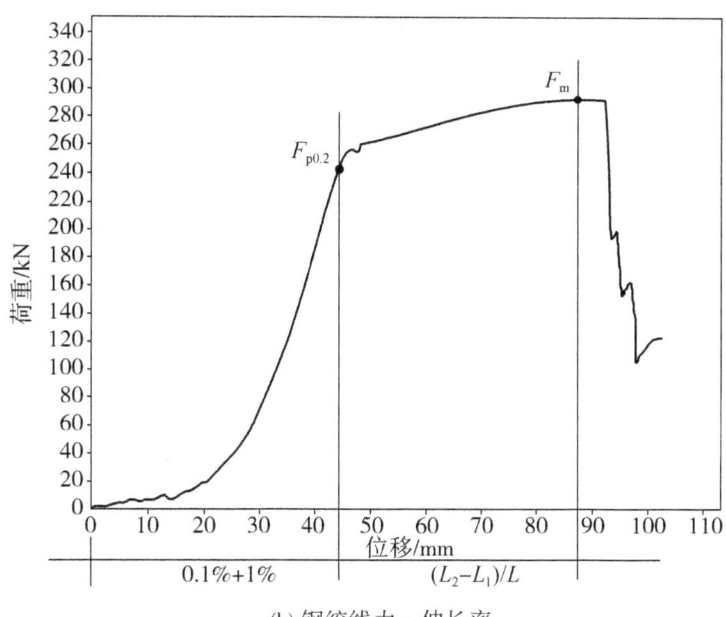

(b) 钢绞线力—伸长率

图 1－1　钢绞线加载过程曲线

(4) 弹性模量 E

弹性模量按 GB/T 21839 的规定进行测定，在力—伸长率曲线中，用 $0.2F_m$ 到

$0.7F_m$ 范围内的直线段斜率除以公称面积测定，斜率可以通过对测定数据进行线性回归得出，也可用最优拟合目测法得出。

检验结果修约与判定应符合 YB/T 081 的规定，R_m 精确至 10 MPa，A_{gt} 精确至 0.1%。从每盘钢绞线截取一根试样所进行的力学性能实验，每项实验结果均应符合标准规定值，如有一项不合格，则该盘钢绞线判定为不合格品，再从未实验的钢绞线中取 2 倍数量的试样进行不合格项的复验，如仍有一项不合格，则该批钢绞线判定为不合格品。

1.1.4 实验步骤

(1)打开实验机电源与控制界面，开动油泵，油缸进油。

(2)装夹钢绞线一端，力值清零，再装夹另一端。钢绞线两端装夹可加装带金刚砂的薄铝片，增加握裹力，可减少夹头打滑现象。记录 L。

(3)在夹持段中部安装引伸计。加载程序设定为加载至“预加荷载”$P_{初}$ 时，引伸计清零。

(4)拆除引伸计固定针后开始实验，当引伸计达 1% 标距时，可记录 F_{t1}。保持荷载，取下引伸计，记录 L_1。

(5)当加力使试件破损后，记录 L_2，卸荷(实验机卸油)。

(6)记录计算实验数据 E，$F_{p0.2}$，F_m，A_{gt}。关闭电源，清理现场，工具复位。

1.2 预应力锚具、夹具和连接器锚固性能检验

锚具是在后张法预应力结构或构件中为保持预应力筋的张拉力将其传递到混凝土上所用的永久性锚固装置。

夹具常为临时性的锚固装置工具。在先张法预应力混凝土结构或构件施工时，为保持预应力筋的拉力并将其固定在张拉台座(或设备)上的临时性锚固装置；或者在后张法预应力结构或构件施工时，将千斤顶(或其他张拉设备)的张拉力传递到预应力筋上的临时性锚固装置(又称工具锚)。

连接器是用于连接预应力筋的连接装置。

检验依据：《预应力筋用锚具、夹具和连接器》(GB/T 14370—2015)。

1.2.1 产品分类

锚具、夹具和连接器按锚固方式不同，可分为夹片式(单孔和多孔夹片锚具)、支承式(墩头锚具、螺母锚具等)、锥塞式(钢质锥形锚具等)和握裹式(挤压锚具、压花锚具等)四种基本类型。

1.2.2 实验要求

锚具、夹具和连接器应具有可靠的锚固性能和足够的承载能力，以保证充分发挥预应力筋的强度。锚具静载锚固性能由预应力锚具组装件的静载实验测定的锚具效率系数 η_a 和达到实测极限拉力时的总应变 ε_{Ta} 来确定。

锚具、夹具的静载锚固性能应符合式(1－3)。

$$\eta_a = \frac{F_{Tu}}{n \times F_{pm}} \geqslant 0.95 \quad 或 \quad \eta_g = \frac{F_{Tu}}{n \times F_{pm}} \geqslant 0.95$$

$$\varepsilon_{Ta} \geqslant 2.0\% \tag{1-3}$$

破坏形式规定：预应力筋—夹具(或连接器)组装件的破坏形式应是预应力筋的破断，而不应由夹具(或连接器)的失效导致实验终止。

索力中预应力材料用夹具的效率系数应符合式(1－4)。

$$\eta_a = \frac{F_{Tu}}{F_{ptk}} \geqslant 0.95, \varepsilon_{Ta} \geqslant 2.0\% \tag{1-4}$$

预应力筋公称极限抗拉力按式(1－5)计算。

$$F_{ptk} = A_{pk} \times f_{ptk} \tag{1-5}$$

式中　F_{Tu}——预应力筋—锚具夹具或连接器组装件的实测极限拉力，kN；

F_{pm}——预应力单根试件的实测平均极限抗拉力，kN；

F_{ptk}——预应力筋的公称极限拉力，kN；

A_{pk}——预应力筋的公称截面积，mm^2；

f_{ptk}——预应力筋的公称抗拉强度，MPa；

n——预应力筋—锚具夹具或连接器组装件中预应力筋的根数；

η_a——预应力筋—锚具组装件静载锚固性能实验测得的锚具效率系数,%；

η_g——预应力筋—夹具组装件静载锚固性能实验测得的锚具效率系数,%；

ε_{Ta}——预应力筋—锚具夹具或连接器组装件达到实测极限抗拉力 F_{Tu}时，预应力筋受力长度的总伸长率,%。

锚固组装件静载实验采用多束钢绞线组装称为群锚实验，受力长度不得小于 3 m；用单束钢绞线组装称为单束锚固实验，单根预应力筋试件的受力长度不得小于 0.8 m。

实验用的测力系统，其不确定度不得大于 2%；测量总应变用的量具，其标距的不确定度不得大于标距的 0.2%，指示应变的不确定度不得大于标距的 0.1%。实验台座承载力应大于组装件中各预应力筋计算极限拉力之和的 1.5 倍，千斤顶额定张拉力和测力传感器额定压力应大于组装件中各预应力筋计算极限拉力之和。实验设备及仪器每年至少标定一次。

锚具组装件实验之前必须对单根预应力筋进行力学性能实验，每次随机抽取 6 个试件，且其试件应同组装件的预应力筋试件，从同一盘钢丝或钢绞线中抽取。

1.2.3　静载锚固性能实验

(1)组装件装置。

应力筋—锚具或夹具组装件可按图 1－2 的装置进行静载锚固性能实验，受检锚具下方安装的环形支撑垫板内径应与受检锚具配套使用的锚垫板上口直径一致；预应力筋—连接器组装件可按图 1－3 的装置进行静载锚固性能实验，被连接段预应力筋(件 13)安装预紧时，可在实验连接器(件 8)下临时加垫对开垫片，加载后可适时撤除；单根预应力筋的组装件还可在钢绞线拉伸实验机上按 GB/T 21839 的规定进行静载锚固性能实验。

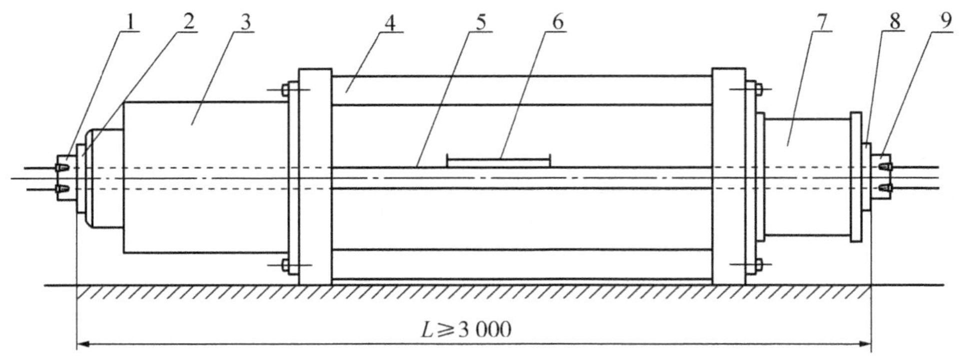

图 1－2 应力筋—锚具或夹具组装件装置图

1，9—实验锚具或夹具；2，8—环形支承垫板；3—加载用千斤顶；4—承力台座；
5—预应力筋；6—总伸长率测量装置；7—荷载传感器

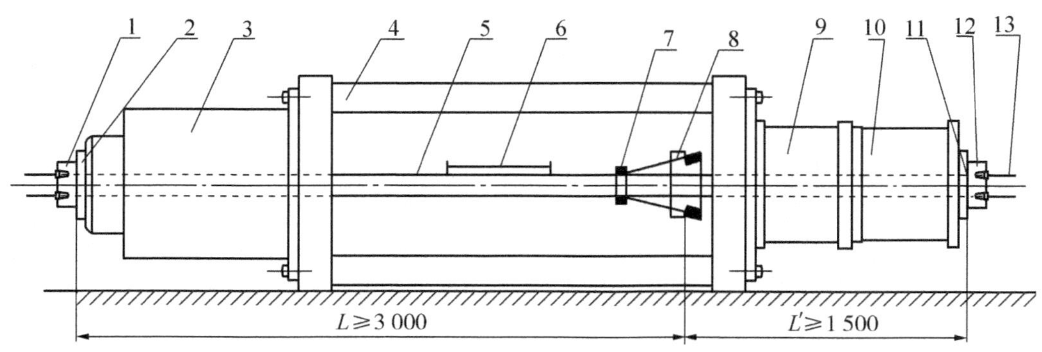

图 1－3 预应力筋—连接器组装件装置图

1，12—实验锚具；2，11—环形支承垫板；3—加载用千斤顶；
4—承力台座；5—续接段预应力筋；6—总伸长率测量装置；7—转向约束钢环；
8—实验连接器；9—附加承力圆筒或穿心千斤顶；10—荷载传感器；13—被连接段预应力筋

(2)安装与初应力。

①受检预应力筋—锚具、夹具或连接器组装件应安装全部预应力筋。

②加载之前应先将各种测量仪表安装调试正确，将各根预应力筋的初应力调试均匀，初应力可取预应力筋公称抗拉强度f_{ptk}的5%～10%；总伸长率测量装置的标距不宜小于1 m。

(3)加载步骤应符合下列规定：

①对预应力筋分级等速加载，加载步骤应符合表1－2的规定，加载速度不宜超过100 MPa/min；加载到最高一级荷载后，持荷1 h，然后缓慢加载至破坏。

②用实验机或承力台座进行单根预应力筋的组装件静载锚固实验时，加载速度可加快，但不宜超过200 MPa/min；加载到最高一级后，持荷时间可缩短，但不宜少于10 min，然后缓慢加载至破坏。

表 1-2　静载锚固性能实验的加载步骤　MPa

预应力筋类型	每级应施加的荷载
预应力钢材	$0.20F_{ptk}\to0.40F_{ptk}\to0.60F_{ptk}\to0.80F_{ptk}$
纤维增强复合材料筋	$0.20F_{ptk}\to0.40F_{ptk}\to0.50F_{ptk}$

③除采用夹片式锚具的钢绞线拉索以外，其他拉索的加载步骤应符合下列规定：由 $0.1F_{ptk}$ 开始，每级加载 $0.1F_{ptk}$，持荷 5 min，加载速度不大于 100 MPa/min，逐级加载至 $0.8F_{ptk}$；持荷 30 min 后继续加载，每级加载 $0.05F_{ptk}$，持荷 5 min，逐级加载直到破坏。

④对于非鉴定性实验，实验过程中，测得的 η_a，η_g，ε_{Tu} 应满足式(1-3)及破坏形式要求。

(4)实验过程中应对下列内容进行测量、观察和记录：

①荷载为 $0.1F_{ptk}$ 时总伸长率测量装置的标距和预应力筋的受力长度；

②选取有代表性的若干根预应力筋，测量实验荷载从 $0.1F_{ptk}$ 增长到 F_{Tu} 时，预应力筋与锚具、夹具或连接器之间的相对位移 Δa（图 1-4）；

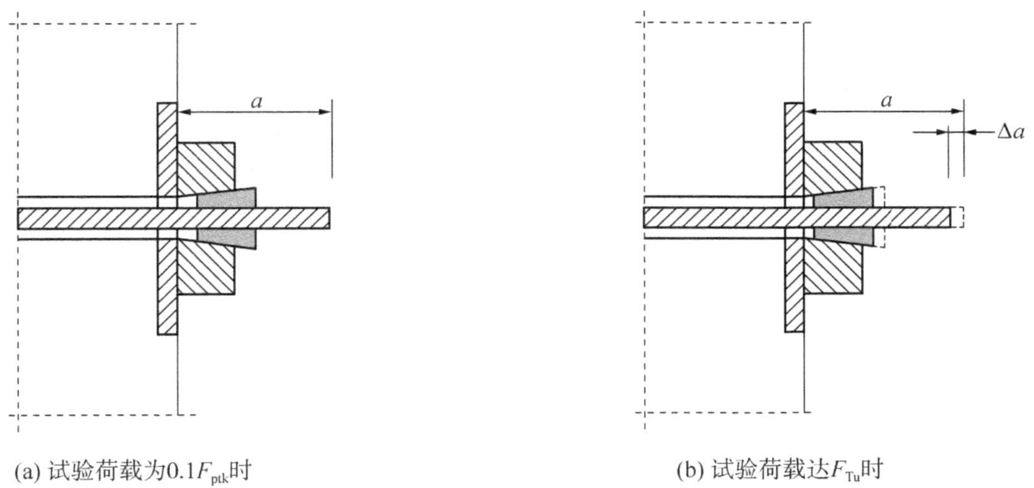

(a) 试验荷载为 $0.1F_{ptk}$ 时　　(b) 试验荷载达 F_{Tu} 时

图 1-4　实验期间预应力筋与锚具、夹具或连接器之间的相对位移示意图

③组装件的实测极限拉力 F_{Tu}；

④实验荷载从 $0.1F_{ptk}$ 增长到 F_{Tu} 时总伸长率测量装置标距的增量 ΔL_1；并计算预应力筋受力长度的总伸长率 ε_{Tu}；

$$\varepsilon_{Tu}=\frac{\Delta L_1+\Delta L_2}{L_1-\Delta L_2}\times100\% \tag{1-6}$$

式中　ΔL_1——实验荷载从 $0.1F_{ptk}$ 增长到 F_{Tu} 时，总伸长率测量装置标距的增量，mm；

ΔL_2——实验荷载从 0 增长到 $0.1F_{ptk}$ 时，总伸长率测量装置标距增量的理论计算值，mm；

L_1——总伸长率测量装置在实验荷载为 $0.1F_{ptk}$ 时的标距，mm。

⑤如采用测量加载用千斤顶活塞位移量计算预应力筋受力长度的总伸长率 ε_{Tu} 应按式(1－7)计算。

$$\varepsilon_{Tu}=\frac{\Delta L_1+\Delta L_2-\sum\Delta a}{L_2-\Delta L_2}\times 100\% \tag{1－7}$$

式中 ΔL_1——实验荷载从 $0.1F_{ptk}$ 增长到 F_{Tu} 时，加载用千斤顶活塞的位移量，mm；

ΔL_2——实验荷载从 0 增长到 $0.1F_{ptk}$ 时，加载用千斤顶活塞的位移量的理论计算值，mm；

$\sum\Delta a$——实验荷载从 $0.1F_{ptk}$ 增长到 F_{Tu} 时，预应力筋端部与锚具、夹具或连接器之间的相对位移之和，mm；

L_2——实验荷载为 $0.1F_{ptk}$ 时，预应力筋的受力长度，mm。

(5)组装件的破坏部位与形式应符合下列规定：

夹片式锚具、夹具或连接器的夹片在加载到最高一级荷载时，不允许出现裂缝或断裂；在满足式(1－3)的条件下允许出现微裂和纵向断裂，不应出现横向、斜向断裂及碎断；预应力筋激烈破断冲击引起的夹片破坏或断裂属于正常情况；握裹式锚具的静载锚固性能实验，在满足式(1－3)后失去握裹力时，属正常情况。

(6)应进行 3 个组装件的静载锚固性能实验，全部实验结果均应做记录。3 个组装件的实验结果均应符合式(1－3)及破坏形式规定，不应以平均值作为实验结果。

(7)预应力筋为钢绞线时，如果钢绞线在锚具、夹具或者连接器以外非夹持部位破断，且不符合式(1－3)及破坏形式规定，应更换钢绞线，重新取样做实验。

(8)检测报告除数据记录外，还应包括破坏部位及形式的图像记录，并有准确的文字述评。

1.2.4 试件抽样与检验判定

对于同类型、同一批原材料和同一工艺生产的锚具、夹具或连接器应作为一批验收，每批不超过 1 000 套，其抽样与判定见表 1－3。

对预应力锚具、夹具和连接器等检验要求，一般是按产品的用途进行实验项目的检验。

表 1－3 检验项目、数量和结果评定

方式	实验项目/数量		判定规则
出厂检验	外观、尺寸	大于等于本生产批的 5% 且不应少于 10 [件(套)]	产品外观、尺寸及偏差应符合技术文件的规定 如果 1 个样品不符合要求，则双倍数量样品重检；如仍有 1 个样品不符合要求，则对本批产品逐件检，符合者判定合格
	硬度检验	大于等于本生产批的 3% 且不应少于 5 [件(套)]，每批抽样	产品硬度应符合技术文件的规定
	静载实验	3 套组装件用量[件(套)]	2 套组装件不符合要求，判定该批产品不合格；1 套组装件不符合要求，则双倍数量样品重检，仍有不符合要求者则判定该批产品不合格

续表 1－3

方式	实验项目/数量	判定规则
型式检验	外观、尺寸、硬度检验、静载实验、疲劳荷载性能、锚固区传递力性能、低温锚固性能、锚板强度	其中一项不合格者，则判定型式检验不合格
	内缩量、锚口摩阻损失	数据项目，不作合格性判定
	张拉锚固工艺	工艺项目，不作合格性判定

1.3 预应力材料硬度检验

金属的硬度实验，一般可分为动载和静载的实验。动载实验常用的为弹性回跳法和用冲击力把淬火钢球压入试样的实验方法，静载实验法为以一定形状的压头，平稳并逐渐地施加载荷，将压头压入试样，以所得压痕的几何形状或压痕形状与载荷的相互关系来表示金属的硬度。

硬度是衡量材料软硬程度的一个性能指标，硬度实验是机械性能实验中最简单易行的一种实验方法。硬度实验的方法较多，原理也不相同，测得的硬度值和含义也不完全一样。最常用的是静负荷压入法硬度实验，即布氏硬度(HB)、洛氏硬度(HRA，HRB，HRC)、维氏硬度(HV)，其值表示材料表面抵抗坚硬物体压入的能力。而里氏硬度(HL)、肖氏硬度(HS)则属于回跳法硬度实验，其值代表金属弹性变形功的大小。因此，硬度不是一个单纯的物理量，而是反映材料的弹性、塑性、强度和韧性等的一种综合性能指标。

实践证明，金属材料的各种硬度值之间，硬度值与强度值之间具有近似的相应关系。因为硬度值是由起始塑性变形抗力和继续塑性变形抗力决定的，材料的强度越高，塑性变形抗力越高，硬度值也就越高。

金属硬度(Hardness)的代号为 H。按硬度实验方法的不同，有布氏硬度(HB)、洛氏硬度(HRC)、维氏硬度(HV)、里氏硬度(HL)等。实际中，HB 和 HRC 应用较广，两者的区别在于硬度计之测头不同，布氏硬度计之测头为钢球，而洛氏硬度计之测头为金刚石。

维氏硬度 HV 适用于显微镜分析。以 120 kg 以内的载荷和顶角为 136°的金刚石方形锥压入器压入材料表面，用材料压痕凹坑的表面积除以载荷值，即为维氏硬度值(HV)。

里氏硬度(HL)适用于手提式硬度计，测量方便。利用冲击球头冲击产生弹跳，得到冲头在距试样表面 1mm 处的回弹速度与冲击速度，以其比值计算硬度，公式：里氏硬度(HL)＝1000×VB(回弹速度)/ VA(冲击速度)。里氏硬度(HL)测量后可转化为布氏硬度(HB)、洛氏硬度(HRC)、维氏硬度(HV)、肖氏硬度(HS)。或根据里氏原理直接用布氏硬度(HB)、洛氏硬度(HRC)、维氏硬度(HV)、里氏硬度(HL)、肖氏硬度(HS)测量硬度值。

锚具、夹具或连接器的硬度检验依据：《金属材料 洛氏硬度实验》(GB/T 230.1—2009)；《金属材料 布氏硬度实验》(GB/T 231.1—2009)；《金属材料 维氏硬度实验》(GB/T 4340.1—2009)。

1.3.1 洛氏硬度检验

洛氏硬度是以压痕塑性变形深度来确定硬度值指标，在一定载荷下压入被测材料表面，由压痕的深度求出材料的硬度。洛氏硬度压痕很小，测量值有局部性，须测数点求平均值，适用成品和薄片，归于无损检测一类。根据实验材料硬度的不同，分三种不同的标度来表示：

HRA：是采用60 kg 载荷和钻石锥压入器求得的硬度，用于硬度极高的材料(如硬质合金等)。

HRB：是采用100 kg 载荷和直径1.58 mm 淬硬的钢球压入器求得的硬度，用于硬度较低的材料(如退火钢、铸铁等)。

HRC：是采用150 kg 载荷和钻石锥压入器求得的硬度，用于硬度很高的材料(如淬火钢等)。

洛氏硬度实验所得的硬度值是一无名数，没有单位(因此习惯称洛式硬度为多少度是不正确的)。洛氏硬度直接在表盘上显示，也可以数字显示，操作方便。一般情况下，HRC 适用范围 20～67，相当于 HB 225～650（互换近似式 1HRC≈(1/10)HB)。若硬度高于 HRC 20 则用 HRA，若硬度高于 67 则用 HRB。

洛氏硬度(HR)进行硬度实验时，洛氏硬度值 HR 是测量压头 10 kgf(98.1 N)预加载荷与总载荷(预载荷加主载荷)作用下所得压痕深度差来表示，因此压痕的深度是在保留 10 kgf(98.1 N)的载荷下测量，总载荷是根据所用压头及试件材料而规定选用 150 kgf(1471.1 N)、100 kgf(980.7 N)或 60 kgf(588.4 N)，所得硬度值分别以不同的标记表示。

载荷施加于试样时必须平稳，无冲击及振动，特别在施加 10 kgf(98.1 N)预载荷时更应注意，加荷速度以压入时间表示，对 A、B、C 标尺均为 4～6 s(C 标尺用 HRC 40～50 的硬度块)，总负荷的保持时间为 10 s，主负荷在 2～3 s 内卸荷后，立即可读数。

1.3.2 布氏硬度检验

布氏硬度(HB)是以一定大小的实验载荷，将一定直径的淬硬钢球或硬质合金球压入被测金属表面，保持规定时间，然后卸荷，测量被测表面压痕直径。布氏硬度值是载荷除以压痕球形表面积所得的商。一般以一定的载荷(一般 3 000 kg)把一定大小(直径一般为 10 mm)的淬硬钢球压入材料表面，保持一段时间，去载后，负荷与其压痕面积之比值，即为布氏硬度值(HB)，单位为 N/mm^2。

布氏硬度(HB)一般用于材料较软的时候，如有色金属、热处理之前或退火后的钢铁。其压痕较大，测量值准，不适用于成品和薄片，一般不归于无损检测一类，其硬度上限值为 HB 650(不能高于此值)。布式硬度的硬度值有单位，且和抗拉强度有一定的近似关系。

布氏硬度(HB)进行硬度实验时，载荷的施加必须平稳，无冲击及振动，对黑色金属及有色金属中的铜及铜合金，在开始加荷至最大载荷的时间应为2～3 s，在最大载荷下保持时间应为30 s。对轻合金及塑性大的金属(铝、铝锡及轴承合金等)，则载荷施加和保持时间延长至1 min。

布氏硬度的记录，一般应标示出实验时的条件，例如以ϕ 2.5 mm的钢球，载荷为62.5 kgf(612.9 N)，载荷时间为30 s，测得的布氏硬度值为182，其结果应记录为：

$$HB2.5/62.5/30 = 182(kgf/mm^2) = 1785.4(kN/mm^2)$$

在一定条件下，布氏硬度(HB)与洛氏硬度(HRC)可以查表互换。其近似式为：1HRC≈(1/10)HB。

1.3.3　维氏硬度检验

维氏硬度多用于测定黑色金属、硬度合金、有色金属、表面渗氮层、氮化或非金属材料的硬度值。用相对面间夹角为136°的正四棱形角锥体金刚石压头压入试样，而用压痕面积(mm^2)除载荷(kgf)所得的数字表示硬度值，角锥体的压痕面积是根据其两条对角线长度的平均值来计算，硬度值可参考图1-5。

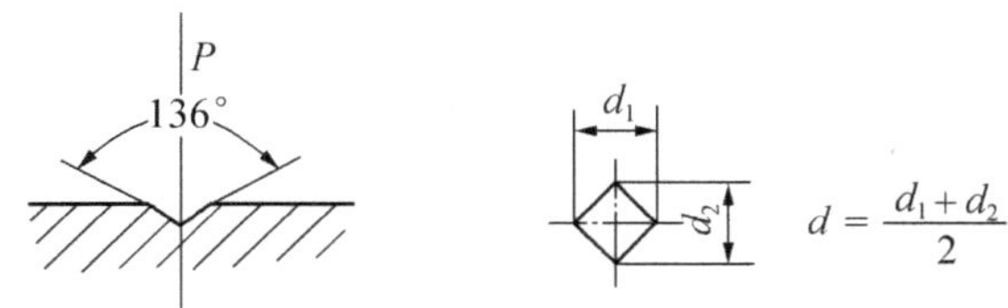

图1-5　维氏硬度压痕面积计算示意图

维氏硬度测定所用的载荷由1 kgf至120 kgf(9.81 N至1.177 kN)。负荷施加于试样上，必须缓慢平稳，无冲击及振动，从加荷开始到规定值的时间应为10～12 s，而负荷保持时间为10～15 s，对于软金属及需要较高精度的实验工作时，应加长保持负荷时间至30 s ±2 s。

1.4　预应力用混凝土波纹管力学性能检验

在预应力混凝土结构中，波纹管用作预留预应力筋管道和灌浆后黏结混凝土。因此，预应力用混凝土波纹管须具有一定刚度和良好黏结性。

1.4.1　金属波纹管

检验依据：《预应力混凝土用金属波纹管》(JG 225—2007)。

1.4.1.1　产品分类

预应力混凝土用金属波纹管按径向刚度可分为标准型、增强型，按每两个相邻的折叠咬口之间凸出部(即波纹)的数量分为双波、多波；按截面形状分为圆形和扁形。

1.4.1.2　实验指标

(1)外观

预应力混凝土用金属波纹管外观应清洁，内外表面应无锈蚀、油污、附着物、孔洞和不规则的褶皱，咬口无开裂、脱扣。

(2)径向刚度性能

各种金属波纹管径向刚度要求应符合表1－4的规定。

表1－4　径向刚度要求

截面形状	圆形	扁形
集中荷载值/N	800	500
均布荷载值/N	$F=0.31d^2$	$F=0.15[2(b+h)/\pi]^2$
外径允许变形值/内径，不大于	标准型： 0.20($d\leqslant75$ mm)，0.15($d>75$ mm) 增强型： 0.10($d\leqslant75$ mm)，0.08($d>75$ mm)	标准型：0.20 增强型：0.15

注：F为均布荷载值，N；d为圆管内径，mm；b为扁管短轴方向长度，mm；h为扁管长轴方向长度，mm。

(3)抗渗漏性能

经规定的集中荷载和均布荷载作用后，或在弯曲情况下，预应力混凝土用金属螺旋管不得渗出水泥浆，但允许渗水。

1.4.1.3　实验方法

(1)外观

要求用肉眼检查。

(2)测量尺寸

测量尺寸及其允许偏差的工具为：测内外径尺寸用游标卡尺，测钢带厚度用螺旋千分尺，测长度用钢卷尺。镀锌钢带镀锌层重量(双面)应按照GB 4175.2的规定进行实验，荷载实验时，可用百分表直接测量外径变形，也可用直尺测量实验机绘出的力值—位移曲线来计算外径变形。

(3)集中荷载

实验方法：取长度为1 m的试件，按图1－6所示，通过直径ϕ10 mm的圆钢，用满量程不大于2 000 N的万能实验机或砝码—杠杆机构，向试件缓缓施加集中荷载至800 N，直至停止变形。

测量变形时应同时测量试件两侧的变形，取平均值。

扁管的计算内径为内轮廓周长除以圆周率π。

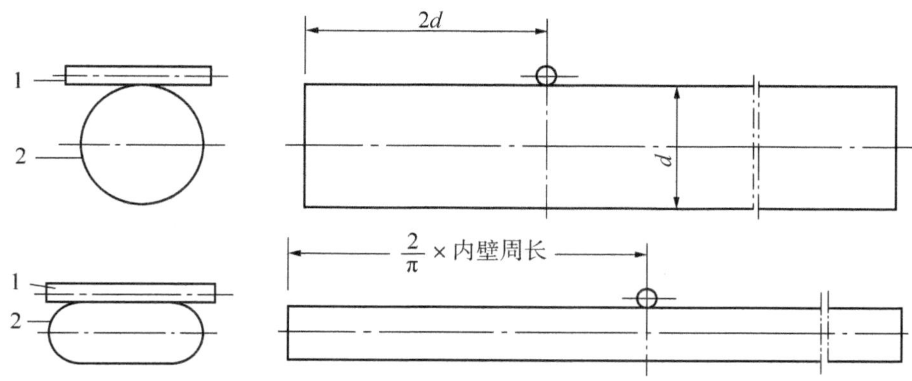

图 1－6　集中荷载实验方法示意图

1—ϕ10mm 圆钢；2—试件

(4)均布荷载

实验方法：取长度为 1 m 的试件，按图 1－7 所示，通过上、下加荷板和海绵垫，用量程不大于 2 000 N 的万能实验机或杠杆—砝码机构，向试件缓缓施加荷载至规定值，直至停止变形。

测量变形时应同时测量试件两侧的变形，取平均值。加载值按表 1－4 中公式计算。

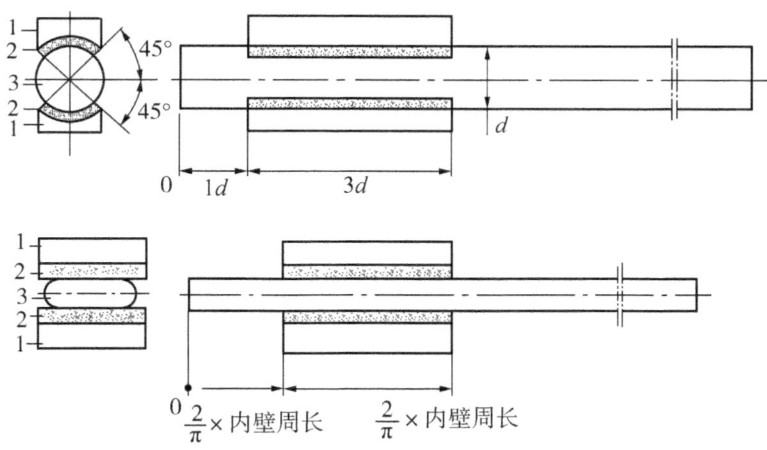

图 1－7　均布荷载实验方法示意图

1—加荷板；2—10 mm 海绵垫；3—试件

(5)承受荷载后抗渗漏性能

实验方法：

①试件制作。将已进行过抗集中荷载实验的试件的另一端，按集中荷载实验方法，在管内放入 80% 圆管内径(扁管为短边长度)的圆钢，施加 1 000 N 的集中荷载，制成集中荷载作用后抗渗漏性能实验试件；承受过均布荷载作用下刚度性能的试件就是均布荷载作用后抗渗漏性能的试件。

②试件准备。试件竖放，将此次加荷载部位朝下，下端封严。

③灌入试件。用0.50水灰比的纯水泥浆灌入试件，其灌注高度为1.0 m，观察表面渗漏情况30 min。

(6)抗弯曲渗漏性能

实验方法：将预应力混凝土用金属螺旋管弯成圆弧，圆弧半径为：圆管为30倍内径，扁管短轴方向为30倍短轴长度、长轴方向为30倍长轴长度且不大于800倍预应力钢丝直径，灌入水灰比为0.50的纯水泥浆，纯水泥浆高度不低于1 m，观察表面渗漏情况30 min。见图1-8。

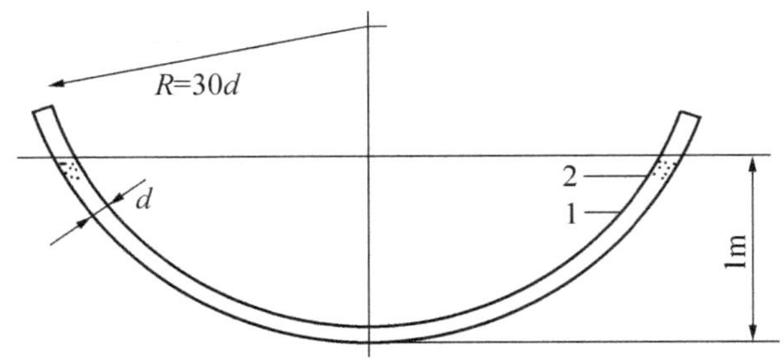

图1-8 抗弯曲渗漏性能实验方法示意图

1—试件；2—纯水泥浆

1.4.2 塑料波纹管

塑料波纹管具有防锈蚀、黏结性好的特点，是近年来推广使用的预应力用混凝土波纹管。检验依据：《预应力混凝土桥梁用塑料波纹管》(JTT 529—2016)。

1.4.2.1 塑料波纹管型号

塑料波纹管是预应力混凝土桥梁中用于穿预应力钢绞线的一种塑料管。塑料波纹管按截面形状可分为圆形和扁形两大类。其结构见图1-9。波峰4～5 mm，波距30～60 mm。

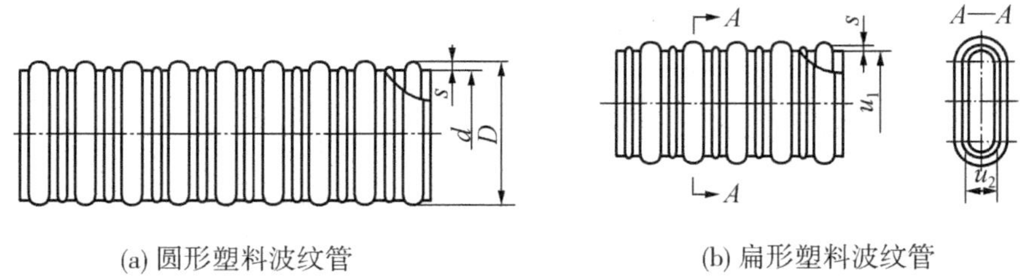

(a) 圆形塑料波纹管　　(b) 扁形塑料波纹管

图1-9 波纹管

型号表示方式：

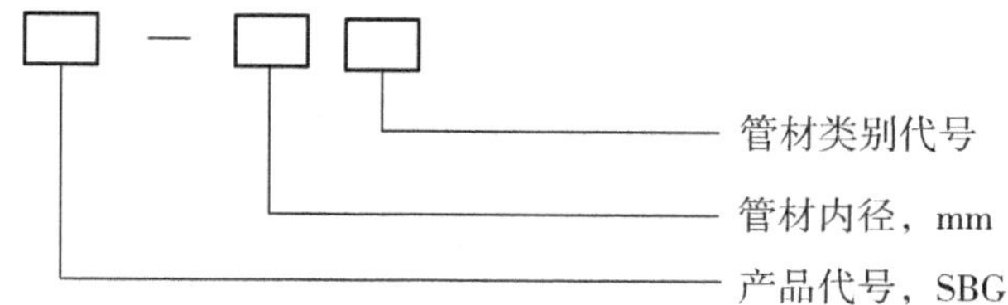

管材类别代号：圆形管代号为 Y；扁形管代号为 B。

管材内径：圆形管以 d 表示；扁形管以长轴 u_1 表示。

示例 1：内径为 50 mm 的圆形塑料波纹管型号：SBG－50Y。

示例 2：长轴方向内径为 41 mm 的扁形塑料波纹管型号：SBG－41B。

1.4.2.2　塑料波纹管技术要求

(1)原材料

塑料波纹管原材料应使用原始粒状原料，严禁使用粉状和再造粒状颗粒原料。高密度聚乙烯(HDPE)应满足 GB/T 11115 的要求，聚丙烯(PP)应满足 GB/T 18742.1 的要求。采用注塑成形的塑料波纹管，灰分含量不应超过 7%，氧化诱导时间不少于 10 min，经抗老化性实验后，不应出现分层、开裂或起泡。

(2)外观

塑料波纹管的外观应光滑、色泽均匀，内外壁不允许有隔体破裂、气泡、裂口、硬块及影响使用的划伤。

(3)环刚度

塑料波纹管环刚度应不小于 6 kN/m^2(圆)、4 kN/m^2(扁)。

(4)局部横向荷载

塑料波纹管承受横向局部荷载时，持载 2 min，管材表面不应破裂；卸荷 5 min 后管材残余变形量不得超过管材外径(或扁形管节短轴)的 10%。

(5)纵向荷载

塑料波纹管承受纵向荷载时，管节纵向压缩量与管节长度之比不大于 0.8%。

(6)柔韧性

塑料波纹管按规定的弯曲方法反复弯曲 5 次后，专用塞规能顺利地从塑料波纹管中通过，则塑料波纹管的柔韧性合格。

(7)抗冲击性

塑料波纹管低温落锤冲击实验的真实冲击率 TIR 最大允许值为 10%。

(8)拉伸性能

塑料波纹管的拉伸屈服应力不小于 20 MPa。高密度聚乙烯塑料波纹管断裂伸长率不小于 500%，聚丙烯塑料波纹管断裂伸长率不小于 400%。

(9)拉拔力

将塑料波纹管管节与管节接头、连接接头安装好的试样，固定在拉力计上，保持恒定拉力，持续 1 h，连接处不松脱。

(10)密封性

将两根波纹管管节与管节接头、连接接头安装好，测定真空度，真空度要大于 -0.07 MPa。

1.4.2.3 实验方法

实验环境按 GB/T 2918 规定，常温为 23℃ ±2℃；试样在实验前应按实验环境进行状态调节 24 h 以上；外观用肉眼直接观察，内壁可以用光源照看；尺寸测量，塑料波纹管的内径和壁厚按 GB/T 8806 规定测量。

(1)环刚度

实验方法：从五根管材上各取长 300 mm ± 10 mm 试样一段，两端应与轴线垂直切平。按 GB/T 9626 进行，上压板下降速度为 5 mm/min ± 1 mm/min。当试样垂直方向的内径变形量为原内径的 3% 时，记录此时试样所受的负荷。实验结果按式(1 -8)计算：

$$S = \left(0.0186 + 0.025 \times \frac{\Delta Y}{d_i}\right) \times \frac{F}{\Delta Y \cdot L} \tag{1-8}$$

式中 S ——试样的环刚度，kN/m^2；

ΔY ——试样内径(或扁形管节短轴)垂直方向 3% 变化量，m；

F ——试样内径(或扁形管节短轴)垂直方向 3% 变形时的负荷，kN；

d_i——试样内径(或扁形管节长轴与短轴的算术平方根)，m；

L ——试样长度，m。

(2)局部横向荷载

取样件长 1100 mm，在样件中部位置波谷处取一点，用端部为 $R = 12$ mm 的圆柱顶压头施加横向荷载 F，要求在 30 s 内达到规定荷载值 800 N，持荷 2 min 后观察管材表面是否破裂；卸荷 5 min 后，在加载处测量塑料波纹管外径(或扁形管节短轴)的变形量。加载图示见图 1 -10。每根样件测试一次，记录数据，取 5 个样件的平均值。

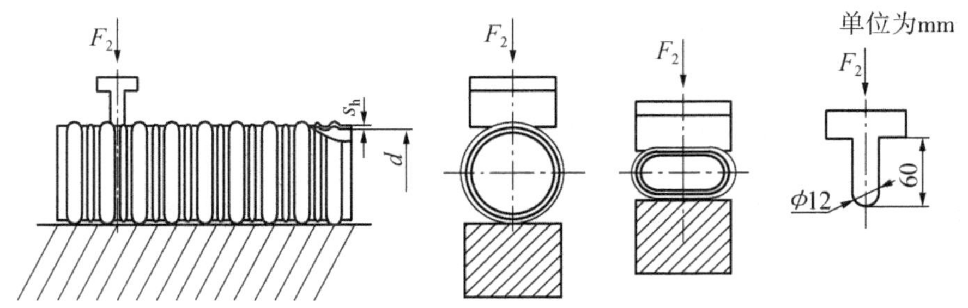

图 1 -10 塑料波纹管横向荷载实验

(3)纵向荷载

取样件长 1 100 mm 的塑料波纹管管节试样，不用内衬，施加纵向荷载，持荷 10 min，计量前后所施加荷载及其管节压缩量(ΔL)，按式(1 -9)计算压缩量，如图 1 -11 所示。塑料波纹管管节内径与施加纵向荷载关系：内径 $d \leqslant 60$，$N = 900$ MPa；$60 < d \leqslant 60$，$N = 1\,400$ MPa；$80 < d \leqslant 100$，$N = 1\,900$ MPa；$100 < d \leqslant 130$，$N = 2\,200$ MPa。

$$\Delta L = KL'' \tag{1-9}$$

式中　ΔL——管节纵向压缩量，mm；

K——管节纵向压缩量与管节长度之比；

L''——试样管节长度，mm。

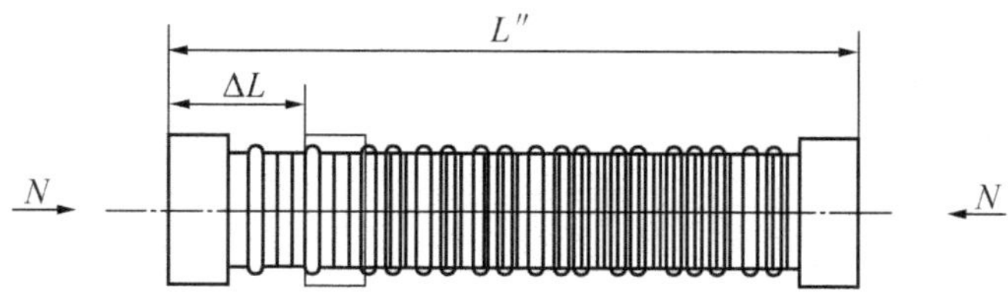

图 1－11　塑料波纹管纵向荷载实验

(4)柔韧性

实验方法：

将一根长 1100 mm 的样件，垂直地固定在测试平台上，按图 1－12 所示位置安装两块弧形模板，其圆弧半径 r 应符合表 1－5 的规定。在样件上部 900 mm 的范围内，用手向两侧缓慢弯曲样件至弧形模板位置，左右往复弯曲 5 次。

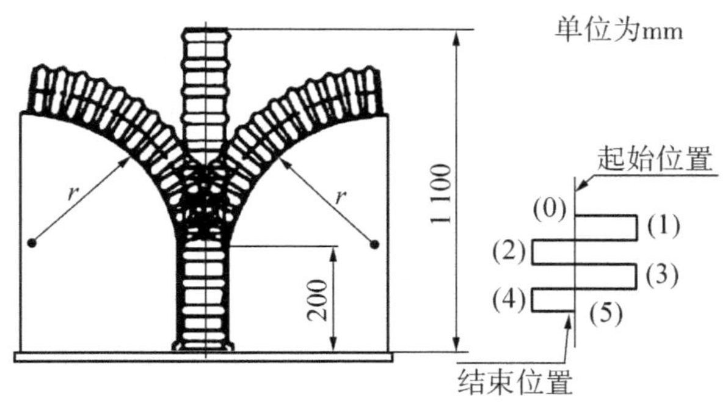

图 1－12　塑料波纹管柔韧性实验

表 1－5　塑料波纹管柔韧性各数值范围　mm

内径 d	实验长度 L	曲率半径 r
≤90	1 100	1 500
>90	1 100	1 800

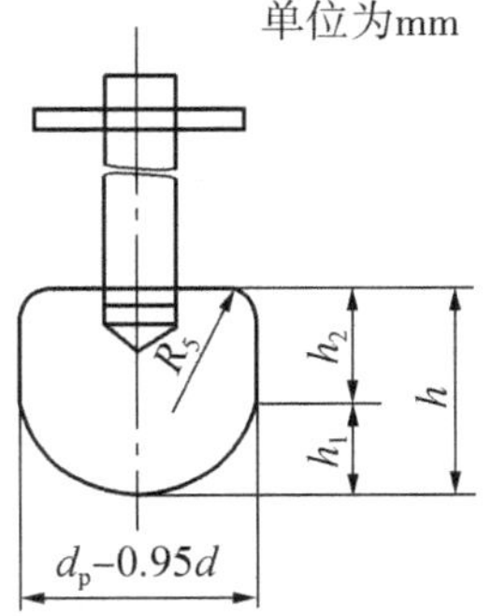

图 1－13　塞规的外形

d 为圆形塑料波纹管内径；

$h = 1.25d_p$；$h_1 = 0.5d_p$；

$h_2 = 0.75d_p$

按图 1－13 所示做一塞规，当样件弯曲至最终结束位置保持弯曲状态 2 min 后，观察塞规能否顺利地从波纹管中通过。

(5)抗冲击性

实验方法：实验温度为0℃ ±1℃，落锤质量和冲击高度见表1－6。实验方法按GB/T 12152规定进行。

表1－6　落锤质量和冲击高度

内径/mm	落锤质量/kg	冲击高度/mm
≤90	0.5	2000
90～130	1.0	2000

(6)拉伸性能 、拉拔力

拉伸性能按GB/T 8804.3的规定进行。拉拔力按GB/T 15820的规定进行。

(7)密封性

将两根波纹管管节、管节接头和连接接头安装好，两端密封，管节接头排气孔连接真空泵(功率大于2.2 kW)，测定振动度。

思考题

1. 预应力钢绞线力学性能有哪些主要检验项目?
2. 桥梁结构预应力组成部件有哪些?
3. 材料施工进场，锚具检验有哪些项目? 检验标准如何界定?
4. 常见的预应力筋和预应力锚具有哪些种类?
5. 施工中预应力筋的实际伸长值与理论伸长值的差值超过规定时应如何处理?
6. 在群锚体系中，预应力筋在张拉时产生滑丝或断丝的原因有哪些? 有什么相应的处理措施?
7. 什么是预应力混凝土，其目的是什么?
8. 预应力用混凝土波纹管检验指标有哪些? 如何检验?

第 2 章　桥梁支座与伸缩装置

2.1　桥梁板式支座力学性能检验

桥梁支座设置在梁板式体系中的主梁与墩台之间，其主要功能是将上部结构的各种荷载传递给墩台，并能适应上部结构的荷载、温度变化、混凝土收缩等各种因素所产生的变形(水平位移及转角)，使上部结构的实际受力情况符合设计计算图式。

桥梁支座按其材料可划分为小桥涵上使用的简易垫层支座、大中桥上使用的钢板支座、钢筋混凝土支座、铸钢或不锈钢支座以及目前使用极为广泛的橡胶支座。橡胶支座可分为板式橡胶支座、滑板式橡胶支座和盆式橡胶支座。

桥梁橡胶支座构造简单、成本低，目前已实现了产品的标准化、系列化，也是我国桥梁支座的发展方向，但是防止橡胶的老化问题仍然在进一步的研究中。

在桥梁支座中使用最多的是板式橡胶支座，本节作重点介绍。

2.1.1　板式橡胶支座构造特性

桥梁板式橡胶支座(见图 2－1)通常由若干层橡胶片以薄钢板为刚性加劲物组合而成，各层橡胶与上下钢板经加压硫化牢固地黏结成为一体。支座在竖向荷载作用下，主要由嵌入钢板承受，具有足够的刚度，同时橡胶片之间嵌入钢板可以限制橡胶侧向膨胀；在水平力作用下，支座的水平位移量取决于橡胶片的净厚度。

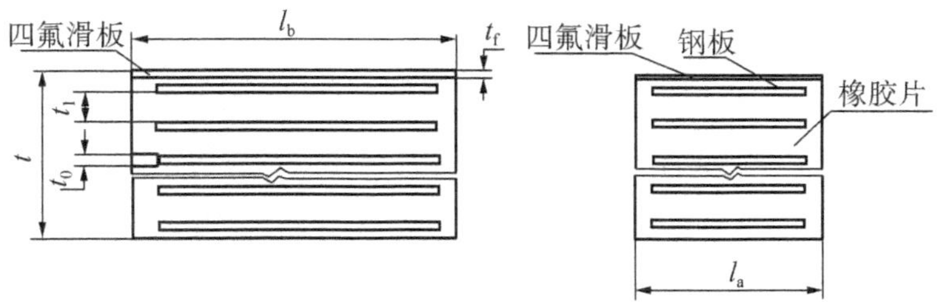

图 2－1　板式橡胶支座结构

板式橡胶支座承载能力可达 10 000 kN，容许压应力一般为 10 MPa 左右。适用标准跨径在 50 m 以内的简支板(梁)桥。板式橡胶支座有固定支座与活动支座之分，所有纵向水平力和位移由各个支座均匀分配。必要时也可用高度不同的橡胶板支座来调节各支座传递的水平力和水平位移。

2.1.2 技术要求

目前，桥梁板式橡胶支座力学性能指标及质量要求应符合交通部行业标准《公路桥梁板式橡胶支座》(JT/T4—2004)的规定。

2.1.3 检验

桥梁板式橡胶支座检验分为型式检验、出厂检验和使用前抽检三种质量控制环节(见表2-1)。

表2-1 桥梁板式橡胶支座检验方式

检验类型	产品状况	检验机构	标准、检验项目
型式检验	投产、工艺型式改变；定期监督	国家监督机构	国家标准，规定检项
出厂检验	出厂、供货	厂家质量部门	行业(国家)标准，厂家规定检项
常规检验	使用前抽检	质量检测机构	行业(国家)标准，常规性检项

(1)抗压弹性模量

实验方法：

实验方法为通过中心受压实验，得出橡胶支座的应力应变曲线，并据此求出支座的抗压弹性模量，实测出使用应力下支座的最大压缩量并观察支座在受压情况下的工作状态。

大量的实验研究表明，橡胶支座在受压荷载作用下，在压应力不大时，支座的应力—应变是非线性关系，即 σ—ε 关系开始有一曲线段；其后随着荷载的逐步加大，压缩变形几乎成比例增加，则 σ—ε 曲线呈线性关系，卸载后变形基本上可完全恢复原位。橡胶支座抗压弹性模量就是根据上述曲线中的直线段确定的。其实验步骤为(见图2-2)：

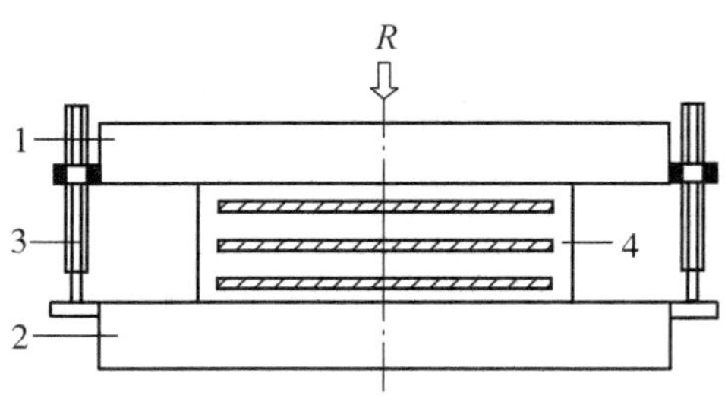

图2-2 压缩实验设备图

①置位。将橡胶支座成品直接置于实验加荷装置承压板上，上下承载板与支座接触面不得有油污，对准中心，精度应小于1%试件短边尺寸。缓缓加荷至压应力为1.0 MPa，稳压后，核对承载板四角对称位置安装的四只位移传感器(或在承载板的四角对称安装四只位移计)，确认无误后，开始预压。

②预压。将压应力以 0.03 ～0.04MPa/s 速度连续地增至平均压应力 $\sigma=10$ MPa，持荷 2 min，然后以连续均匀的速度将压应力卸至 1.0 MPa，持荷 5 min，记录初始值，绘制应力—应变图，预压三次。

③正式加载。每一加载循环自 σ_1 = 1.0 MPa 开始，将压应力以 0.03 ～0.04MPa/s 的速度均匀加载至 4.0 MPa，持荷 2min 后，采集支座变形值（或读取百分表读数），然后以同样的速度每 2.0 MPa 为一级逐级加载，每级持荷 2 min 后，采集支座变形数据直至平均压应力 σ 为止，绘制的应力—应变图应呈线性关系。然后以连续均匀的速度卸载至压应力为 1.0 MPa。10 min 后进行下一加载循环。加载过程连续进行三次。

以承载四角所测得的变位平均值作为各级荷载下试样的累计压缩变形 Δ_c，按试样橡胶层的总厚度 t_e 求出在各级实验荷载作用下，试样的累计压缩应变 $\varepsilon_i=\Delta_{ci}/t_e$。

试样抗压弹性模量按式(2－1)计算：

$$E_1=\frac{\sigma_{10}-\sigma_4}{\varepsilon_{10}-\varepsilon_4} \tag{2-1}$$

式中　E_1——试样实测抗压弹性模量计算值（精确至 1.0 MPa）；

σ_4，ε_4——第 4 级实验荷载作用下的压应力和累计压缩应变值，MPa；

σ_{10}，ε_{10}——第 10 级实验荷载作用下的压应力和累计压缩应变值，MPa 。

每一块试样的抗压弹性模量 E_1 为三次加载过程所得的三个实测结果的算术平均值。但单项结果和算术平均值之间的偏差不应大于算术平均值的 3%，否则该试样应重新实验一次。

橡胶支座在一定的压力作用下，其竖向变形主要由两个因素决定。一是支座中间橡胶片与加劲钢板接触面的状态，即橡胶与钢板黏结质量，如果黏结牢固，橡胶的侧向膨胀受到钢板的约束减少了支座的竖向变形，反之则增大竖向变形。同批支座中，个别支座受压后变形量与同类支座相比差异较大，说明在支座加工时，胶片与钢板的黏结处存在缺陷，达不到极限抗压强度时会有影响。第二个起决定作用的因素是支座受压面积与其自由膨胀侧面积之比值，常称之为形状系数。

对于矩形支座，形状系数的计算公式为：

$$S=\frac{l_{oa}\cdot l_{ob}}{2t_1(l_{oa}+l_{ob})} \tag{2-2}$$

对于圆形支座，计算公式为：

$$S=\frac{d_0}{4t_1} \tag{2-3}$$

式中　S——支座形状系数；

l_{oa}——加劲钢板短边长度，mm；

l_{ob}——加劲钢板长边长度，mm；

t_1——支座中间单层橡胶片厚度，mm；

d_0——圆形支座加劲钢板的直径，mm。

支座抗压弹性模量容许值按式(2－4)计算：

$$E=5.4GS^2 \tag{2-4}$$

式中 E——支座抗压弹性模量，MPa；

G——支座抗剪弹性模量，MPa，取标准容许值 $G=1$；

S——支座形状系数。

(2)抗剪弹性模量

实验方法：

由于梁体受温度、收缩徐变以及车辆制动力等环境条件产生的水平位移，将使支座产生剪切变形，而橡胶支座水平位移量的大小主要取决于橡胶片的净厚度，也就是说，支座的剪切位移是靠胶层的变形产生的。我国交通部行业标准规定了橡胶支座的剪切模量检验办法，如图 2－3 所示。

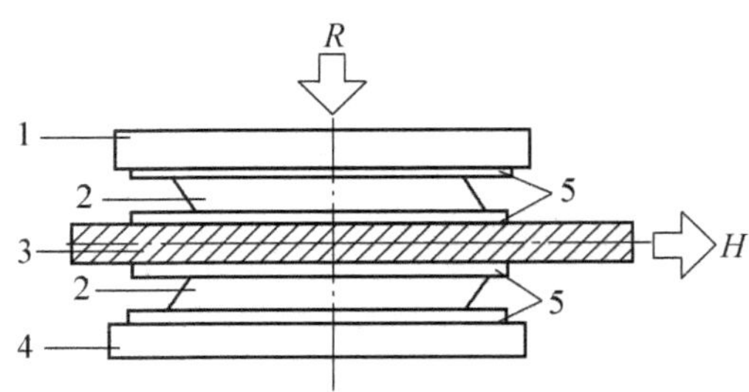

图 2－3　剪切实验设备图

1—上承载板；2—支座试样；3—中间钢拉板；4—下承载板；5—防滑摩擦板

①试样放置。在实验机的承载板上，应使支座顺其短边方向受剪，将试样及中间钢拉板按双剪组合配置好，使试样和中间钢拉板的对称轴和实验机承载板中心轴处在同一垂直面上，精度应小于 1% 的试件短边尺寸。为防止打滑现象，应在上下承载板和中间钢拉板上粘贴高摩擦板，以确保实验的准确性。

②竖向压力。将正压力以 0.03 ～ 0.04MPa/s 速率连续增至平均压应力 σ，绘制应力—时间图，并在整个抗剪实验过程中保持不变。

③预加水平力。以 0.002 ～ 0.003MPa/s 的速率连续施加水平剪应力至橡胶支座。抗剪弹性模量实验是以正压力为平均压应力，剪切变形量的量测一般采用两个大标距的位移传感器或百分表，正压力和剪切力可采用力传感器进行量测控制。正式实验前应进行预载，以控制安装偏差和消除初应力(正式加载时，施加水平力至剪应力 1.0 MPa 后持荷 5 min，然后卸载至剪应力 $\tau=0.1$ MPa 后记录位移计初始值)。

④水平力。水平力正式加载：每一加载值循环自 $\tau=0.1$ MPa 开始，每级剪应力增加 0.1 MPa，持荷 1 min，读取位移计读数，至 $\tau=1.0$ MPa 为止，然后以连续均匀的速度卸载剪应力至 0.1 MPa。10 min 后进行下一循环。加载过程连续进行三次。

将各级水平荷载下位移计所测出的试样累积读数为水平变形 Δ_s，按试样橡胶层的总厚度 t_e 求出在各级实验荷载作用下试样的累计剪切应变 γ_i。

抗剪弹性模量按式(2－5)计算：

$$G_1=\frac{\tau_{1.0}-\tau_{0.3}}{\gamma_{1.0}-\gamma_{0.3}} \tag{2-5}$$

式中　G_1——试样的实测抗剪弹性模量计算值，MPa，精确至 0.01 MPa；

$\tau_{1.0}$，$\gamma_{1.0}$——第 1.0 级实验荷载作用下的剪应力和累计剪切应变值，MPa；

$\tau_{0.3}$，$\gamma_{0.3}$——第 0.3 级实验荷载作用下的剪应力和累计剪切应变值，MPa 。

每两个检验支座所组成试样的综合抗剪弹性模量 G 为这组试件三次加载所得到的三个结果的算术平均值。但各单项结果与算术平均值之间的偏差不应大于算术平均值的 3%，否则该试样应重新进行一次实验。

(3)抗剪黏结性能

实验方法：

整体支座抗剪黏结性能实验方法同抗剪弹性模量实验一样，将正压力以 0.03 ~ 0.04 MPa/s 速度连续增至平均压应力 σ，绘制应力—时间图，并在整个实验过程中保持不变。然后以 0.002 ~ 0.003MPa/s 的速度连续施加水平力，当剪应力达到 2 MPa，持荷 5 min，水平力以连续均匀的速度连续卸载，在加、卸载过程中绘制应力—应变图。实验中随时观测试件受力状态及变化情况，水平力卸载后试样是否完好无损。

(4)抗剪老化性能

实验方法：

将试样置于老化箱内，在 70℃ ±2℃ 的温度下经 72 h 后取出，将试样在标准温度 23℃ ±5℃下，停放 48 h，再在标准实验室温度下进行剪切实验，实验与标准抗剪弹性模量实验方法步骤相同。老化后抗剪弹性模量 G_2 的计算方法与标准抗剪弹性模量计算方法相同。

(5)摩擦系数

实验方法：

①试样放置。将四氟滑板支座与不锈钢板试样按规定摆放，对准实验机承载板中心位置，精度应小于 1% 的试件短边尺寸。实验时将四氟滑板试样的储油槽内注满 5201 - 2 硅脂油。

②竖向压力。将压应力以 0.03 ~ 0.04 MPa/s 的速度连续地增至平均压应力 σ，绘制应力—时间图，并在整个摩擦系数实验(见图 2 -4)过程中保持不变。其预压时间为 1 h。

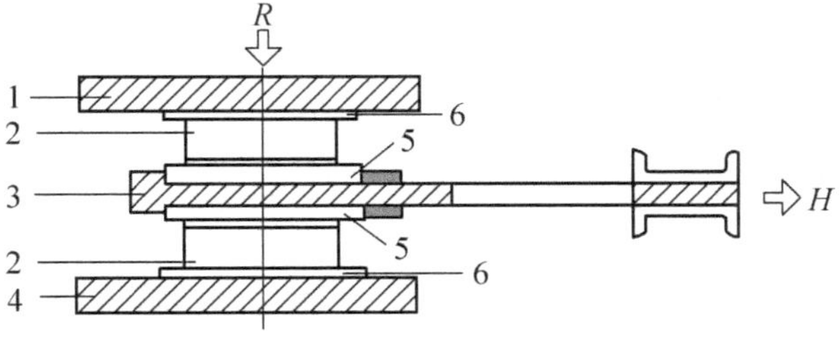

图 2 -4　摩擦系数实验设备图

③水平力。以 0.03 ~ 0.04 MPa/s 的速度连续施加水平力，直至不锈钢板与四氟滑板试样接触面间发生滑动为止，记录此时的水平剪应力作为初始值。实验过程应连续进行三次。

试样的摩擦系数按下式计算，并求出三次的算术平均值。

$$\mu_f = \frac{\tau}{\sigma} \tag{2-6}$$

$$\tau = \frac{H}{A_0} \tag{2-7}$$

$$\sigma = \frac{R}{A_0} \tag{2-8}$$

式中 μ_f——四氟滑板与不锈钢板表面的摩擦系数，精确至0.01；

τ——接触面间发生滑动时的水平剪应力，MPa；

H——支座承受的最大水平力，kN；

R——支座最大承压力，kN；

A_0——支座有效承压面积，mm^2；

σ——平均压应力，MPa。

(6)转角

实验方法：

在外荷载作用下，支座在发生竖向压缩的同时，由于梁体的挠曲作用还产生转动。支座转动时，一侧的橡胶被压缩，而另一侧则逐渐被抬起。随着转角的增大，支座各层间的橡胶将由压力大的区域逐次向压力小的地方“转移”，但这种转移因受上下钢板的约束，只能进行到一定程度。如果竖向压缩回弹变形值大于其总压缩量，支座边缘必将出现脱空现象。这是检验橡胶支座的厚度在梁体端部可能出现最大转角的情况下能否满足设计要求的必要条件。橡胶支座容许转角检验装置如图 2-5a、b 所示。

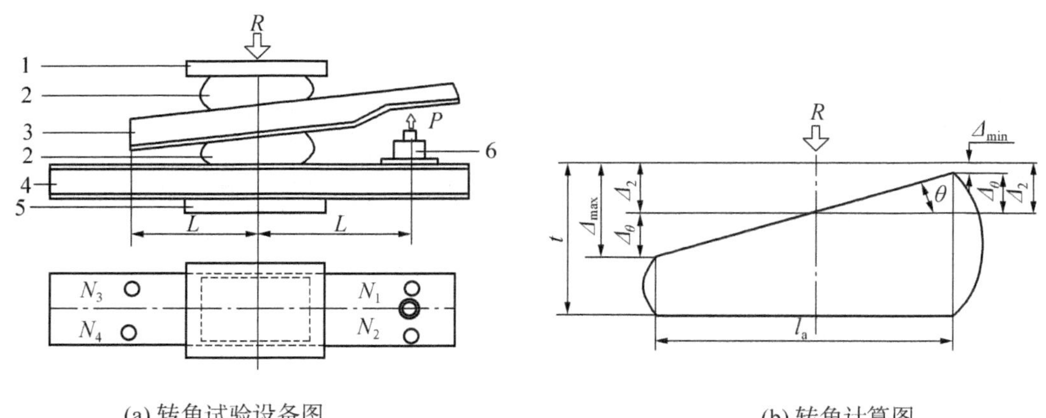

(a) 转角试验设备图　　(b) 转角计算图

图 2-5　橡胶支座容许转角检验装置

1—实验机上承载板；2—试样；3—中间工字梁(假象梁体)；4—承载梁(板)；5—实验机下承载板；6—千斤顶

检测时，在距支座中心 600 mm 处，安装使支座产生转动的千斤顶和测力传感器，并在假定梁体的四角安置位移传感器或百分表。

首先进行预压，将压应力缓缓增至[σ]，维持5min 然后卸载至压力为 1.0 MPa。如此反复预压三遍。

正式加载。施加压力至[σ]，停 5 min 读数。维持[σ]不变，用油压千斤顶对中间工字梁施加一个向上的力 P，使其达到预期转角的正切值(偏差不大于 5%)，停 5 min 后，读取千斤顶力 P 及百分表的读数。

实测转角的正切值计算：

$$\tan\theta = \frac{\Delta_1^2 + \Delta_3^4}{2L} \qquad (2-9)$$

式中　$\tan\theta$——试样实测转角的正切值；

Δ_1^2——传感器 N_1、N_2 处的变形平均值，mm；

Δ_3^4——传感器 N_3、N_4 处的变形平均值，mm；

L——转动力臂，$L=600$ mm。

各种转角下，由于垂直荷载和转动共同影响产生的压缩变形值的计算：

$$\Delta_2 = \Delta_c - \Delta_1 \qquad (2-10)$$

$$\Delta_1 = (\Delta_1^2 - \Delta_3^4)/2 \qquad (2-11)$$

式中　Δ_c——支座最大承压力 R 时试样累积压缩变形值，mm；

Δ_1——转动实验时，试样中心平均回弹变形值，mm；

Δ_2——垂直荷载和转动的共同影响下试样中心处产生的压缩变形值，mm。

各种转角下，试样边缘换算变形值计算：

$$\Delta_\theta = \frac{l_a}{2}\tan\theta \qquad (2-12)$$

式中　l_a——矩形支座试样短边尺寸，mm；

d——圆形支座采用直径，mm；

Δ_θ——实测转角产生的变形值，mm。

各种转角下，支座边缘最大、最小变形值计算：

$$\Delta_{max} = \Delta_2 + \Delta_\theta \qquad (2-13)$$

$$\Delta_{min} = \Delta_2 - \Delta_\theta \qquad (2-14)$$

(7)极限抗压强度

实验方法：(按步骤进行)

①试样放置。将橡胶支座成品直接置于实验加荷装置承压板上，上下承载板与支座接触面不得有油污，对准中心，精度应小于 1% 试件短边尺寸。

②抗压力。按 0.1 MPa/s 的速度连续加载至试样极限抗压强度 R_u，不少于 70 MPa 为止，绘制应力—时间图，并随时观察试样受力状态及变化情况，试样是否完好无损。

(8)判定规则

判定规则如表 2-2 所示。

表 2-2　橡胶支座的力学性能指标

检验项目		指　标
极限抗压强度 R_u/MPa		≥70
实测抗压弹性模量 E_1/MPa		$E \pm E \times 20\%$
实测抗剪弹性模量 G_1/MPa		$G \pm G \times 15\%$
实测老化后抗剪弹性模量 G_2/MPa		$G \pm G \times 15\%$
实测转角正切值 $\tan\theta$	混凝土桥	≥1/300
	钢桥	≥1/500
实测四氟滑板与不锈钢板表面摩擦系数 μ_f（加硅脂时）		≤0.03

试样的抗压弹性模量与表 2-2 规定值的偏差在 ±20% 范围之内时，才被认为是满足要求的。

试样的抗剪弹性模量与表 2-2 规定值的偏差在 ±15% 范围之内，容许剪切角正切值符合表 2-2 的规定，则被认为是满足要求的。

在 70 MPa 的压应力时，橡胶层未被挤坏，中间层钢板未断裂，四氟滑板与橡胶未发生剥离，则认为试样的极限抗压强度是满足要求的。

试样的摩擦系数符合表 2-2 的规定时，则被认为是满足要求的。

试样的容许转角正切值，混凝土桥在 1/300，钢桥在 1/500 时，试样边缘最小变形值大于或等于零时，则被认为试样容许转角是满足要求的。

三块（或三组）试样中，有两块（或两组）不能满足要求时，则认为该批产品不合格。若有一块（或一组）试样不能满足要求时，则应重新抽取三块（或三组）试样进行实验，若仍有一块（或一组）不能满足要求时，也认为该批产品不合格。

2.2　盆式支座力学性能检验

盆式橡胶支座是利用被半封闭钢制盆腔内的弹性橡胶块，在三向受力状态下具有流体的性质特点实现桥梁上部的转动，同时依靠中间钢板上的 F_4 板与上座板的不锈钢板之间的低摩擦系数来实现上部结构的水平位移，使支座所承受的剪切力不再由橡胶完全承担，而间接作用于钢制底盆及 F_4 板与不锈钢之间的滑移上。从实验的数据来看，橡胶处于三向约束

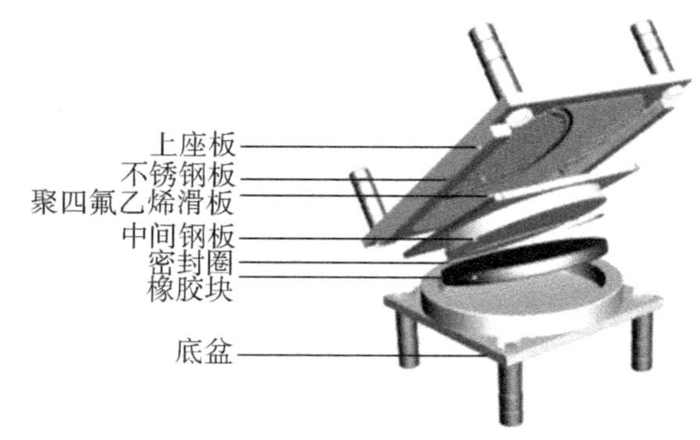

图 2-6　盆式支座基本结构图

状态时的抗压弹性模量为 50 000 kg/cm^2，比无侧向约束的抗压弹性模量增大近 20 倍，因而支座承载能力大为提高，解决了板式橡胶支座承载能力的局限，能满足大的支承反力、大的水平位移及转角要求。盆式橡胶支座分为公路桥梁盆式橡胶支座、铁路桥梁盆式橡胶支座及盆式橡胶支座的衍生品。

检验依据：《公路桥梁盆式支座》(JT/T 391—2009)。

2.2.1　盆式橡胶支座竖向承载力、盆环径向变形

实验方法：

(1)实验应在室温下进行。竖向实验荷载应是支座竖向设计承载力的 1.5 倍，并以十个相等的增量逐级加载。

(2)将实验支座放置在实验机承台上，支座中心线应与实验机的中心线重合。

(3)为消除安装缝隙需将支座预压三次，预压荷载为支座竖向设计荷载。

(4)在支座顶、底板间对称安装四只百分表，测试支座竖向压缩变形。在盆环上口相互垂直的直径方向分别安装四只千分表，测试支座盆环径向变形。

(5)实验工作准备就绪后开始加载。

实验时以支座竖向设计承载力的 1.0% 作为初始压力，然后逐级加载。每级荷载稳压 2 min 后读取各表数据，加载至检验荷载时稳压 3 min 后卸载至初始压力，测定残余变形，一个加载程序完毕。一个支座需往复加载 3 次。

(6)实验结果。判定：支座竖向压缩变形取每级加载四只百分表的算术平均值，作为该次该级加载的测试结果，取 3 次测试结果的平均值，作为该支座的测试结果。盆环径向变形取每级加载同一直径方向的两只千分表实测结果的绝对值之和作为该直径方向的变形。两个直径方向变形的平均值作为该次该级加载的测试结果。取 3 次测试结果的平均值，作为该支座的测试结果。根据每级加载的实测结果，绘制荷载—支座竖向压缩变形曲线和荷载—盆环径向变形曲线。

在竖向设计荷载作用下，支座竖向压缩变形值不得大于支座总高度的 2%，钢盆盆环上口径向变形不得大于盆环外径的 0.05%。

2.2.2　支座摩擦系数

实验方法：

(1)成品支座摩擦系数，原则上应采用实体支座，如果受实验设备的限制，经与用户协商可选用小型支座。试件选用两个同规格的双向活动支座。

(2)支座按双剪方式在实验承台上安装好，支座中心线应与实验机的中心线重合，剪力板要安装水平。

(3)实验前将试件储脂坑内涂满 5201 - 2 硅脂。支座对中后，先对支座进行预压，预压荷载为支座设计竖向承载力，预压 3 次，每次加载稳压 3 min 后卸载至初始荷载，初始荷载为支座设计承载力的 1.0%，或由实验机的精度确定。

(4)实验时，实验机对支座加载至竖向设计承载力，然后用千斤顶对支座施加水平力，并用专用的压力传感器记录水平力大小，支座发生滑移即停止施加水平力，同时计算出支座的初始摩擦系数。然后重复以上实验，记录每次施加的水平力。要求至少重复3次，将各次测试平均值作为支座的实测摩擦系数。

2.2.3 成品支座转动

实验方法：

(1)成品支座转动实验，原则上应采用实体支座，如受实验设备限制，经与用户协商可选用小型支座。试件选用两个同规格的固定支座，也可选用两个双向活动支座。

(2)两支座对齐叠放在实验机承台上，两支座中间安装上加载横梁，并对准中心位置。在距试件中心一定距离处，安装使加载梁转动的千斤顶和测力计。在实验台座上与加载横梁两端对应的适当位置，分别安装两只位移传感器或千分表。

(3)转动实验前，应对支座进行预压，预压荷载为实验支座的竖向设计承载力，预压3次。每次加载稳压3min后卸载至初始荷载。初始荷载为支座设计承载力的1.0%，或由实验机的精度确定。

(4) 实验机对实验支座加载至设计荷载时，顶起加载横梁，使支座分别产生0.010 rad、0.015 rad、0.020 rad转角，每次达到要求的转角后，稳压30 min。加到最大转角时稳压30 min后卸载。

(5)支座卸载后，将支座各部件拆解，观察聚四氟乙烯板、黄铜密封圈、橡胶板、钢件等，看各部件有无永久变形及损坏。

(6)实验结果。支座转动实验后，要求聚四乙烯板和钢件无损伤，橡胶板没有被挤出，黄铜密封圈也没有明显损伤。

2.3 张拉设备校验

预应力筋的张拉方式有机械张拉和电动张拉两类。机械可采用张拉液压拉伸机、手动螺杆张拉器、电动螺杆张拉机。桥梁工程中通常采用液压拉伸机，由油压千斤顶和配套的高压油泵、压力表及外接油管等组成。液压拉伸机的千斤顶按其构造可分为台座式(普通油压千斤顶、穿心式、锥锚式和拉杆式。预应力张拉机具应与锚具配套使用，并在进场前进行检查和校验。校验应参照《液压千斤顶检定规程》(JJG 621—2012)。

油压千斤顶的作用力一般由油压表(有指针式、数显式)测定和油泵阀门控制。油压表上的指示读数为油缸内的单位油压，在理论上将其乘以活塞面积即应为千斤顶的作用力。但由于油缸与活塞之间有一定的摩阻力，此项摩阻力抵消一部分作用力，因此实际作用力要比理论值小。为正确控制张拉力，通常用校验标定的方法测定油压千斤顶的实际作用力与油压读数的关系。校验时，应将千斤顶及配套使用的油泵、油压表整套进行。

校验时采用标准测力计或传感器配套反力装置较合适。不宜采用实验机标定，因为实验机是“被压”，其油缸本身存在着摩阻力且与正常使用时方向相反，故实验机表盘读数反映的不是千斤顶的实际作用力。因此，必须事先用具有足够吨位的标准测力计对实验机进行被动标定（由千斤顶“顶压”测力计和实验机组成），以确定实验机的度盘读数值与标准测力的对应关系（读数修正系数）。这样，实验机在进行千斤顶校验时，千斤顶的作用力值可为刻度盘读数值乘上读数修正系数，得出千斤顶作用力与油泵油压表读数关系。

2.3.1　标准测力计（传感器）校验千斤顶

校验方法：

用标准测力计（传感器）校验千斤顶是较为可靠的一种方法。校验穿心式千斤顶时的装置如图 2 – 7 所示。校验时，开动油泵，千斤顶进油，活塞杆推出，顶压测力计。当测力计达到一定吨位 T_1 时，立即读出千斤顶油压表相应读数 P_1，同样方法可得（T_2，P_2）、（T_3，P_3）；此时 T_1、T_2、T_3……即为相应于油压表读数 P_1、P_2、P_3……的实际作用力。将测得的各值绘成曲线，实际使用时，即可由此曲线找出要求的 T 值和相应的 P 值。

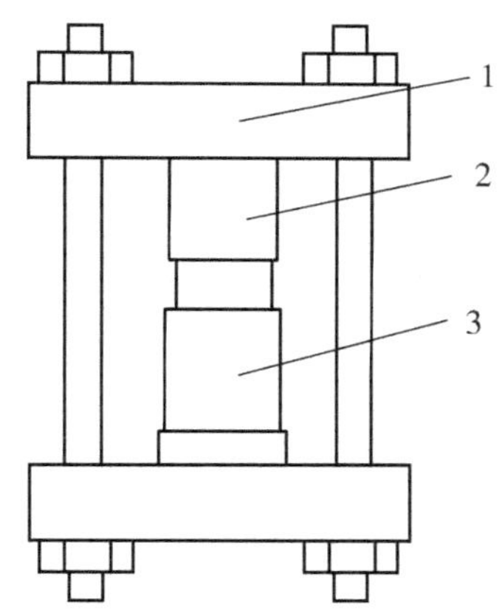

图 2 – 7　标准测力计校验千斤顶装置

1—标准传感器；2—千斤顶；3—反力架

2.3.2　千斤顶校验值回归计算

千斤顶的作用力 F 和油缸的油压 P 的关系是线性关系，考虑活塞和油缸之间的摩阻力后，它们的关系可以表示为：

$$T = AP + B \tag{2-15}$$

可以利用千斤顶检验测得的作用力和油压（T_1，P_1）、（T_2，P_2）、……、（T_n，P_n）对式（2 – 15）进行线性回归，利用最小二乘法原理求式（2 – 15）的回归值：

$$\hat{T} = \hat{A}P + \hat{B} \tag{2-16}$$

式中，

$$\left.\begin{aligned}\hat{A} &= L_{PT}/L_{PP} \\ \hat{B} &= \hat{T} - \hat{A}\,\bar{P}\end{aligned}\right\}$$

$$\bar{P} = \frac{1}{n}\sum_{i=1}^{n} P_i$$

$$\bar{T} = \frac{1}{n}\sum_{i=1}^{n} T_i$$

$$L_{PP} = \sum_{i=1}^{n} P_i^2 - \frac{1}{n}\left(\sum_{i=1}^{n} P_i\right)^2$$

$$L_{PT} = \sum_{i=1}^{n} P_i T_i - \frac{1}{n}\left(\sum_{i=1}^{n} P_i\right)\left(\sum_{i=1}^{n} T_i\right)$$

如某 YQ—500 型千斤顶检验后得到的校正方程为：$T = 68.62P - 23$，P 表示油压表读数(单位 MPa)，T 表示张拉力(单位 kN)。利用式(2－15)可进行施工张拉千斤顶油缸油压 P 对张拉力 T 的控制。

实际计算时可以使用计算软件(如 Excel)进行线性回归计算。

思考题

1. 桥梁支座的作用有哪些?
2. 桥梁板式橡胶支座内部结构组成及其作用有哪些?
3. 桥梁板式橡胶支座主要检验项目有哪些?
4. 桥梁板式橡胶支座抗压弹性模量如何计算?
5. 什么叫橡胶支座的形状系数? 如何计算和确定?
6. 橡胶支座的抗剪弹性模量是怎样计算的?
7. 板式橡胶支座有无固定支座与活动支座之分，简述其工作原理。
8. 千斤顶校验值如何进行回归计算?
9. 张拉设备的校验及使用维护保养需注意的事项是什么?

第3章　混凝土结构件检验

桥梁钢筋混凝土和预应力混凝土结构、构件的检验依据国家及行业的有关标准进行。检验主要包括三个方面内容：一是施工质量控制，指施工阶段对包括原材料在内的实验检测、混凝土浇筑前的检查等；二是外观质量检测，主要是在构件成型达到一定强度后检测结构实物的尺寸和位置偏差，混凝土表面平整度、蜂窝、麻面、露筋及裂缝等；三是强度等级检定，是以立方体试件(或钻芯试样)抗压强度反映构件混凝土强度等级。当对某一方面的检验内容有质疑时，如构件的强度离散大、强度不足或局部蜂窝时，通常还需进行专项强度检验或荷载实验(将在其他章节介绍)来判定。本章仅述专项强度检验和混凝土缺陷检验的方法。

检验依据：《普通混凝土力学性能实验方法标准》(GB/T 50081—2002)；《混凝土强度检验评定标准》(GBJ 50107—2010)。

3.1　混凝土力学性能

3.1.1　立方体抗压强度

混凝土强度应分批进行检验评定，一个检验批次混凝土应由强度等级相同、实验龄期相同、生产工艺条件和配合比基本相同的混凝土组成。

检验依据：《普通混凝土力学性能实验方法标准》(GB/T 50081—2002)；《混凝土强度检验评定标准》(GB/T 50107—2010)。

3.1.1.1　标准试件与标准养护

抗压强度实验采用的标准试件为150 mm×150 mm×150 mm，三块为一组，标准养护在温度为20℃±2℃、相对湿度95%以上的标准养护室或在温度为20℃±2℃的不流动的$Ca(OH)_2$饱和溶液中养护，养护龄期28 d。均匀加载至试件破坏，以破坏荷载计算抗压强度。

3.1.1.2　非统计方法评定混凝土强度

对于大批量、连续生产的混凝土的强度应按统计方法评定，统计方法见GB/T 50107—2010中“5.1”，对于小批量或零星生产的混凝土的强度应按非统计方法评定。

按非统计方法评定同一检验批混凝土强度时，其强度应同时符合下列规定：

$$m_{f_{cu}} \geqslant \lambda_3 f_{cu,k}\,,\ f_{cu,min} \geqslant \lambda_4 f_{cu,k} \tag{3-1}$$

式中 $m_{f_{cu}}$——同一检验批混凝土立方体抗压强度的平均值，N/mm²，精确到0.1 N/mm²；

$f_{cu,k}$——混凝土立方体抗压强度标准值，N/mm²，精确到0.1 N/mm²；

$f_{cu,min}$——同一检验批混凝土立方体抗压强度最小值，N/mm²，精确到0.1 N/mm²；

λ_3，λ_4——合格评定系数，对于混凝土强度等级

$< C60$，$\lambda_3 = 1.15 \quad \lambda_4 = 0.95$；

$\geqslant C60$，$\lambda_3 = 1.10 \quad \lambda_4 = 0.95$。

3.1.1.3 实验步骤

(1)试件从养护地点取出后应及时进行实验，将试件表面与上下承压板面擦干净。

(2)将试件安放在实验机的下压板或垫板上，试件的承压面应与成型时的顶面垂直。试件的中心应与实验机下压板中心对准，开动实验机，当上压板与试件或钢垫板接近时，调整球座，使接触均衡。

(3)开始加载：保持连续均匀地加载。加载速度：混凝土强度等级 < C30 时，0.3 ~0.5 MPa/s；混凝土强度等级≥C30 且 < C60 时，0.5 ~ 0.8 MPa/s；混凝土强度等级≥C60 时，0.8 ~ 1.0 MPa/s。

(4)当试件接近破坏开始急剧变形时，应及时停止实验机油门，直至试件破坏。记录破坏荷载。

(5)数据处理。

三个试件强度的算术平均值作为该组试件的强度值代表值(精确至0.1 MPa)。

三个测量值中，最大值或最小值中如有一个与中间值的差值超过中间值的15%时，取中间值作为该组试件的抗压强度值。

三个测量值中，如果最大值或最小值与中间值的差均超过中间值的15%时，则该组实验结果无效。

3.1.2 静力受压弹性模量

混凝土的静力受压弹性模量采用与测定轴心抗压强度相同的标准试件：150 mm × 150 mm × 300 mm。每次实验应制备6个试件，其中3个用于测定轴心抗压强度，作为弹性模量实验加荷参数，另外3个用于测定静力受压弹性模量。

3.1.2.1 实验方法

(1)安装

在试件两侧的中线上安装变形测量仪器，并对称于试件的两端。仔细调整试件在压力实验机上的位置，使其轴心与下压板的中心线对准。

(2)预压

加荷至基准应力为0.5 MPa的初始荷载值 F_0，保持恒载60 s并在以后的30s内记录每个测点的变形读数 ε_0。然后连续均匀地加荷至应力为轴心抗压强度 f_{cp} 的1/3的荷载值 F_a，保持恒载60 s并在以后的30 s内记录每个测点的变形读数 ε_a。当以上这些变形值之差与它们平均值之比大于20%时，应重新对中试件后重复上述步骤。

以与加荷速度相同的速度卸荷至基准应力为 0. 5 MPa(F_0)，恒载 60 s；然后以同样的加荷和卸荷速度以及 60 s 的保持恒载(F_0 及 F_a)至少进行 2 次反复预压。

(3)加载

在最后一次预压完成后，在基准应力 0. 5 MPa(F_0)持荷 60s 并在以后的 30s 内记录每个测点的变形读数 ε_0；再用同样的加荷速度加荷至 F_a，持荷 60 s 并在以后的 30 s 内记录每个测点的变形读数 ε_a。

卸除变形测量仪，以同样的速度加荷至破坏，记录破坏荷载；如果试件的抗压强度与 f_{cp} 之差超过 f_{cp} 的 20% 时，在报告中注明。

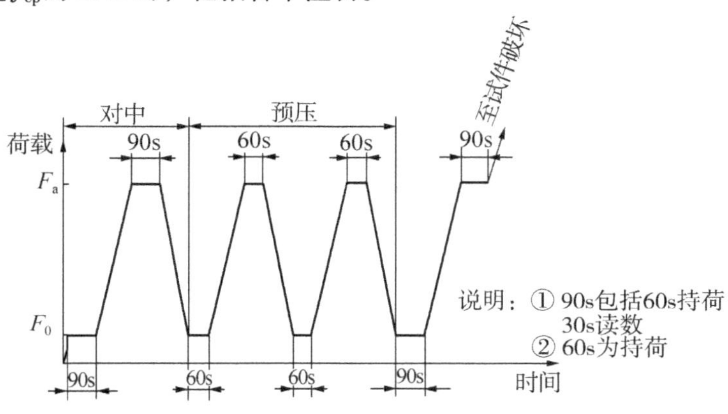

图 3 - 1　静力受压弹性模量加载图

3. 1. 2. 2　实验结果计算

混凝土弹性模量：

$$E_c = \frac{F_a - F_0}{A} \times \frac{L}{\Delta n} \tag{3-2}$$

式中　E_c——混凝土弹性模量，MPa，精确至 100 MPa；

F_a——应力为 1/3 轴心抗压强度时的荷载，N；

F_0——应力为 0. 5 MPa 时的初始荷载，N；

A——试件承压面积，mm^2；

L——测量标距，mm；

Δn——最后一次从 F_0 加荷至 F_a 时试件两侧变形的平均值，mm；

$$\Delta n = \varepsilon_a - \varepsilon_0 \tag{3-3}$$

式中　ε_a——F_a 时试件两侧变形的平均值，mm；

ε_0——F_0 时试件两侧变形的平均值，mm。

如压力机配套有自动控制采集系统(带引伸计)，静力受压弹性模量的测定，还可以通过计算机完成。

安装引伸计，按照上述实验方法进行加载(手动或自动加载)，自动控制采集系统采集应力、应变数据，选取相应的线性区域，计算可得弹性模量值。

弹性模量取值应按 3 个试件测值的算术平均值。如果其中有一个试件的轴心抗压强度值与用以确定检验控制荷载的轴心抗压强度值相差超过后者的 20% 时，则弹性模量值按另两个试件测值的算术平均值计算；如有两个试件超过上述规定时，此次实验无效。

3.1.3 劈裂抗拉强度

劈裂抗拉强度采用的标准试件为立方体 150 mm × 150 mm × 150 mm 或圆柱体 ϕ150 mm × 300 mm，三块为一组，在试件与实验机上下压板之间垫以圆弧形垫块及垫条各一条，垫块与垫条应与试件上、下面的中心对准并与成型时的顶面垂直。

劈裂抗拉强度：

$$f_{ts} = \frac{2F}{\pi A} = 0.637\frac{F}{A} \tag{3-4}$$

式中 f_{ts}——混凝土劈裂抗拉强度，MPa，精确至 0.01 MPa；

F——试件破坏荷载，N；

A——试件劈裂面面积，mm^2。

采用非标准试件 100 mm × 100 mm × 100 mm，其劈裂抗拉强度值应乘上尺寸换算系数 0.85；当混凝土强度等级 ≥C60 时，宜采用标准试件。

3.1.4 抗折强度

道路路面或机场跑道面用水泥混凝土，以抗折强度为主要强度指标，抗压强度作为参考强度指标。采用的标准试件为 150 mm × 150 mm × 600 mm（或 550 mm），标准养护。

抗折强度：

$$f_f = \frac{Fl}{bh^2} \tag{3-5}$$

式中 f_f——混凝土抗折强度，MPa，精确至 0.1 MPa；

F——试件破坏荷载，N；

l——支座间跨度，mm；

h——试件截面高度，mm；

b——试件截面宽度，mm。

3.1.5 钻芯法检验混凝土强度

钻芯取样法检验混凝土强度，指从混凝土结构物中钻取芯样和检查芯样，测定混凝土的劈裂抗拉强度或抗压强度，作为评定结构的主要品质指标。

检验依据：《钻芯法检测混凝土强度技术规程》（CECS03：2007）。

钻芯取样法是直接取样实验方法，但由于其有损构件，且受构件部位的条件、所处位置和结构受力状态的影响，钻取芯样的数量通常比较少，在一定程度上可作为抽检混凝土抗压强度、均匀性和内部缺陷的指标。

3.1.5.1 芯样要求

（1）钻取位置。芯样应由结构或构件的下列部位钻取：结构或构件受力较小的部位；混凝土强度质量具有代表性的部位；便于钻芯机安放与操作的部位；避开主筋、预埋件和管线的位置。

(2)钻出后的每个芯样应立即清楚地标上记号，并记录芯样在混凝土结构中钻取的位置。

(3)钻取芯样前，应考虑由于钻芯可能导致对结构的不利影响，应尽可能避免在靠近混凝土构件的接缝或边缘钻取，且不宜带有钢筋。若不能满足要求，应符合：标准芯样试件，每个试件内最多只允许有 2 根直径小于 10 mm 的钢筋；公称直径小于 100 mm 的芯样试件，每个试件内最多只允许有 1 根直径小于 10mm 的钢筋；芯样内的钢筋应与芯样试件的轴线基本垂直并离开端面 10 mm 以上。

(4)锯切后的芯样应进行端面处理，宜采取在磨平机上磨平端面的处理方法，亦可用环氧胶泥或聚合物水泥砂浆补平。抗压强度低于 40 MPa 的芯样试件，可采用水泥砂浆、水泥净浆或聚合物水泥砂浆补平，补平层厚度不宜大于 5 mm；也可采用硫黄胶泥补平，补平层厚度不宜大于 1. 5 mm。

(5)芯样试件尺寸偏差及外观质量超过下列数值时，相应的测试数据无效：

芯样试件的实际高径比(H/d)小于要求高径比的 0. 95 或大于 1. 05；沿芯样试件高度的任一直径与平均直径相差大于 2 mm；抗压芯样试件端面的不平整度在 100 mm 长度内大于 0. 1 mm；芯样试件端面与轴线的不垂直度大于 1°；芯样有裂缝或有其他较大缺陷。

(6)钻芯确定单个构件的混凝土强度推定值时，有效芯样试件的数量不应少于 3 个；对于较小构件，有效芯样试件的数量不得少于 2 个。单个构件的混凝土强度推定值不再进行数据的舍弃，而应按有效芯样试件混凝土抗压强度值中的最小值确定。

(7)钻芯法确定检验批的混凝土强度推定值时，芯样试件的数量应根据检验批的容量确定。标准芯样试件的最小样本量不宜少于 15 个。

(8)芯样试件应在自然干燥状态下进行抗压实验。当结构工作条件比较潮湿，需要确定潮湿状态下混凝土的强度时，芯样试件宜在 20℃ ±5℃ 的清水中浸泡 40 ～ 48 h，从水中取出后立即进行实验。

3. 1. 5. 2　钻芯确定混凝土强度推定值

(1)单个芯样试件的混凝土抗压强度可按式(3 - 6)计算：

$$f_{cu,cor} = F_c/A \tag{3-6}$$

式中 $f_{cu,cor}$——芯样试件的混凝土抗压强度值，MPa；

F_c——芯样试件的抗压实验测得的最大压力，N；

A——芯样试件抗压截面面积，mm^2。

(2)检验批的混凝土强度推定值应计算推定区间，推定区间的上限值和下限值分别按式(3 -7)、式(3 -8)计算。

上限值
$$f_{cu,e1} = f_{cu,cor,m} - k_1 S_{cor} \tag{3-7}$$

下限值
$$f_{cu,e2} = f_{cu,cor,m} - k_{12} S_{cor} \tag{3-8}$$

平均值
$$f_{cu,cor,m} = \frac{\sum_{i=1}^{n} f_{cu,cor,i}}{n} \tag{3-9}$$

标准差 $$S_{cor}=\sqrt{\frac{\sum_{i=1}^{n}(f_{cu,cor,i}-f_{cu,cor,m})^2}{n-1}} \quad (3-10)$$

式中 $f_{cu,cor,m}$——芯样试件的混凝土抗压强度平均值，MPa，精确至0.1 MPa；

$f_{cu,cor,i}$——单个芯样试件的混凝土抗压强度值，MPa，精确至0.1 MPa；

$f_{cu,e1}$——混凝土抗压强度上限值，MPa，精确至0.1 MPa；

$f_{cu,e2}$——混凝土抗压强度下限值，MPa，精确至0.1 MPa；

k_1、k_2——推定区间上限值系数和下限值系数，按CECS 03：2007附录B查得；

S_{cor}——芯样试件强度样本的标准差，MPa，精确至0.1 MPa。

(3) $f_{cu,e1}$和$f_{cu,e2}$所构成推定区间的置信度宜为0.85，$f_{cu,e1}$与$f_{cu,e2}$之间的差值不宜大于5.0 MPa和0.10$f_{cu,cor,m}$两者的较大值。

(4)宜以$f_{cu,e1}$作为检验批混凝土强度的推定值。

3.2 回弹法检验混凝土强度

回弹法是根据混凝土表面硬度来推求混凝土抗压强度的一种常用检测方法。其基本原理是利用回弹仪的弹簧驱动冲锤，通过弹击杆弹击混凝土表面，并以冲锤被反弹回来的距离(回弹值指反弹距离与弹簧初始长度之比)作为强度相关指标来推算混凝土强度。使用时，先压一下冲杆，使按钮脱离导向圆板，在压力弹簧的作用下，圆板连同导杆被推向前方，并带动指针回“零”，使冲杆伸出套筒，此时钩子钩住冲锤。然后将冲杆垂直地顶向试件表面，徐徐用力将其顶回套筒内，拉力弹簧逐渐处于受力状态。最后当钩子被后盖调整螺丝顶开时，冲锤就借弹簧力冲击于冲杆上，冲击反力将锤弹回，并带动指针在标尺上指出回弹值。

回弹法检测混凝土强度是对常规检验的一种补充。当对构件质量有质疑时，例如，试件与结构中混凝土质量不一致，对试件的检验结果有怀疑或供检验用的试件数量不足时，可采用回弹法检测，并将检测结果作为处理混凝土质量问题的一个依据。

另外，在施工阶段，如构件拆模、预应力张拉或移梁、吊装时，回弹法也可作为评估混凝土强度的依据。

回弹法的使用前提是，要求被测结构或构件混凝土的内外质量基本一致。因此，当混凝土表层与内部质量有明显差异，例如遭受化学腐蚀或火灾、硬化期间遭受冻伤等或内部存在缺陷时，回弹法不用作评定混凝土强度的依据。

检验依据：《回弹法检测混凝土抗压强度技术规范》(JGJ/T 23—2011)。

3.2.1 回弹法测量混凝土强度的基准曲线

回弹法测定结构混凝土强度的基本依据，就是回弹值与混凝土抗压强度之间的相关性。这种相关性以基准曲线或经验公式的形式予以确定。

基准曲线的制定方法，是在实验室中制作一定数量的，考虑不同强度、不同原材料条件、不同期龄等各种因素的立方体试块，测定其回弹值、碳化深度及抗压强度等参数，然后进行回归分析，求得拟合程度最好、相关系数大的回归方程，作为经验公式或画出基准曲线。因为混凝土强度与回弹值、碳化深度相关关系，受许多因素的影响，在制定曲线的过程中，所考虑的影响因素越多，曲线的适应性和覆盖面则越大，但其离散性也越大，推算混凝土强度的误差也越大。当被测试的结构混凝土的各种条件越接近于制定基准曲线时所顾及的各种条件时，测试误差越小。目前常用的基准曲线有三种类型：专用测强曲线、地区测强曲线、通用测强曲线。

3.2.2　回弹法测试混凝土强度

(1)检测结构或构件混凝土强度可采用单个检测和批量检测两种方式，其适用范围及构件数量应符合下列规定：

①单个检测，适用于单独的结构或构件的检测。

②批量检测，适用于在相同的生产工艺条件下，混凝土强度等级相同，原材料、养护条件基本一致且龄期相近的同类构件。按批进行检测的构件，抽检数量不得少于同批构件总数的 30% 且测区数量不得少于 10 个。当检验批构件数量大于 30 个时，抽样构件数量可适当调整，并不得小于国家现行有关规定的最小抽样数量。

(2)单个构件的检测，应符合下列要求：

①对一般构件，其测区数不少于 10 个，当受检构件数量大于 30 个且不需提供单个构件推定强度，或受检构件某一方向尺寸不大于 4.5 m 且另一方向尺寸不大于 0.3 m 时，每个构件的测区可适当减少，但不应少于 5 个。

②相邻两测区的间距应控制在 2 m 以内，测区离构件端或施工边缘的距离不宜大于 0.5 m 且不宜小于 0.2 m。

③测区应选在使回弹仪处于水平方向，检测混凝土浇筑侧面，当不能满足这一要求时，可选在使回弹仪处于非水平方向，检测混凝土浇筑侧面、表面或底面；检测泵送混凝土强度时，侧区应选在混凝土浇筑侧面。

④测区宜选在构件的两个对称可测面上，也可选在一个可测面上，且应均匀分布。在构件的受力部位及薄弱部位必须布置测区，并应避开预埋件。

⑤测区的面积宜控制在 0.04 m^2 以内。

⑥检测面应为原状混凝土面，并应清洁、平整，不应有疏松层、浮浆、油垢、涂层以及蜂窝、麻面。

⑦对于弹击时会产生颤动的薄壁、小型构件，应进行固定。

(3)结构或构件的测区应标有清晰的编号，必要时应在记录纸上描述测区布置示意图和外观质量情况。

(4)当检测条件与测强曲线的适用条件有较大差异时，可采用同条件试件或钻取混凝土芯样进行修正，试件数量应不少于 6 个。计算时，测区混凝土强度换算值应乘以修正系数。详见 JGJ/T 23—2011 中“4.1.6”。

(5)检测时，回弹仪的轴线应始终垂直于结构或构件混凝土检测面，缓慢施压，准确读数，快速复位。

(6)测点宜在测区范围内均匀分布，相邻两测点的净距一般不小于20 mm，测点距构件边缘或外露钢筋、预埋件的距离一般不小于30 mm，测点不应在气孔或外露石子上，同一测点只允许弹击一次。每一测区应记取16个回弹值，每一测点的回弹值读数精确至1。

(7)回弹值测量完毕后，应选择不小于构件数的30%测区数在有代表性的位置上测量碳化深度值。

(8)碳化深度值的测量。

混凝土碳化是指混凝土中的成分(主要为$Ca(OH)_2$)与渗透进混凝土中的二氧化碳(CO_2)和其他酸性气体发生化学反应的过程。混凝土碳化后密度和强度会有所提高，表面硬度增大，但碳化后混凝土碱度降低，钢筋表面的钝化膜遭到破坏而使钢筋产生锈蚀。此外，碳化会加剧混凝土的收缩导致混凝土开裂。因此，混凝土碳化深度是评价混凝土质量和耐久性的重要指标之一。

回弹值测量后，应在有代表性的位置上进行碳化深度值测量，测点数应不少于测区数的30%，取其平均值为该构件每测区的碳化深度值。当碳化深度值极差大于2.0 mm时，应在每一测区测量碳化深度。

采用合适的工具在测区表面形成直径约15 mm的孔洞(其深度大于混凝土的碳化深度)，然后除净孔洞中的粉末和碎屑，不得用水冲洗。立即用质量分数为1%的酚酞酒精溶液滴在孔洞内壁的边缘处，内壁不变色部分为已碳化的混凝土，变红色的部分为未碳化混凝土，再用深度测量工具测量已碳化与未碳化混凝土交界面到混凝土表面的垂直距离，测量不应少于3次，每次读数精确至0.25 mm，取其平均值，该距离即为混凝土的碳化深度值，精确至0.5 mm。

3.2.3 回弹值计算

(1)计算测区平均回弹值时，应从该测区的16个回弹值中剔除3个最大值和3个最小值，然后将余下的10个回弹值按式(3－11)计算。

$$R_m = \frac{\sum_{i=1}^{10} R_i}{10} \tag{3-11}$$

式中 R_m——测区平均回弹值，精确至0.1；

R_i——第i个测点的回弹值。

(2)回弹仪非水平方向检测混凝土浇筑侧面时，应按式(3－12)修正。

$$R_m = R_{ma} + R_{aa} \tag{3-12}$$

式中 R_{ma}——非水平方向检测时测区的平均回弹值，精确至0.1；

R_{aa}——非水平方向检测时回弹值的修正值(查《回弹法检测混凝土抗压强度技术规程》(JGJ/T 23—2011))。

(3)回弹仪水平方向检测混凝土浇筑表面时，应按式(3－13)或式(3－14)修正。

$$R_m = R_m^t + R_a^t \tag{3-13}$$

$$R_m = R_m^b + R_a^b \tag{3-14}$$

式中　R_m^t、R_m^b——水平方向检测混凝土浇筑表面、底面时，测区的平均回弹值，精确至 0.1；

R_a^t、R_a^b——混凝土浇筑表面、底面回弹值的修正值。

(4)如检测时仪器非水平方向且测试面为混凝土的非浇筑侧面，则应先对回弹值进行角度修正，然后再对修正后的值进行浇筑面修正。

(5)混凝土强度换算值。

①结构或构件第 i 个测区混凝土强度换算值，可按式(3－12)、式(3－13)或式(3－14)求得的平均回弹值 R_m 及求得的平均碳化深度值 d，查相应规范可得。有地区或专用测强曲线时，混凝土强度换算值应按地区或专用测强曲线换算得出。

②由各测区的混凝土强度换算值可计算出结构或构件混凝土的强度平均值。当测区数不少于 10 个时，还应计算强度标准差。平均值及标准差应分别按式(3－15)、式(3－16)计算。

$$m_{f_{cu}^c} = \frac{\sum_{i=1}^{n} f_{cu,i}^c}{n} \tag{3-15}$$

$$s_{f_{cu}^c} = \sqrt{\frac{\sum_{i=1}^{n}\left(f_{cu,i}^c\right)^2 - n\left(m_{f_{cu}^c}\right)^2}{n-1}} \tag{3-16}$$

式中　$m_{f_{cu}^c}$——构件混凝土强度平均值，MPa，精确至 0.1 MPa；

n——对于单个检测的构件，取一个构件的测区数；对于批量检测的构件，取被抽取构件测区数之和；

$s_{f_{cu}^c}$——构件混凝土强度标准差，MPa，精确至 0.01 MPa。

(6)结构或构件混凝土强度推定值 $f_{cu,e}$ 的确定。

①当该结构或构件的测区强度值中出现小于 10.0 MPa 时，$f_{cu,e}$ 取小于 10 MPa。

②当该结构或构件测区数少于 10 个时，

$$f_{cu,e} = f_{cu,min}^c \tag{3-17}$$

式中　$f_{cu,min}^c$——构件中最小的测区混凝土强度换算值。

③当该结构或构件测区数不少于 10 个或按批量检测时，应按式(3－18)计算：

$$f_{cu,e} = m_{f_{cu}^c} - 1.645 s_{f_{cu}^c} \tag{3-18}$$

④对于按批量检测的构件，当该批构件混凝土强度标准差出现下列情况之一时，则该批构件应全部按单个构件检测。

当该批构件混凝土强度平均值 <25 MPa 时

$$s_{f_{cu}^c} > 4.5\ \text{MPa} \tag{3-19}$$

当该批构件混凝土强度平均值 $\geqslant 25$ MPa 时

$$s_{f_{cu}^c} > 5.5\ \text{MPa} \tag{3-20}$$

3.3 超声法检测混凝土缺陷

检验依据：《超声法检测混凝土缺陷技术规程》(CECS 21：2000)。

3.3.1 混凝土超声检测技术

混凝土超声检测，目前主要是采用“穿透法”，其基本原理是用一发射换能器重复发射一定频率的超声脉冲波，让超声波在所检测的混凝土中传播，然后由接收换能器将信号传递给超声仪，由超声仪测量接收到的超声波信号的各种声学参数，并转化为电信号显示在示波屏上。研究表明：在混凝土中传播的超声波的波速、振幅、频率和波形等波动参数与所测混凝土的力学参数如弹性模量、泊松比、剪切模量以及内部应力分布状态有直接的关系，也与混凝土内部缺陷如断裂面、孔洞的大小及形状的分布有关。因此，当超声波在混凝土中传播后，它携带了有关混凝土的材料性能、内部结构及其组成的信息，准确测定这些声学参数的大小及变化，可以推断混凝土的强度和内部缺陷等情况。

3.3.1.1 混凝土主要声学参数

目前在混凝土超声检测中常用的声学参数为声速、波形、频率及振幅。

(1)声速

声速即超声波在混凝土中传播的速度。它是混凝土超声检测中的一个主要参数。混凝土的声速与混凝土弹性性质有关，也与混凝土内部结构(孔隙、材料组成等)有关。一般说来，弹性模量越高，密实性越好，声速也就越高。同时，混凝土的强度与它的弹性模量和孔隙率(密实性)有密切关系，因此，对于同种材料与配合比的混凝土，强度越高，声速也越高。当混凝土内部有缺陷时(孔洞、蜂窝等)，则该处混凝土的声速将比正常部位低。当超声波穿过裂缝传播时，所测得的声速也将比无裂缝处的声速有所降低。

(2)波形

波形是指在示波屏上显示的接收波波形。当超声波在传播过程中碰到混凝土内部缺陷、裂缝或异物时，由于超声波的绕射、反射和传播路径的复杂化，直达波、反射波、绕射波相继到达接收换能器，它们的频率和相位各不相同。这些波的叠加有时会使波形畸变。因此，通过对接收波波形的分析，可推断混凝土内部质量及缺陷。

(3)频率和振幅

在超声检测中，由电脉冲激发出的声脉冲信号是复频超声脉冲波，它包含了一系列不同成分的余弦波分量。这种含有各种频率成分的超声波在传播过程中，高频成分首先衰减。因此，可以把混凝土看作一种类似高频滤波器的介质，超声波愈往前传播，其所包含的高频分量愈少，则主频率也逐渐下降。主频率下降的量值除与传播距离有关外，主要取决于混凝土本身的性质和内部是否存在缺陷等。因此，测量超声波通过混凝土后频率的变化可以判断混凝土质量和内部缺陷、裂缝等情况。

接收波振幅通常指首波，即第一个波前半周的幅值，接收波振幅值反映了接收到的声波的强弱。对于内部有缺陷或裂缝的混凝土，由于缺陷使超声波反射或绕射，振幅也将明显减小。因此，振幅值也是判断混凝土缺陷的重要指标。

由于接收波主频率和振幅值的大小不仅取决于被测混凝土的性质和内部情况，还取决于仪器设备性能、设备状态、耦合状态以及测距的大小，所以很难有统一的度量标准，目前只是作为同条件(同一仪器、同一状态、同一测距)下的对比使用。

3.3.1.2　*超声法检测混凝土缺陷*

由于设计、施工等原因或受使用环境、自然灾害的影响，混凝土结构物的内部可能会存在不密实区域或空洞，在外部可能形成蜂窝、麻面、裂缝或损伤层等缺陷，这些缺陷的存在会严重影响结构的承载能力和耐久性。采用简便有效的方法查明混凝土各种缺陷的性质、范围及大小，以便进行技术处理，是工程建设、运营、养护过程中一个重要问题。目前，在诸多混凝土缺陷的无损检测方法中，应用最广泛、最有效的是超声法检测。

采用超声脉冲波检测混凝土缺陷的基本依据是：利用超声波在技术条件相同(指混凝土原材料、配合比、龄期和测试距离一致)的混凝土中传播的时间(或速度)、接收波的振幅和频率等声学参数的变化，来判定混凝土的缺陷。因为超声脉冲波传播速度的快慢，与混凝土的密实程度有直接关系，对于技术条件相同的混凝土来说，声速高则混凝土密实，相反则混凝土不密实。当有空洞、裂缝等缺陷存在时，破坏了混凝土的整体性。由于空气的声阻抗率远小于混凝土的声阻抗率，超声波遇到蜂窝、空洞或裂缝等缺陷时，会在缺陷界面发生反射和散射，因此传播的路程会增大，测得的声时会延长，声速会降低。其次，在缺陷界面超声波的声能衰减，其中频率较高的部分衰减更快，因此接收信号的波幅明显降低，频率明显减小或频率谱中高频成分明显减少。再次，经缺陷反射或绕过缺陷传播的超声波信号与直达波信号之间存在相位差，叠加后互相干扰，致使接收信号的波形发生畸变。根据上述原理，在实际测试中，可以利用混凝土声学参数测量值和相对变化综合分析，判别混凝土缺陷的位置和范围，或者估算缺陷的尺寸。

超声脉冲波检测混凝土缺陷技术一般根据被测结构的形状、尺寸及所处环境，确定具体测试方法。常用的测试方法大致分为以下几种：

(1)平面测试(用厚度振动式换能器)(见图 3－2)

对测法：一对发射(T)和接收(R)换能器，分别置于被测结构相互平行的两个表面，且两个换能器的轴线位于同一直线上。

斜测法：一对发射(T)和接收(R)换能器分别置于被测结构的两个表面，但两个换能器的轴线不在同一直线上。

单面平测法：一对发射和接收换能器分别置于被测结构同一表面上进行测试。

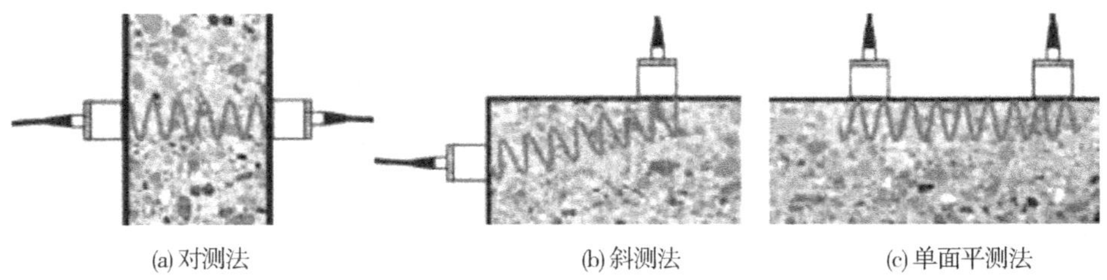

(a) 对测法　　(b) 斜测法　　(c) 单面平测法

图 3－2　超声波平面测试方式

(2)测试孔测试(采用径向振动式换能器)

孔中对测：一对换能器分别置于两个对应测试孔中，位于同一高度进行测试。

孔中斜测：一对换能器分别置于两个对应测试孔中，但不在同一高度进行而是在保持一定高程差的条件下进行测试。

孔中平测：一对换能器分别置于同一测试孔中，以一定的高程差同步移动进行测试。

本节将简述混凝土浅裂缝、深裂缝、不密实和空洞区域、混凝土结合面质量、混凝土表面损伤层等缺陷的超声波检测方法。

要使从换能器辐射面发出的超声波进入被测体，还必须解决换能器与被测体之间声耦合的问题。采用平面换能器时，由于被测混凝土表面粗糙不平，不论压得多紧，在换能器与被测对象之间仍会有空气夹层存在。由于固体与空气的特性阻抗相差悬殊，当超声波由换能器传播到空气夹层时，超声能量绝大部分被反射而难以进入混凝土。对于接收换能器来说，情况也一样。为此，需要在换能器与混凝土之间加上耦合剂。一般采用膏体，如黄油、凡士林等。

3.3.2 混凝土浅裂缝检测

所谓浅裂缝，是指局限于结构表层，开裂深度不大于500 mm的裂缝。实际检测时一般可根据结构物的断面尺寸和裂缝在结构表面的宽度，大致估计被测的是浅裂缝还是深裂缝。对一般工程结构中的梁、柱、板和机场跑道等出现的裂缝，都属于浅裂缝。在测试时，根据被测结构的实际情况，浅裂缝可分为单面平测法和对穿斜测法。

3.3.2.1 单面平测法

当结构的裂缝部位只具有一个表面可供检测时，可采用单面平测法进行裂缝深度检测。平测时应在裂差的被测部位以不同的测距同时按跨缝和不跨缝布置测点进行声时测量，如图3-3所示，首先将发射换能器T和接收换能器R置于被测裂缝的同一侧，并将T耦合好保持不动，以T、R两个换能器内边缘间距(有些厂家设计间距为换能器中轴间间距)l_i为100 mm、150 mm、200 mm……依次移动R并读取相应的声时值t_i。绘制l'—t坐标图，如图3-4所示。也可用统计方法求l与t之间的回归直线式$l=a+bt$，式中a、b为待求的回归系数。

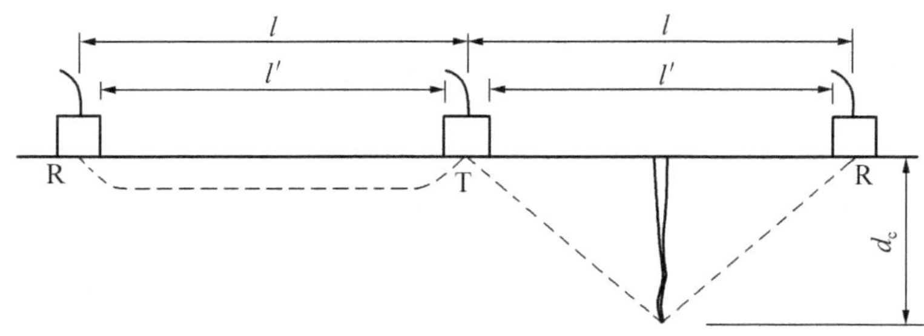

图3-3 单面平测裂缝示意图

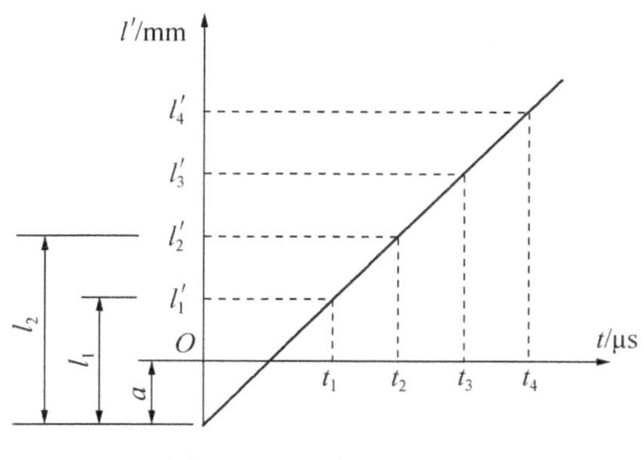

图 3-4　平测“时—距”图

每一个测点的超声实际传播距离为：

$$l_i = l'_i + a \tag{3-21}$$

式中　l_i——第 i 点的超声波实际传播距离，mm；

l'_i——第 i 点的 T、R 换能器内边缘间距，mm；

a——“时—距”图中 l'轴的截距或回归所得的常数项，mm。

其次，进行跨缝的声时测量。将换能器分别置于以裂缝为轴线的对称两侧，垂直于裂缝走向，以 l' = 100 mm、150 mm、200 mm……分别读取声时值 t_i^0（波绕过裂缝末端传播的时间）。根据几何关系，可推算出裂缝深度的计算式为：

$$d_{ci} = \frac{l_i}{2}\left(\frac{t_i^0}{t_i}\right) - 1 \tag{3-22}$$

式中　d_{ci}——裂缝深度，mm；

t_i、t_i^0——分别代表测距为 l_i 时不跨缝、跨缝平测的声时值，μs。

以不同测距取得的平均值作为该裂缝的深度值 d_c，如所得的 d_c 值大于原测距中任一个 l_i，则应该把该 l_i 距离的 d_{ci}舍弃后重新计算 d_c 值。

以声时推算浅裂缝深度时，是假定裂缝中充满空气，声波绕过裂缝末端传播。若裂缝中有水或泥浆，则声波经水介质耦合穿裂缝而过，不能反映裂缝的真实深度。因此检测时，裂缝中不得有填充水和泥浆。当有钢筋穿过裂缝且与两个换能器的连线大致平行且靠近时，沿钢筋传播的超声波首先到达接收换能器，测试结果也不能反映裂缝的深度。因此，布置测点时应注意使 T、R 换能器的连线至少与该钢筋的轴线相距 1.5 倍的裂缝预计深度，应使 $a \geqslant 1.5d_c$。换能器连线与钢筋轴线若能保持 45°夹角最好。

3.3.2.2　对穿斜测法

当结构物的裂缝部位具有两个相互平行的测试表面时，可采用对穿斜测法检测。可按图 3-5 所示方法布置换能器，保持 T、R 换能器的连线通过缝和不通过缝的测试距离相等、倾斜角一致的条件下，读取相应的声时、波幅和频率值。当 T、R 换能器的连线通过裂缝时，由于混凝土的不连续性，超声波在裂缝界面上产生很大的衰减，接收到的首波信号很微弱，其波幅和频率与不过缝的测点值比较有很大差异。据此便可判断裂缝的深度及是否在水平方向贯通。斜测法检测裂缝深度具有直观、可靠的特点，若条件许可宜优先选用。

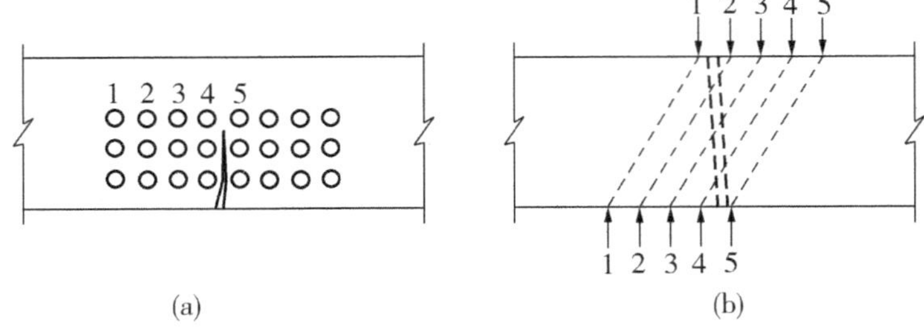

图 3－5　斜测裂缝深度示意图

3.3.3　混凝土深裂缝检测

所谓深裂缝，是指混凝土结构物表面开裂深度在 500 mm 以上的裂缝。对于水坝、桥墩、大型设备基础等大体积混凝土结构，在浇筑混凝土过程中，由于水泥的水化热散失较慢，混凝土的内部温度比表面高，使结构断面形成较大的温差，当由此产生的拉应力大于混凝土抗拉强度时，便在混凝土中产生裂缝。

3.3.3.1　测试方法

深裂缝的检测一般是在裂缝两侧钻测试孔，用径向振动式换能器置于测试孔中进行测试。如图 3－6 所示，在裂缝两侧分别钻测试孔 A、B。应在裂缝一侧多钻一个较浅的孔 C，测试无缝混凝土的声学参数，供对比判别之用。测试孔应满足下列要求：孔径应比换能器直径大 5～10 mm；孔深应至少比裂缝预计深度深 700 mm，经测试如其深度浅于裂缝深度，则应加深测试孔；对应的两个测试孔，必须始终位于裂缝两侧，其轴线应保持平行；两个对应测试孔的间距宜为 2 m，同一结构的各对应测孔间距应相同；孔中粉末碎屑应清理干净。

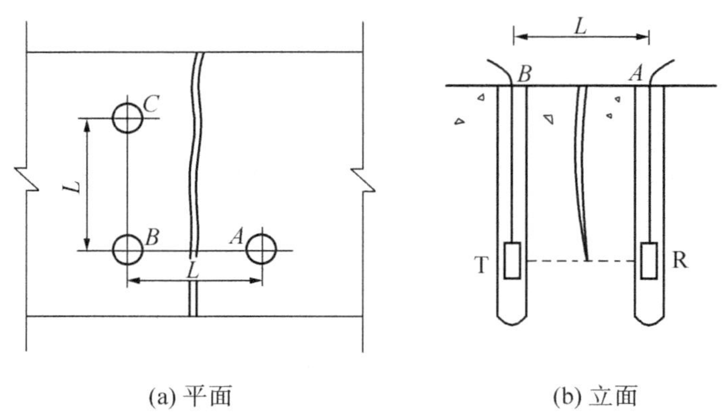

图 3－6　测试孔测裂缝深度

检测时应选用频率为 20～40 kHz 的径向振动式换能器，并在其接线上做出等距离标志(一般间隔 100～500 mm)。测试前要先向测试孔中注满清水作为耦合剂，然后将

T、R 换能器分别置于裂缝两侧的对应孔中，以相同高程等间距从上至下同步移动，逐点读取声时、波幅和换能器所处的深度。

3.3.3.2　裂缝深度判定

以换能器所处深度 d 与对应的波幅值 A 绘制 d—A 坐标图，随着换能器位置的下移，波幅逐渐增大，当换能器下移至某一位置后，波幅达到最大并基本稳定，该位置所对应的深度便是裂缝深度 d_c。

3.3.4　混凝土不密实区和空洞检测

混凝土和钢筋混凝土结构物在施工过程中，有时因漏振、漏浆或因石子架空在钢筋骨架上，导致混凝土内部形成蜂窝状不密实区或空洞。这种结构物内部的隐蔽缺陷，应及时检查出并进行技术处理。

3.3.4.1　测试方法

混凝土内部的隐蔽缺陷情况无法凭直觉判断，因此这类缺陷的测试区域一般总要大于所怀疑的有缺陷区域，或者首先作大范围的粗测，根据粗测情况再着重对可疑区域进行细测。根据被测结构实际情况，可按下列方法布置换能器进行检测。

(1)平面对测

当结构被测部位具有两对平行表面时，可采用对测法，如图 3－7 所示。在测区的两对相互平行的测试面上，分别画出间距为 200 ～ 300 mm 的网格，并编号确定对应的测点位置，然后将两换能器分别置于对应测点上，逐点读取相应的声时(t_i)、波幅(A)和频率(f_i)，并量取测试距离(l_i)。

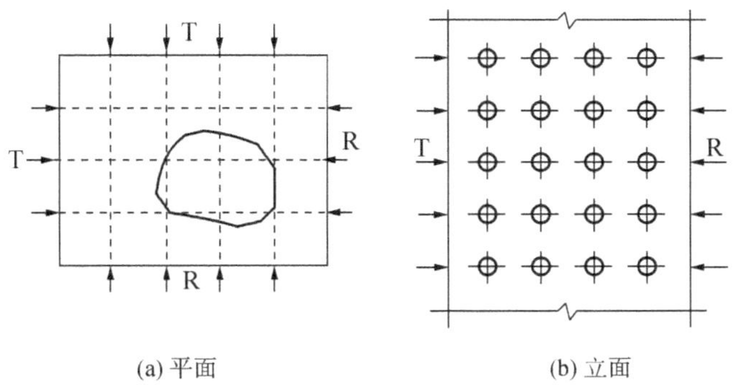

图 3－7　对测法换能器布置示意图

(2)平面斜测

结构中只有一对相互平行的测试面或被测部位处于结构的特殊位置，可采用斜测法进行检测。测点布置如图 3－8 所示。

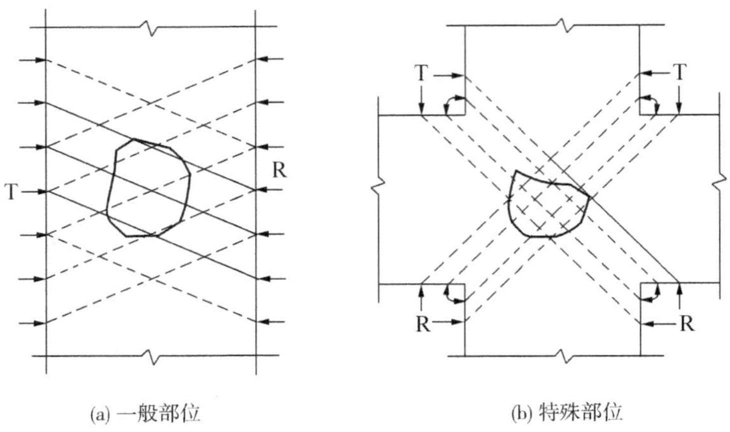

(a) 一般部位　　(b) 特殊部位

图 3－8　斜测法换能器布置示意图

(3)测试孔检测法

当结构的测试距离较大时，为了提高测试灵敏度，可在测区适当位置钻一个或多个平行于侧面的测试孔。测孔的直径一般为45～50 mm，测孔深度视检测需要而定。结构侧面采用厚度振动式换能器，一般用黄油耦合，测孔中用径向振动式换能器，用清水作耦合剂。换能器布置如图3－9所示，检测时根据需要，可以将孔中和侧面的换能器置于同一高度，也可将二者保持一定的高度差，同步上下移动，逐点读取声时、波幅和频率值，并记下孔中换能器的位置。

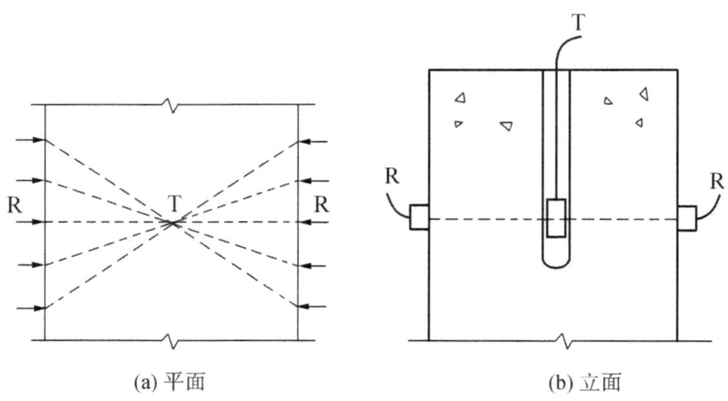

(a) 平面　　(b) 立面

图 3－9　测试孔检测法换能器布置示意图

3.3.4.2　不密实区和空洞的判定

由于混凝土本身的不均匀性，即使是没有缺陷的混凝土，测得的声时、波幅等参数值也在一定范围内波动。因此，不可能有一个固定的临界指标作为判断缺陷的标准，一般都利用统计方法进行判别。一个测区的混凝土如果不存在空洞、蜂窝区或其他缺陷，则可认为这个测区的混凝土质量基本符合正态分布。虽因混凝土质量的不均匀性，使声学参数测量值产生一定离散，但一般服从统计规律。若混凝土内部存在缺陷，则这部分混凝土与周围的正常混凝土不属于同一母体，其声学参数必然存在明显差异。

3.3.5　雷达法检测混凝土缺陷

雷达法是继超声波之后迅速发展起来的一种新的无损检测技术。该方法能准确确定混凝土内部的配筋、空洞和裂缝的位置等，在业内得到广泛应用。近年研制的透视雷达仪携带方便、操作简单，在探测过程中，能自动跟踪天线移动所经过的轨迹，以数字化形式记录、存取数据，数据的分析、处理可以通过软件完成。

雷达法探测的依据不是材料的密度，而是电磁特性。由于物体的介电常数、电导率不同，不同的目标体在雷达反射波形图上会显示出不同的特征。被探测物的相对介电常数越小，雷达波越容易穿透，可以对混凝土内部结构(配筋、孔洞、裂缝等)准确成像，通过对雷达成像的解释，可以准确确定混凝土内部配筋情况、保护层厚度，以及空洞和裂缝位置等。

3.4　钢筋直径、保护层厚度测试

钢筋探测仪有电磁法钢筋探测仪和雷达法钢筋探测仪两种。电磁法钢筋探测仪通常由探头、主机和连接线组成。探头接受主机命令，产生电磁场，探头与混凝土表面持续接触并进行扫描，当混凝土中的钢筋和其他金属物体位于该磁场时，磁力线会改变而变形，钢筋和其他金属所产生的干扰导致电磁场强度的分布改变，被探头探测到并接收输送回主机，主机以模拟方式或数字方式对金属物的位置进行显示。对仪器测试金属物和混凝土进行适当校准，即可显示钢筋(金属物)直径和保护层厚度。

探头可由单个或多个线圈组成，其产生电磁场的物理原理是涡流效应或电磁感应。

(1)应用涡流效应的钢筋探测仪，其探测线圈中的复线圈电流在钢筋(或导电金属物)中产生涡流，导致探测线圈电阻改变。采用这种工作原理的仪器，其频率在 1 kHz 以上，并且对于靠近探头的任何导电金属都有反应。因这类仪器对材料的电导率依赖性强，有可能对钢材种类的变化十分敏感，例如检测高拉应力预应力钢筋保护层厚度，需局部破损混凝土进行校准。

(2)应用电磁感应的钢筋探测仪，其复线圈采用较低的工作频率(一般低于 90 Hz)。工作原理类似于变压器，由一个或两个线圈带有驱动电流，同时另一个或两个线圈接收由于探测线圈和混凝土中的钢筋形成磁通路而改变的电压。这类仪器对于非铁磁性材料敏感性较差，由于这类仪器探头通常安置了对温度敏感的线圈，导致仪器读数随探头温度变化而改变，使这类仪器检测时必须经常“调零”。

在使用涡流效应探测仪测试时，特别要避开水管、电线、金属电线套管等导电金属物，消除和减小导电金属的影响以准确地测定钢筋位置和保护层厚度。在气温和体温相差较大的环境下进行检测时，手持对温度敏感的电磁感应探测仪探头进行检测时(如手持时间较长)要注意探头温度的升高，造成钢筋保护层读数误差增大。手持探头时间较长时需按规定的时间间隔对仪器进行调零或遵照仪器说明书的要求以消除温差因素影响。

一台钢筋探测仪往往配置两个探头，探头大小的差异产生磁场范围有差异以致其探测范围不同，通常大探头探测的范围比小探头要大。探测范围增大对钢筋间距和排距、保护层厚度甚至钢筋定位读数(测值)产生偏差。探测范围足够的情况下，使用探测范围较小的小探头可提高测试精度。探头探测精度的高低与其探测范围的选择需视现场情况而定。

按《混凝土中钢筋检测技术规程》(JGJ/T 152—2008)中“3”条款编写实验步骤。

3.4.1 实验步骤

(1)在被测试的混凝土构件上选择一个较为平整的位置，清除饰面层、黏附物等。

(2)对测试仪进行校准，可采用钻孔、剔凿的方法验证(修正值 C_c)。当检验混凝土保护层厚度小于钢筋探测仪最小示值，应在探头下加垫块(厚度为 C_0)。

(3)结合设计资料了解布筋状况，检测时，应避开钢筋接头和绑丝，钢筋间距应满足钢筋探测仪的检测要求。探头在检测面上移动，直到探测仪示值最小，此时探头中心线与钢筋轴线重合，在相应位置做好标记，重复上述步骤，将测区钢筋位置标记好。

(4)测试仪调零。设定探测仪量程范围及钢筋公称直径，沿被测钢筋轴线选择相邻钢筋影响较小的位置，并应避开钢筋接头和绑丝，读取第一次混凝土保护层厚度检测值 C_1^t，在被测钢筋的同一位置重复检测 1 次混凝土保护层厚度 C_2^t。

当同一处读取的 2 个混凝土保护层厚度检测值相差大于 1 mm 时，该组检测数据无效，并查明原因，在该处应重新进行检测。仍不满足要求时，应更换钢筋探测仪或采用钻孔、剔凿的方法验证。

3.4.2 计算判定

混凝土保护层厚度按式(3-23)计算：

$$C_{m,i}^t = (C_1^t + C_2^t + 2C_c - 2\ C_0)/2 \tag{3-23}$$

3.5 钢筋锈蚀检测

造成钢筋腐蚀的主要原因有盐害和中性化两大类。在盐害方面，当混凝土中钢筋表面氯离子超过一定量时，钢筋表面的保护性钝化膜开始破坏，接着钢筋开始腐蚀膨胀造成混凝土龟裂或崩落。至于氯离子的来源，又可分为在建筑期间加入或是在使用期间渗透进入两大渠道。在建筑期间氯离子进入混凝土的渠道除了随早强剂的使用而加入混凝土外，另一渠道则是使用含氯离子的粒料，如海砂及含盐分的水。在结构使用期间，环境中的氯离子会吸附混凝土而扩散到钢筋表面。这些环境中氯离子主要来源：一是融冰盐，这种情况在寒带地区中最为普遍，这些国家为解决冬天下雪造成路面结冰的问题，大量使用融冰盐渗入水源中导致渗透进混凝土而造成钢筋腐蚀；二是海风或海水，靠海地区的建设很容易因海风或海水携带盐分渗入混凝土而造成钢筋腐蚀进而影响结构安全。

而当混凝土材料暴露于大气中，尤其是工业污染的环境下，含有二氧化碳或二氧化硫等酸性气体的空气会使混凝土的 pH 值降低，混凝土中性化的结果将造成其内部的钢筋开始腐蚀。混凝土发生中性化是由最外层渐渐向内侵入，当中性化层到达钢筋时，保护钢筋锈蚀的环境不再存在，腐蚀便开始。因此中性化的速度决定了钢筋腐蚀发生的时间，而速度与混凝土保护层的厚度有关，保护层越厚，钢筋表面混凝土中性化越慢。一般钢筋混凝土构造物的最小保护层厚度应符合相关规定。

钢筋的腐蚀性质或物理性质的检测是判断钢筋腐蚀最直接的方法。但是由于钢筋混凝土是一种极为复杂的材料，量测钢筋腐蚀速度或腐蚀量并不容易。以下将介绍几种常用钢筋腐蚀检测方法。

(1)腐蚀电位。

利用钢筋腐蚀侦测仪来确定钢筋锈蚀范围，这种方法必须在钢筋具有连续导电性时方可使用。检验时，首先要将锈蚀侦测仪的电极与钢筋相连接形成通路后，输入高阻抗，移动探头并记录电位差借以绘出示意图判定腐蚀发生的区域。

此方法的缺点是：得到的数据只能说明钢筋是否有发生腐蚀的可能，却无法告诉我们钢筋的腐蚀速度；不适用于中性化的结构或海砂结构体的检测，因为中性化所引起的界面电位差可能高达 200 mV，如此大的误差很容易造成误判(例如原本腐蚀电位在 -350 mV以下，可能测出的值为 -150 mV，误判钢筋发生腐蚀的概率在 5% 以下)；不能检测水下结构物，因为水下结构体缺氧，钢筋不会腐蚀，但却会测到相当负值的腐蚀电位(远小于 -350 mV)。

(2)测量瞬间腐蚀速度。

直接测量钢筋腐蚀速度可以了解结构的腐蚀原因，协助规划最适当的维修方法及评估防腐蚀措施的效果。因钢筋腐蚀是一种电化学反应，测量其电化学反应速度就可获知钢筋腐蚀速度。在实验室中，用来测量钢筋的腐蚀速度有以下几种方法：包含线性极化阻抗、交流阻抗、调和分析等电化学方法。检测时只要将探头放在欲检测的位置上，由电化学检测设备测量出腐蚀速度，即可获知整个钢筋混凝土结构的腐蚀速度分布。

(3)测量腐蚀电位和混凝土电阻。

测量混凝土电阻可以使用测量土壤电阻的 Wenner Method。利用数学模式、腐蚀电位图和混凝土电阻可以预测钢筋的腐蚀速度。另外，混凝土电阻也可以进一步辅助腐蚀电位来判断腐蚀速度的大小(如腐蚀电位在 -350 mV 以下时，混凝土电阻大于 12 kΩ/cm，则腐蚀速度很小；小于 5 kΩ/cm 时，则腐蚀速度会很大)。

思考题

1. 混凝土回弹强度如何计算?
2. 超声波检测混凝土缺陷的基本原理是什么? 检测方法有哪些?
3. 超声法检测混凝土裂缝基本原理是什么?
4. 回弹法检测混凝土强度的原理是什么? 检测时有哪些规定和要求?
5. 混凝土现场检测有哪些方法，其优劣如何?
6. 如何选择钻芯取样的芯样直径?
7. 为何要确保混凝土保护层厚度?
8. 混凝土梁桥表层缺陷有哪几种类型? 一般发生在哪些部位?
9. 超声波检测结构混凝土强度和内部缺陷的手段有哪些种类与计算公式? 混凝土缺陷是如何判定的?

第4章　应变电测技术

应变电测技术是用电测方法测量应变的一种测试技术。它的基本组成是传感器元件(如电阻式应变片、应变计等)和测试仪器，其原理是将结构机械应变量转换成电量信号("等同"物理量转换)，经仪器接收、放大和量化等系统处理后显示出应变量值。

应变电测技术具有能效高、测量准确、远距离遥测和数图采集等优势，在材料、结构工程领域的应变测试中被广泛地应用。

4.1　电阻式应变片性能与构造

4.1.1　电阻式应变片性能

电阻式应变片又称电阻应变计(简称应变片或电阻片)，它是非电量电测中最重要的变换器，与其他测试方法比较，有如下的一些优点：

(1)灵敏度高

由于利用电阻片将非电量转换为电量，再经电子仪器进行放大、显示和记录，所以能获得很高的放大倍数，从而达到很高的灵敏度。

(2)电阻片尺寸小且粘贴牢固

对于结构十分紧凑以致其他量测仪表(如杠杆引伸仪)根本无法安装的情况，电测法就能发挥更大的作用。电阻片尺寸小的另一个重要意义在于可以用来量测局部应力。现在电阻片的标距甚至可以小于1 mm，这对于应力集中区的量测比较合适。

(3)电阻片质量小

这是一个突出的优点，它使得电测不仅可以作静态应力的量测，而且可以在动态应力分析方面发挥独特的作用。应变片的基长可以制作得很短，并且有很高的频率响应能力，因此在应变梯度较大的构件上量测时仍能获得一定的准确度，在高频动应变量测中具有很好的动态响应。

(4)使用环境较宽松

可以在高温(80～100℃)、低温(－100～－70℃)等特殊条件下成功使用。此外，由于应变片输出的是电信号，就易于实现量测数字化和自动化。应变片已在桥梁荷载实验中得到广泛的应用。

应变片电测法的缺点是粘贴工作量大，重复使用困难等。为克服这些缺点，人们利用应变片的工作原理，通过某种转换器间接地测出被量测的数值，这种转换器称为电阻式应变传感器。

4.1.2　电阻式应变片构造与分类

电阻式应变片主要由敏感丝栅、基底、覆盖层和引出线等几部分组成(见图 4－1)。敏感丝栅为丝栅形，一般由康酮、镍铬合金制成。基底常见有纸基(用0.015～0.02 mm机械强度高、绝缘性能好的纸张制作)和胶基(用性能稳定、绝缘度高、耐腐蚀的聚合胶制成)。覆盖层起定位、保护应变片几何形状和电绝缘作用。引出线是用以连接导线(一般直径为0.15～0.30 mm)的过渡部分。

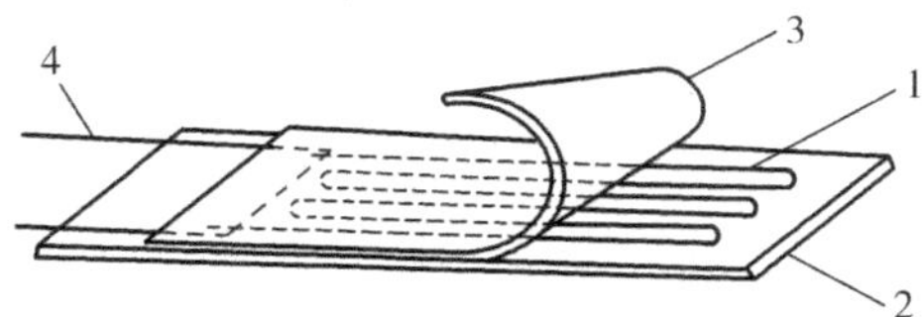

图 4－1　电阻应变片的构造

1—敏感丝栅；2—基底；3—覆盖层；4—引出线

根据应变片制作材料、使用环境的不同，电阻式应变片大致可分类为：

根据敏感元件试件
- 金属应变片
- 半导体应变片

根据基底材料
- 纸基应变片
- 胶基应变片
- 金属片基应变片
- 临时基底应变片

根据温度要求
- 低温应变片(工作温度低于－30℃)
- 常温应变片(工作温度为－30～60℃)
- 中温应变片(工作温度为60～350℃)
- 高温应变片(工作温度高于350℃)

通常使用的电阻式应变片为金属箔式应变片，其形式见图 4－2。箔式应变片是由光刻技术腐蚀成丝。它在性能上的优点是散热条件好、逸散功率大，可以允许较大电流，耐蠕变和漂移的能力强，易做成任意形状，但它工艺较复杂。箔片的材料主要为康酮、镍铬合金等。

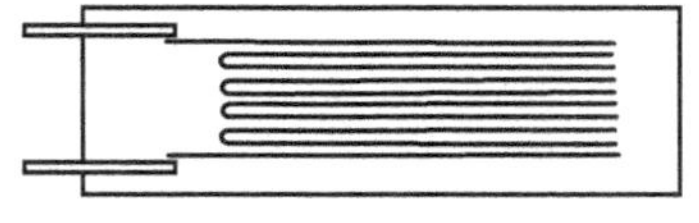

图 4－2　金属箔式应变片

单个敏感丝栅组成的应变片只能测单一的应力。如要测出一点的两个或三个方向的应变(求出此测点的主应力的大小和方向)，这就要在一个公共基底上，按一定方向布置由 2 ～ 4 个敏感丝栅组成的电阻应变片，这种应变片叫作电阻应变花、应变花或多轴应变片，如图 4－3 所示。

对于由箔式应变片组成的应变花，因其横向效应系数极小，故可不考虑修正问题。

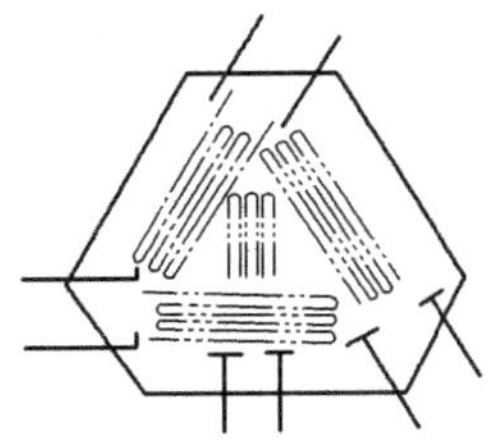
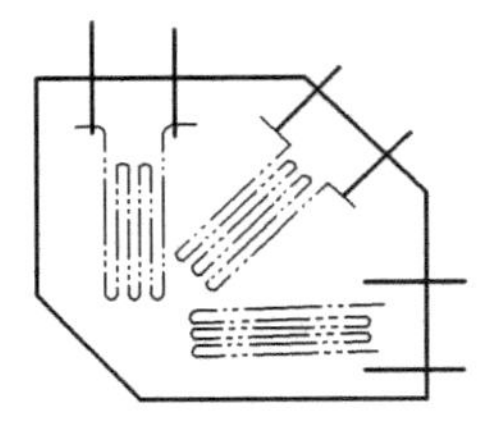
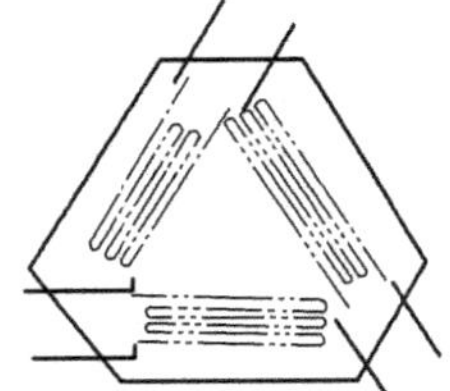

图 4－3　应变花

4.2　应变电测原理

4.2.1　工作原理与组桥

电阻应变片测量时将它粘贴在试样（被测物）的测点上。由于粘贴非常牢固，试样受载时，电阻应变片敏感栅随着试样一起变形，电阻发生改变，其关系为：

$$\mathrm{d}R = k\varepsilon R \tag{4-1}$$

式中，R 为应变片变形前的电阻值；$\mathrm{d}R$ 为试样受载变形后应变片电阻值的改变量；ε 为试样表面沿应变片轴线方向的应变；k 为应变片灵敏系数，与金属丝材料的成分、工艺等都有关系，是该类应变片电阻应变效应显著与否的标志值，由生产厂家抽样测定（一般在 1.9 ～ 2.3 之间）。

关系式（4－1），其意义不只在于揭示了电阻变化率与机械应变之间确定的线性关系，更重要的是它建立了机械量与电量之间的物理量相互转换关系。

在电阻应变仪的“组桥”中，主要是通过惠斯登电桥原理来测量应变所引起的电阻变化的微小信号。该电桥以电阻 R_1、R_2、R_3、R_4 作为四个桥臂，如图 4－4 所示。桥路中 R_1 与 R_2，R_3 与 R_4 分别串联，两组并联于 AC 两端，在 AC 端接有电源。

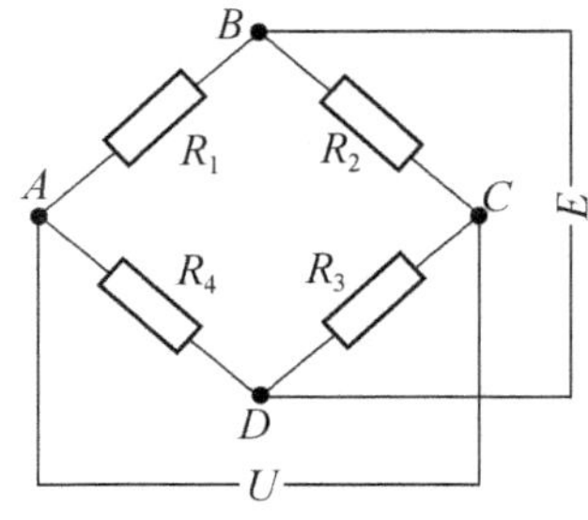

图 4－4　惠斯登电桥电路

由惠斯登电桥原理可知，当电桥平衡时满足如下条件：

$$E = U\frac{R_2R_4 - R_1R_3}{(R_1 + R_2)(R_3 + R_4)} \tag{4-2}$$

即

$$R_1R_3 = R_2R_4 \tag{4-3}$$

此时 B、D 端无信号输出。在符合该关系的条件下，输出电压的增量与电阻片阻值变化可近似由式(4－4)计算：

$$\Delta E = U\left[\frac{R_1R_2}{(R_1 + R_2)^2}\left(\frac{\Delta R_1}{R_1} - \frac{\Delta R_2}{R_2}\right) + \frac{R_3R_4}{(R_3 + R_4)^2}\left(\frac{\Delta R_3}{R_3} - \frac{\Delta R_4}{R_4}\right)\right] \tag{4-4}$$

根据应变电桥平衡的条件，式(4－4)可写为：

$$\Delta E = \frac{U}{4}\left(\frac{\Delta R_1}{R_1} - \frac{\Delta R_2}{R_2} + \frac{\Delta R_3}{R_3} - \frac{\Delta R_4}{R_4}\right)\Big] = \frac{1}{4}UK(\varepsilon_1 - \varepsilon_2 + \varepsilon_3 - \varepsilon_4) \tag{4-5}$$

式中　K——灵敏系数，为无量纲量，$K=\dfrac{\Delta R_i}{R_i\varepsilon_i}$；

ε_1、ε_2、ε_3 和 ε_4——分别为电阻 R_1、R_2、R_3、R_4 阻值变化相对应的应变。

在电桥的测量电路，应变电桥的测量方法有下列几种：

(1)单点测量

单点测量时，即组成测量电桥的四个电阻中，R_1 为电阻可变化电阻元件(电阻片)，其余三个为精密电阻元件(无电阻变化)，则

$$\Delta E = \frac{1}{4}UK\varepsilon_1 \tag{4-6}$$

(2)半桥测量

方法一是将两相邻臂接电阻片，另两臂为精密电阻元件($\Delta R_3 = \Delta R_4 = 0$)，则：

$$\Delta E = \frac{1}{4}UK(\varepsilon_1 - \varepsilon_2) \tag{4-7}$$

方法二是将两对邻臂接电阻片，另两臂为精密电阻元件($\Delta R_2 = \Delta R_4 = 0$)，则

$$\Delta E = \frac{1}{4}UK(\varepsilon_1 + \varepsilon_3) \tag{4-8}$$

(3)全桥测量

其方法是组成测量电桥的四个电阻由可变化电阻元件(电阻片)组成，即

$$\Delta E = \frac{1}{4}UK(\varepsilon_1 - \varepsilon_2 + \varepsilon_3 - \varepsilon_4) \tag{4-9}$$

根据应变电桥测量电路的分析，所建立的这些基本关系式表明了电桥的电压输出与桥臂电阻(电阻片)的相对增量 $\Delta R/R$ 或应变 ε 成正比的关系。由此也可看出电桥的增减特性：即相邻两臂的输出符号相反，相对两臂的输出符号相同。

根据应变电桥的特性(式(4－6)～式(4－9))，我们就可以选择不同桥臂电阻片的接线方法进行相应的应变测量。

此外，在使用应变片测量应变时，应变片除了能感受试件受力后的变形外，同样也能感受环境温度的变化影响而引起电阻应变仪示值变动，为解决这一温度效应的影响可在测量电路中进行“温度补偿”。

4.2.2 温度补偿

在测试过程中，环境温度变化明显对测试结果影响是很大的，其原因：一是温度变化将引起应变片电阻值改变；二是温度变化时，由于应变片敏感栅与被测构件材料线膨胀系数不同而将产生附加应变。可见电阻应变片的热输出是不能忽略的，为此应采取温度补偿措施。

如图4－5所示，若R_1为测量片，则R_2用与R_1阻值灵敏系数及电阻温度系数均相同的应变片，并把它粘贴在与被测构件相同的材料上，放在与R_1相同的环境中，但不受荷载。这样，温度变化使R_1与R_2产生的电阻变化ΔR_{1t}与ΔR_{2t}相同。

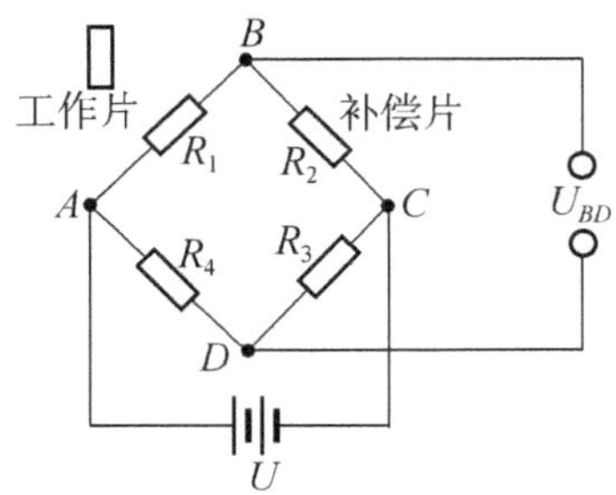

图4－5 温度补偿

设R_1由于构件受荷载产生的电阻变化为ΔR_{1F}，则

$$\Delta R_1 = \Delta R_{1F} + \Delta R_{1t}, \Delta R_2 = \Delta R_{2t},$$

$$\Delta E = \frac{U}{4}\left(\frac{\Delta R_{1F} + \Delta R_{1t}}{R_1} - \frac{\Delta R_{2t}}{R_2}\right) = \frac{U}{4}\frac{\Delta R_{1F}}{R_1} = \frac{UK}{4}\varepsilon \qquad (4-10)$$

可见，式(4－10)排除了温度变化对电压输出的影响，应变片R_2称之为温度补偿片，此桥路测量应变的方法又称为单臂半桥测量法。必须注意，工作片和温度补偿片的电阻值、灵敏系数以及电阻温度系数应相同。

补偿片的数量多少，根据实验材料特性、测点位置和实验条件等因素决定。一般情况下，钢结构可用一个补偿片同时补偿10个工作片。对混凝土材料可用一个补偿片补偿5～10个工作片。如果要求严格或者是某些测点所处条件特殊时，应单独补偿，以尽量减少因补偿片连续工作而工作片间断工作所造成的温差影响。

这种桥路补偿具有方法简单、经济实用的优点，在常温下补偿效果较好，因此被广泛采用。但在温度变化梯度较大时，仍会有一定误差。

目前除采用桥路补偿外，还有采用应变片温度自补偿的办法，即使用一种特殊的应变片，当温度变化时，其电阻增量等于零或相互抵消而不产生视应变。这种特殊应变片称温度自补偿应变片，但此类应变片制作成本高，价格昂贵。

4.2.3 内力分离

工程中，构件常处于组合变形状态下工作，如拉—弯、拉—扭、弯—扭、拉—弯—扭等组合变形，即构件中的应力是复合的。于是测量其中某一种变形在构件中产生的应力，单靠应变片本身是无法解决的，只有通过合理地布置应变片的位置和粘贴方位，并采用正确的组桥接法，才可以将这种应变单独测量出来，从而计算出相应的应力。下面举例说明。

例 4－1　一圆轴受扭矩和拉力共同作用，试通过合适的应变片布片位置的选择和电桥接法将扭矩和拉力这两种内力分离开来。

(1)测扭矩 T 产生的应变

圆轴受扭时，圆表面各点将产生最大扭转切应力，其应力状态为纯剪切应力状态，主应力方向与轴线成 ±45°。

测量扭转切应力时，应将应变片沿主应力方向粘贴，根据测得的主应力再换算成切应力。

图 4－6a、b 分别是拉扭组合变形下测量切应力时的布片图及贴片位置展开图。

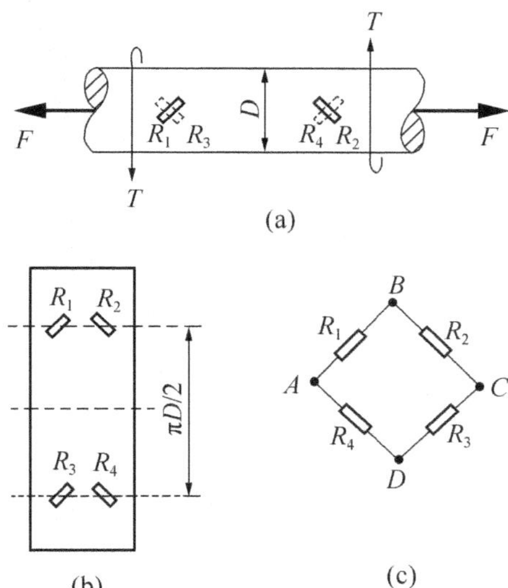

图 4－6　拉、扭组合变形下，测量扭转切应力时的布片位置及电桥接法

以 ε_{iF}和 ε_{iT}分别表示由拉力 F 和扭矩 T 各自产生的应变，可知

$$\varepsilon_{1T} = \varepsilon_{3T} = -\varepsilon_{2T} = -\varepsilon_{4T} \tag{4-11}$$

$$\varepsilon_{1F} = \varepsilon_{2F} = \varepsilon_{3F} = \varepsilon_{4F} \tag{4-12}$$

则各点所对应的应变为

$$\varepsilon_{(1)} = \varepsilon_{1F} + \varepsilon_{1T} \tag{4-13}$$

$$\varepsilon_{(2)} = \varepsilon_{2F} + \varepsilon_{2T} = \varepsilon_{1F} - \varepsilon_{1T} \tag{4-14}$$

$$\varepsilon_{(3)} = \varepsilon_{3F} + \varepsilon_{3T} = \varepsilon_{1F} + \varepsilon_{1T} \tag{4-15}$$

$$\varepsilon_{(4)} = \varepsilon_{4F} + \varepsilon_{4T} = \varepsilon_{1F} - \varepsilon_{1T} \tag{4-16}$$

将应变片按图 4－6c 接入全桥，可得

$$\varepsilon_{du} = \varepsilon_{(1)} - \varepsilon_{(2)} + \varepsilon_{(3)} - \varepsilon_{(4)} = 4\varepsilon_{1T} \tag{4-17}$$

此时，应变仪的显示读数已消除了由拉力带来的影响，仅与扭矩 T 有关。通常将

从仪器读得的应变值与待测应变值之比称为桥臂系数，故本例接桥方法桥臂系数为4。

由此圆轴扭转时，其主应变为 $\varepsilon_1 = -\varepsilon_3 = \dfrac{\varepsilon_{du}}{4}$，对应的主应力和切应力

$$\sigma_1 = -\sigma_3 = \tau = \frac{E}{1-\mu^2}(\varepsilon_1 + \mu\varepsilon_3) = \frac{E}{1-\mu^2}\left[\frac{\varepsilon_{du}}{4} - \mu\frac{\varepsilon_{du}}{4}\right] = \frac{E}{4(1+\mu)}\varepsilon_{du} \quad (4-18)$$

式中，μ 为构件材料的泊松比。

(2)测拉力 F 产生的应变

测由拉力 F 产生的正应力的应变片布片位置和电桥接法如图4-7所示，图中 R_t 是温度补偿片。此时

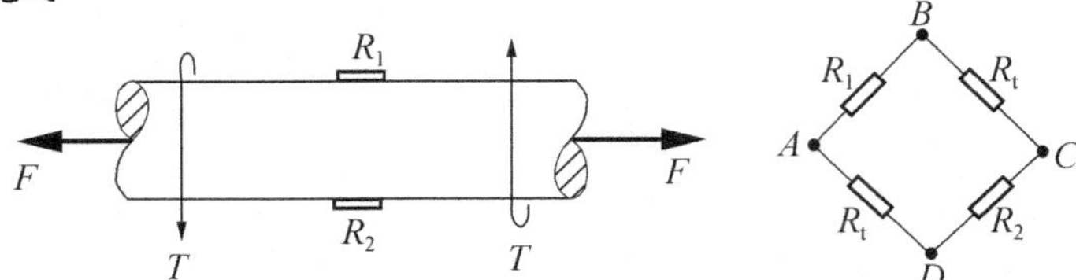

图4-7　拉、扭组合变形下，测量拉伸正应力时的布片位置及电桥接法

$$\varepsilon_{1F} = \varepsilon_{2F}, \quad \varepsilon_{1T} = \varepsilon_{2T} = 0 \quad (4-19)$$

各测点所对应的应变为

$$\varepsilon_1 = \varepsilon_{1F}, \quad \varepsilon_2 = \varepsilon_{2F} \quad (4-20)$$

按半桥接法可得

$$\varepsilon_{du} = \varepsilon_1 + \varepsilon_2 = 2\varepsilon_{1F} \quad (4-21)$$

显然，应变仪的读数与扭矩 T 无关，且桥臂系数等于2。

通过电桥接法提高测量精度，并可将组合变形中各应变成分分别测量。现将几种常见变形下的电桥接法列于表4-1中。

表4-1　常见变形下的电桥接法

变形形式	需测应变	应变片布片位置	电桥接法	桥臂系数
拉(压)	拉(压)			1
扭转	扭转主应变			4
				2

续表 4－1

变形形式	需测应变	应变片布片位置	电桥接法	桥臂系数
弯曲	弯曲	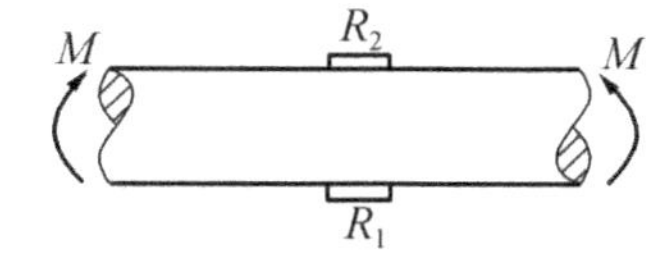 M, M, R_2, R_1	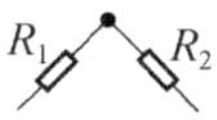 R_1, R_2	2
		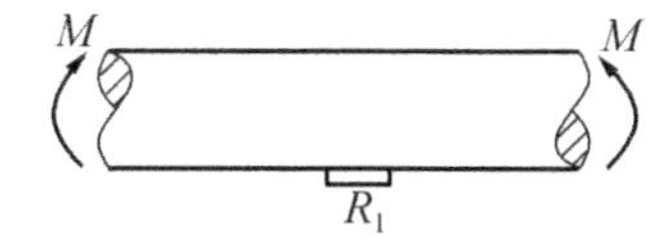 M, M, R_1	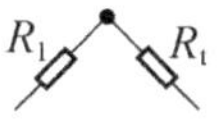 R_1, R_t	1
拉(压)扭组合	拉压	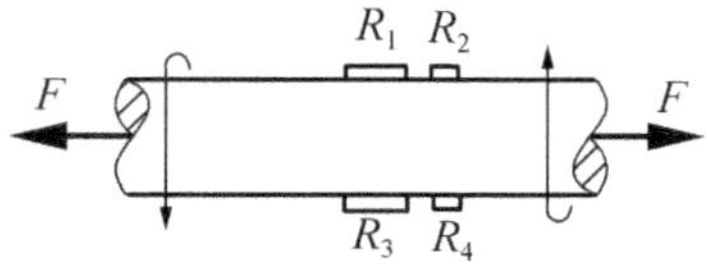 F, F, R_1, R_2, R_3, R_4	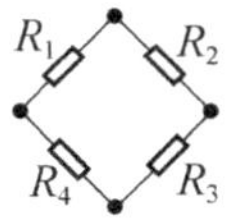 R_1, R_2, R_3, R_4	$2(1+\mu)$
		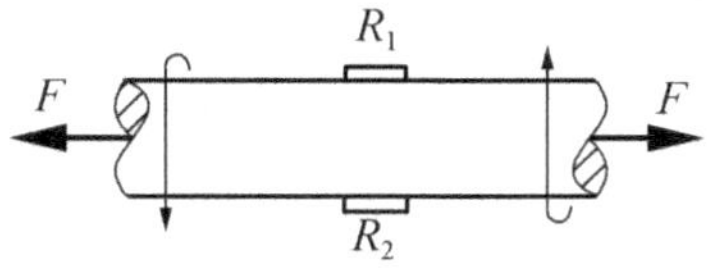 F, F, R_1, R_2	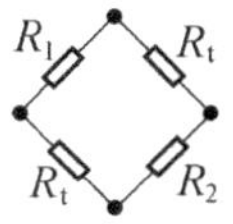 R_1, R_t, R_t, R_2	2
	扭转主应变	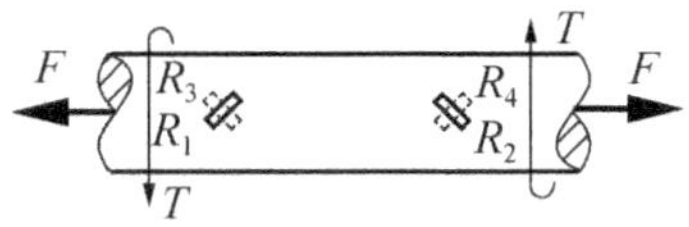 F, F, T, T, R_1, R_2, R_3, R_4	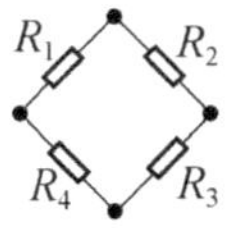 R_1, R_2, R_3, R_4	4
		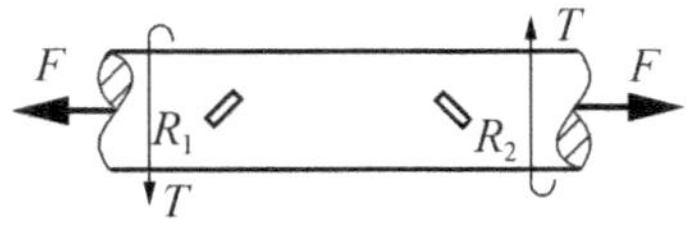 F, F, T, T, R_1, R_2	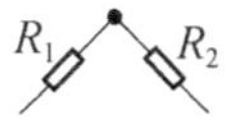 R_1, R_2	2
拉(压)弯组合	拉(压)	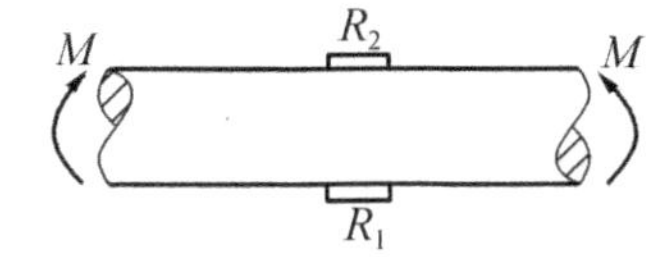 M, M, R_2, R_1	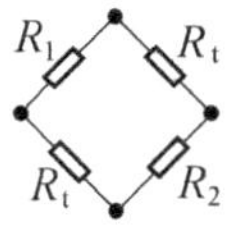 R_1, R_t, R_t, R_2	2
	弯曲	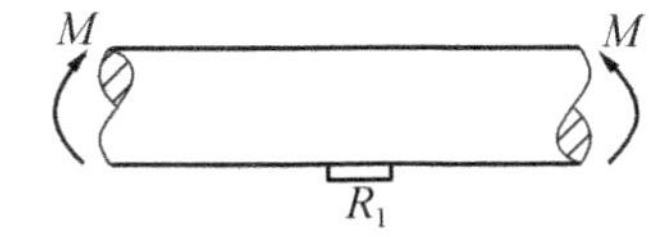 M, M, R_1	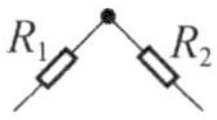 R_1, R_2	2

续表 4－1

变形形式	需测应变	应变片布片位置	电桥接法	桥臂系数
弯扭组合	弯曲	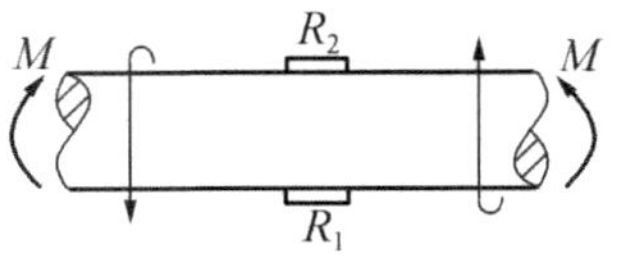 M R_2 M R_1	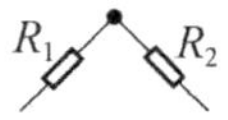 R_1 R_2	2
		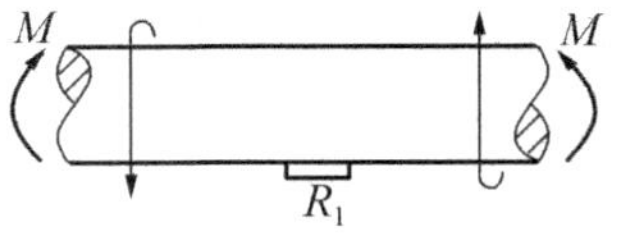 M M R_1	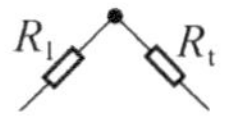 R_1 R_t	1
	扭转主应变	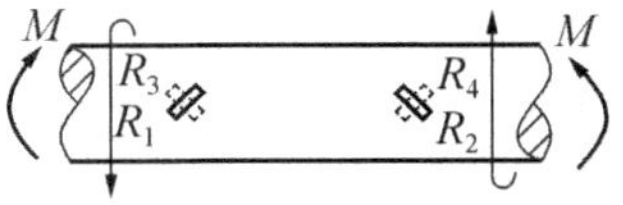 M R_3 R_1 M R_4 R_2	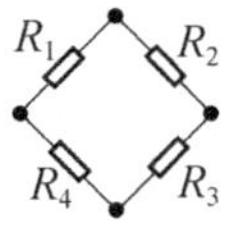 R_1 R_2 R_4 R_3	4
拉(压)弯扭组合	拉(压)	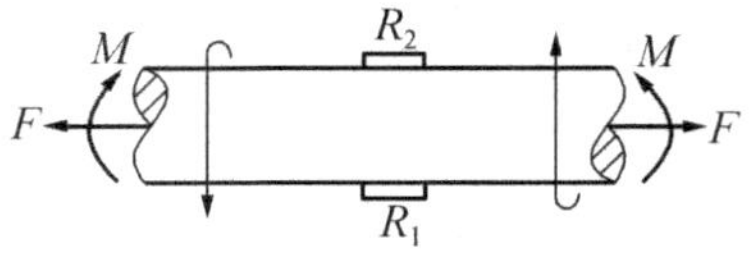 F M R_2 M F R_1	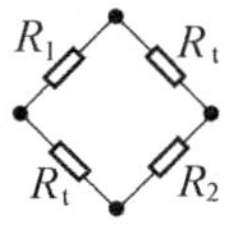 R_1 R_t R_t R_2	2
	弯曲	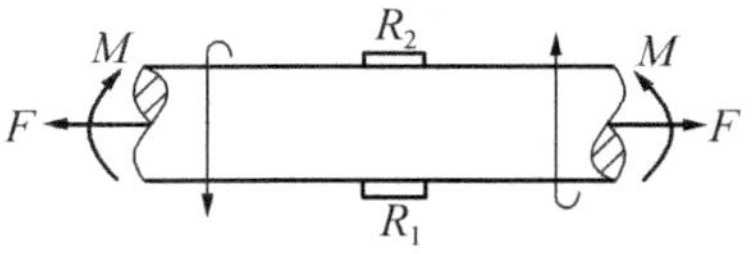 F M R_2 M F R_1	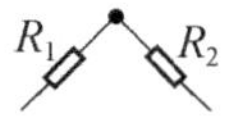 R_1 R_2	2
	扭转主应变	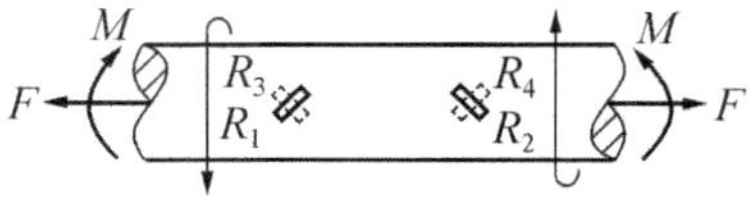 F M R_3 R_1 M R_4 R_2 F	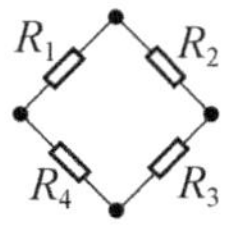 R_1 R_2 R_4 R_3	4

4.2.4 静态应变测量影响因素

静态测量的特点是测量过程持续时间较长，对测量精度要求较高。在测量工作中，应该有效地控制各个环节，以保证测量系统具有良好的稳定性。也就是说，应该把并非由于载荷变化而引起的读数飘移降到最低限度，以得到稳定的测量读数。只有在读数稳定的基础上，再通过有关的分析计算，才能得到精度较高的测量结果。

(1)应变片绝缘电阻变化的影响

粘贴良好、胶层完全固化与干燥的应变片，其绝缘电阻可达 10^4 MΩ。一般的静态测量，要求绝缘电阻不应低于 100 MΩ。如果由于某种原因(主要是环境湿度变化)，使应变片的绝缘电阻下降，则相当于在应变片上并联了一个电阻 R_n(见图 4－8)。这样，它会改变桥臂电阻值，其效果相当于灵敏系数发生变化，从而引起测量误差。如果 R_n 是固定的，并且数值仍足够大，那么这项误差是比较小的。如果在测量过程中 R_n 还在不断地下降，那么它将引起测量读数的飘移。设 R_n 的变化量为 ΔR_n，则由 ΔR_n 引起的桥臂电阻变化量为

$$\begin{aligned}\Delta R' &= \frac{R(R_n + \Delta R_n)}{R + (R_n + \Delta R_n)} - \frac{RR_n}{R + R_n} \\ &= \frac{R^2 \Delta R_n}{(R + R_n + \Delta R_n)(R + R_n)}\end{aligned} \tag{4-22}$$

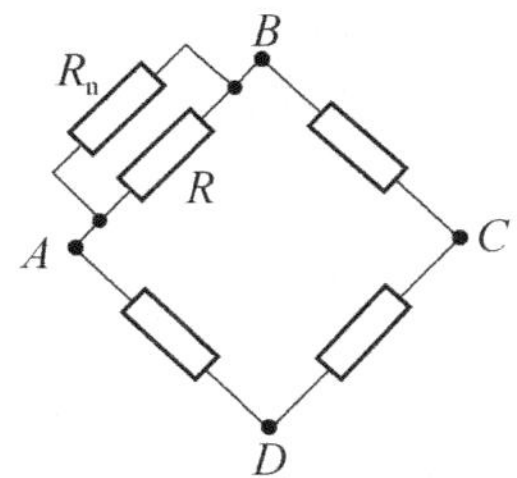

图 4－8　应变片绝缘电阻变化的影响

桥臂电阻的变化率则为

$$\frac{\Delta R'}{\dfrac{RR_n}{R + R_n}} = \frac{R\Delta R_n}{R_n(R + R_n + \Delta R_n)} \tag{4-23}$$

如果不考虑灵敏系数的变化，那么，由此而产生的应变仪读数飘移将为

$$\varepsilon_{飘} = \frac{R\Delta R_n}{KR_n(R + R_n + \Delta R_n)} \tag{4-24}$$

例如，$R = 120\Omega$，$K = 2$，$R_n = 50\ \mathrm{M\Omega}$，$\Delta R_n = -49\ \mathrm{M\Omega}$，即当绝缘电阻从 50 MΩ 下降为 1 MΩ 时，

$$\varepsilon_{飘} = \frac{120 \times (-49 \times 10^6)}{2 \times 50 \times 10^6 \times (120 + 10^6)} = -58.8\ \mu\varepsilon \tag{4-25}$$

可见，应变片绝缘电阻的大幅度下降，对测量稳定性的影响较大。所以在测量过程中必须予以足够的重视。

(2) 温度变化的影响

当环境温度变化时，应变片和测量导线的电阻都会发生变化，这在测量中将引起较大的读数飘移。对温度影响的补偿，除在测量电路上采取有效措施之外，在实际测量过程中还应注意以下几点：

①避免温度的剧烈变化，特别是不均匀的变化。

②注意导线温度变化对测量的影响。例如，当导线电阻值为应变片电阻值的 1%，应变片灵敏系数为 2，工作片导线与补偿片导线的温度相差 1℃时，应变仪读数的飘移可达 20 $\mu\varepsilon$。

③多点测量时，如果多点共用一个补偿片，那么当把新的测点接入电桥时，应该先接通电路预热一段时间，待工作片与补偿片的温度趋于一致时，再测取读数。对导热性能差、散热条件不良的构件，则必须采用对每一工作片都单独设置补偿片的方法。

(3)应变片的预载处理

实验表明，粘贴好的应变片在初次使用时，常常有明显的读数飘移。如果在正式测量之前，先对被测构件(也就是对应变片)进行几次预载循环，即反复地加载—卸载，那么，再进行测量时，读数飘移现象可基本消失。预载处理的循环次数一般不少于4次，应变片感受的应变，在数值上至少应与正式测量时具有相同的水平，应变的拉压性质也应一致。

(4)外界电磁场的影响

在有外界电磁场干扰的环境中进行测量时，为了防止其对读数的影响，应该采用金属屏蔽线作为测量导线，而且屏蔽层应妥善接地。

(5)其他因素的影响

很多工艺方面的因素都会影响测量的稳定性，如应变片黏合剂未完全固化，导线焊接质量不高，接线柱接触不良等，都会引起读数飘移。这些因素一经查明应立即排除。

4.2.5 仪器操作注意事项

运用电测方法测量应变，必须做好以下工作。

(1)仪器操作使用

①选定电阻应变仪的安放位置，尽量远离各种电磁干扰源，如大功率电动机、电焊机和高压线等；

②电阻应变仪要接地良好，注意模拟信号地线、数字信号地线以及电源地线之间的隔离；

③电阻应变仪所用电源必须稳定可靠，输入电压(220V)的变化范围应保持在-10%～5%之内；

④测点的连接导线尽量远离电源线，以免交变电源的干扰耦合到连接导线内，对测点信号造成干扰，影响测量精度；

⑤选择合适的“接桥方式”(桥路组合形式)将测点导线接入对应通道接点位置(绝对禁止在应变仪“通电”状态下进行导线接入接点位)；同时须固定好连接测点与电阻应变仪的导线，不允许随风摆动，以免导线的电阻变化，影响测量精度；

⑥补偿片与工作片必须规格相同，补偿片贴在与被测试件材料相同且不受力的试件上(补偿块)，并将贴有补偿片的试件同被测试件放置一起，使它们处于同一温度场；

⑦再次确认前期准备工作的质量，如电阻应变片对地的绝缘电阻、电阻应变片及连接导线是否断路或短路等；

⑧接线完毕后电阻应变仪进行扫描测量检查，观察是否所有测点均可调整平衡，对不能平衡的重要测点应及时查找原因，采取处理补救措施。

(2)仪器使用状况

①测试前，电阻应变仪必须通电预热30 min。

②做好各种参数设置：接桥测量方式、测量范围、修正值、补偿点等。

③加荷载前，操作电阻应变仪进行各测点初始平衡调整或初始值扫描记忆。注意保护初始值，在本级荷载未卸载之前，不允许再进行读取初始值的操作。对于动态应变

仪，还要进行各测量通道的标定。

④所加荷载稳定后，操作电阻应变仪进行各测点的测量，读取测量数据。

⑤卸载后，操作电阻应变仪进行各测点的测量，读取荷载回零数据(残余应变值)。

4.3　电阻应变片使用与应变测量分析实验

4.3.1　电阻应变片粘贴技能实验

电阻应变片的粘贴和焊接是应变测试技术中极重要的一步，必须足够重视。其步骤及应注意的事项：

(1)电阻应变片的选片

首先检查电阻应变片的外观质量，好的应变片应该丝栅平直整齐、均匀、无气泡、无霉、无锈蚀，基底和覆盖层无破损。其次测定应变片的电阻值，工作片与补偿片之间的电阻值之差不宜大于 0.2 Ω(现在计算机采集系统类仪器已放宽到 0.5 Ω)，以免桥臂阻值不能调平衡。

(2)试件的表面处理

被测表面与电阻应变片之间是否能牢固地粘在一起，是直接影响被测物与应变片变形传递的关键。为使应变片贴得牢固，应对被测表面进行专门处理。被测表面为钢(或其他金属)时，可用砂轮片、钢丝刷等对试件去锈，去锈的长度是应变片长度的 2～3 倍。螺纹钢筋在不损伤有效面积的条件下，磨去几个螺纹。去锈以后，需用砂纸(先粗后细)抛光，并达到光洁。抛光结束前的砂削方向应与贴片方向斜交(不要平行)；被测表面为混凝土时，用砂轮磨平欲测的混凝土表面部位，然后用环氧树脂胶薄薄地涂刮一层隔层并干燥(一般需要 24 h)。等底层完全干燥后，用细铁砂纸将表面磨平，注意砂磨方向应与贴片方向斜交。经表面处理后，用棉花蘸丙酮(或无水酒精)擦净贴片处。

(3)粘贴应变片

目前，常用的胶黏剂为 502、101 等，适用于金属或混凝土的贴片(氰基丙烯酸乙脂类粘贴剂)，502 胶在常温下吸收空气中的微量水分并固化，使用时仅用手指加压0.5～1.0 min 便能初步固化，现场使用特别方便。环氧树脂类粘贴剂也可用来贴应变片。贴片时，先看清应贴片的位置、方向(必要时可先画“准线”)。把 502 胶水滴在应变片粘贴面上(注意应变片的正反面)，应变片贴上去以后，盖上一张塑料薄膜，用大拇指轻轻按住片子，挤出气泡和多余的胶水，注意留心电阻片的位置和方向不能移动。由于 502 胶是一种快干型粘贴剂，所以操作过程中需要熟练的技术和经验。

(4)应变片的干燥处理和质量检查

应变片粘贴后必须使粘贴剂充分干燥，以保证应变片能够传递试件的变形，同时保证应变片的绝缘度，不致引起读数漂移。应变片的干燥方法可以分为自然干燥和人工干燥。当环境温度大于 15℃，相对湿度低于 60% 时，可自然干燥，干燥时间一般需要 24 h。人工干燥就是用红外灯泡或电吹风烘烤，温度一般控制在 50℃以下，干燥时间一般只需 1 h。应变片的粘贴质量直接影响电阻变化率与机械应变之间的关系，如几何位置是否正确、粘贴层是否有气泡、引出线是否完好和可能引发仪器“漂移”的试件与应变片引出线之间的绝缘度(至少要大于 100 MΩ，对较长测量应在 200 MΩ 以上)，都会影响检测质量。

(5)应变片的防潮处理

对应变片进行干燥处理和质量检查后，应及时对应变片进行防潮处理，这对野外实验是必需的。应变片的短期防潮处理比较简单，只需采用普通凡士林或市售 703 胶等。对于应变片的长期防潮，一般采用环氧树脂配固化剂，也可将石蜡(70%)和松香(30%)加热熔化后使用。

(6)应变片的导线连接

在每片应变片的引出线下面贴一条接线端子(或称过桥，可用铜箔板制成)，把应变片的引出线和后续接线一起焊在过桥上，如图 4 - 9 所示。

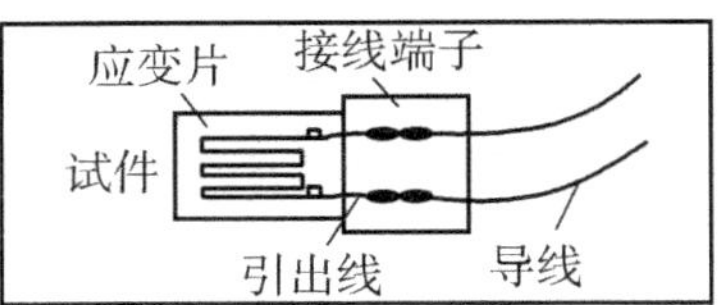

图 4 - 9　应变片的导线连接

4.3.2　电阻应变片应变测定实验

4.3.2.1　等强度梁特性

使梁所有横截面上的最大弯曲正应力均相同，并等于许用应力，按此设计梁截面尺寸，称之为等强度梁。本次实验将在等强度梁上进行电阻应变片的粘贴、焊接及防护，电阻应变片灵敏系数 k 标定以及梁任意横截面上弯曲正应力 σ_w 测定。

按等强度理论有

$$\sigma_{max} = \frac{|M(x)|}{W(x)} = [\sigma] \tag{4 - 26}$$

由此得

$$W(x) = \frac{|M(x)|}{[\sigma]} \tag{4 - 27}$$

式中　$W(x)$——等强度梁上 L_{AB} 上任意截面的抗弯系数；

　　　$M(x)$——等强度梁上 L_{AB} 上任意截面承受的弯矩。

对于矩形截面，若保持厚度 h 不变，则有

$$\frac{Fx}{\frac{b(x)h^2}{6}} = [\sigma] \tag{4 - 28}$$

由此

$$b(x) = \frac{6Fx}{h^2[\sigma]} \tag{4 - 29}$$

考虑到端部剪力影响
$$\tau_{\max} = \frac{3}{2}\frac{F_{\mathrm{S}\max}}{A} = \frac{3}{2}\frac{F}{hb_{\min}} = [\tau] \tag{4-30}$$

即要求
$$b_{\min} = \frac{3F}{2h[\tau]} \tag{4-31}$$

按此设计的等强度梁如图 4－10 所示。L_{AB}部分满足 $b(x) = \frac{6Fx}{h^2[\sigma]}$，$L_{BC}$部分为保证足够的剪切强度，修改成如图所示形状，其宽度等于 b_2。

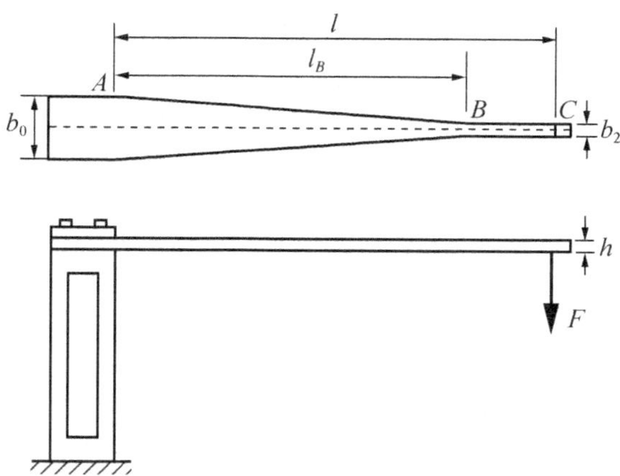

图 4－10　等强度试件及加载方式

4.3.2.2　应变片粘贴、焊接及防护

电测应力分析中，构件表面的应变通过黏结层传递给应变片。测量数据的可靠性很大程度上依赖于应变片的粘贴质量。这就要求黏结层薄而均匀，无气泡，充分固化，既不产生糯滑又不脱胶。图 4－11 为应变片贴片位置示意图。应变片的粘贴工艺见“4.3.1 电阻应变片粘贴技能实验”（第 61 页）。

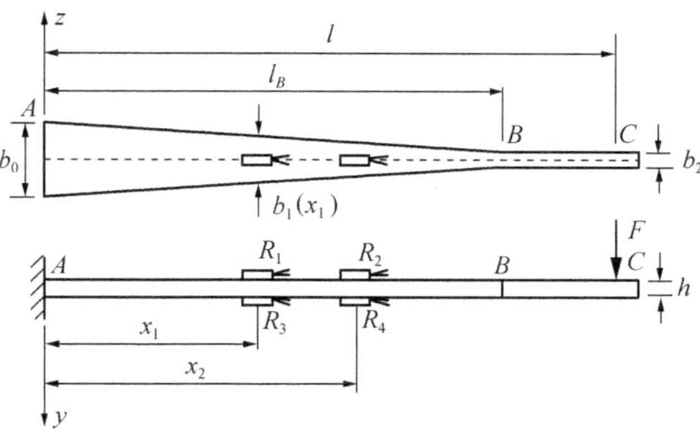

图 4－11　应变片贴片位置示意图

4.3.2.3 应变片灵敏系数标定

粘贴在试件上的应变片，在沿轴线方向受均匀单向应力作用时，应变片的电阻变化率在一定范围内与试件的应变成正比，其比例常数即为灵敏系数 k。

$$k = \frac{\Delta R/R}{\varepsilon} \tag{4-32}$$

式中，$\frac{\Delta R}{R}$ 为应变片的电阻变化率；ε 为试件的应变。

因此，通过测量电阻变化率 $\frac{\Delta R}{R}$ 和试件应变 ε，即可求得灵敏系数 k。

电阻应变片灵敏系数的测量装置见图 4-11。试件是一钢质等强度梁，一端固定，另一端自由，在离左端为 x_1 和 x_2 处的上、下表面分别粘贴有应变片 R_1、R_2 和 R_3、R_4，当自由端作用力 F 时，等强度梁表面任意点的应变由式(4-33)计算。

$$\varepsilon = \frac{6F(l-x)}{Eb(x)h^2} \tag{4-33}$$

式中，$b(x)$、h 分别为测点处梁的宽度和厚度；E 为梁材料的弹性模量。

应变片的电阻变化率 $\frac{\Delta R}{R}$ 由电阻应变仪测出的应变值 ε_Y 和仪器设定的灵敏系数 k_Y 计算所得：

$$\frac{\Delta R}{R} = k_Y \cdot \varepsilon_Y \tag{4-34}$$

安装试件：将四枚工作片 $R_i(i=1, 2, 3, 4)$ 和补偿片 R_t，接单臂(多点)半桥公共温度补偿接入应变仪选定通道，对应变仪所选通道调零。

加载 ΔF，记录应变值 ε_i，求得应变片灵敏系数 k_i。

对 k_i 取算术平均值 $\bar{k}$，并由式(4-35)计算标准差。

$$\sigma = \sqrt{\frac{\sum_{i}^{n}(k_i - \bar{k})^2}{n-1}} \tag{4-35}$$

则所测电阻应变片的灵敏系数为

$$k = \bar{k} \pm \sigma \tag{4-36}$$

4.3.2.4 等强度梁任意横截面上弯曲正应力的验证

测量梁的几何尺寸(l、l_B、b_2、h 和 x_1、x_2)，然后将已粘贴的应变片接入已设计好的桥路，测定相应点的应变值，进而计算出对应点的弯曲正应力。验证等强度梁各横截面上应变(应力)是否相等。

4.3.2.5 矩形截面梁(悬臂梁)弯曲正应力的测定

(1)实验要求

熟悉应变电测桥路工作参数的原理、其电桥接法及应变测实验证。

(2)仪器设备(见图 4－12)

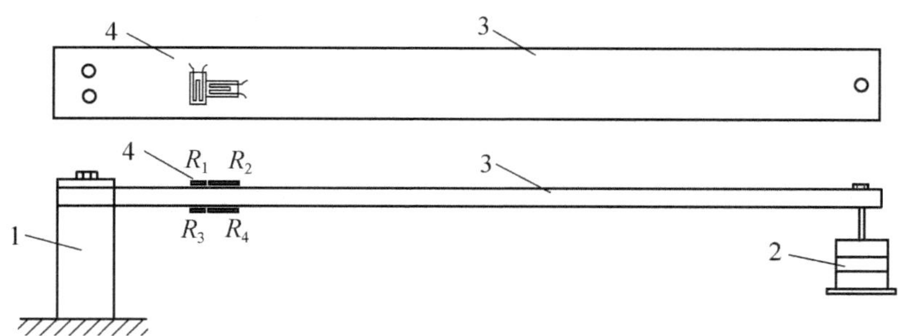

图 4－12　实验梁应变片贴片位置与加载示意图

1—台座；2—砝码；3—矩形截面梁；4—应变片

(3)原理要点

惠斯登电桥通式表示：$\varepsilon_{总}=\varepsilon_1-\varepsilon_2+\varepsilon_3-\varepsilon_4$(邻臂减，对臂加)

1/4 桥路可简化为：$\varepsilon_{总}=\varepsilon_1$。但应变仪上 1/4 桥路一般为带公共补偿的 1/4 桥路，实际为半桥 $\varepsilon_{总}=\varepsilon_1-\varepsilon_2$，在某一温度场中 ε_1 一般由两部分组成，因受外力作用产生的 ε_F，因温度变化产生的 ε_T，$\varepsilon_1=\varepsilon_F+\varepsilon_T$，公共温度补偿 $\varepsilon_2=\varepsilon_T$，可得 $\varepsilon_{总}=\varepsilon_F$。

1/2 桥路，同面两片相连一通道，共 2 个通道，桥臂系数 $A=1+\mu$。

全桥：四个片连一通道，依图 4－13a 所接，桥臂系数 $A=2(1-\mu)$；依图 4－13b 所接，$A=-2(1+\mu)$；依图 4－13c 所接，$A=0$。

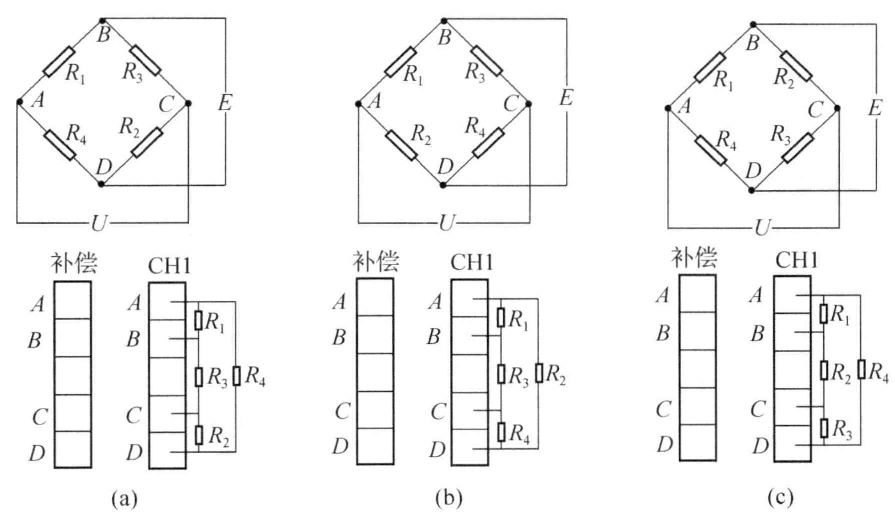

图 4－13　应变仪接线图(以 DH3818 静态应变测试仪为例)

(4)实验步骤

①参照“4. 3. 1 电阻应变片粘贴技能实验”，在矩形梁试件上贴电阻应变片四片组成电桥，如图 4－13 所示。

②打开应变仪电源，预热 30 min。调整实验台，安装试样，并量测试件截面尺寸及

作用点至贴应变片位置的距离。

③分别按 1/4 桥路、1/2 桥路和全桥桥路接法，把应变片通过导线焊接接入应变仪。

④设置参数。设置应变仪通道参数：桥路，应变片灵敏系数，应变片电阻值等。

⑤分三级加载砝码，采集读数，验证桥臂系数。

⑥整理实验数据，经老师检查通过后，结束实验，整理仪器与试件。

4.3.3 材料弹性常数 E、μ 测定实验

(1)实验要求

本实验以拉伸试件为例，用电测法测定试件材料的弹性模量 E 和泊松比 μ，验证胡克定律，学习电测法原理和多点测量技术。

(2)仪器设备

试件、砝码、电子拉力实验机。

(3)实验原理

铝合金(或其他钢材)板状试样。为消除载荷偏心影响，在试样两侧面沿轴向和横向对称地粘贴四枚应变片，如图 4－14 所示。

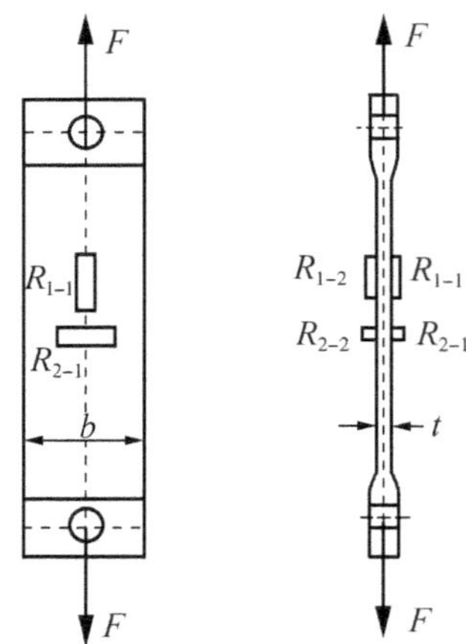

图 4－14　试样及贴片布置图

杆件承受轴向载荷时，在比例极限内，应力与应变遵循胡克定律：

$$\sigma = E\varepsilon$$

式中，ε 为沿拉力方向的线应变(或称纵向线应变)；E 为材料的弹性模量。

同时试件的横向线应变 ε' 与纵向线应变 ε 之间存在着以下关系：

$$\mu = \left|\frac{\varepsilon'}{\varepsilon}\right| = -\frac{\varepsilon'}{\varepsilon} \tag{4-37}$$

式中，μ 称为横向变形系数或泊松比。

将四枚应变片作为工作片分别与温度补偿片按单臂(多点)半桥公共温度补偿法进行测量。为减少误差，验证胡克定律，采用等量增载法，不少于五级载，即 $F_i = F_0 +$

$i\Delta F$ $(i=1,2,\cdots,n,n\geqslant 5)$，$F_n$ 不应使应力超过材料的比例极限。每次加载后记录各点应变值，计算两纵向应变平均值 $\bar{\varepsilon}_{1i}$ 和两横向应变平均值 $\bar{\varepsilon}_{2i}$，每级相减得应变增量 $\Delta\bar{\varepsilon}_{1i}$ 和 $\Delta\bar{\varepsilon}_{2i}$，按平均值法或最小二乘法计算 E 和 μ。

①平均值法。因各级载荷增量相同并等于 ΔF，由式(4－38)～式(4－41)计算弹性模量 E 和泊松比 μ。

$$E=\frac{\Delta F}{bt\cdot\Delta\bar{\varepsilon}_{1j}} \tag{4-38}$$

$$E=\frac{\sum E_i}{n} \tag{4-39}$$

$$\mu_i=-\frac{\Delta\bar{\varepsilon}_{2i}}{\Delta\bar{\varepsilon}_{1i}}=\left|\frac{\Delta\bar{\varepsilon}_{2i}}{\Delta\bar{\varepsilon}_{1i}}\right| \tag{4-40}$$

$$\mu=\frac{\sum\mu_i}{n} \tag{4-41}$$

②最小二乘法

$$E=\frac{\Delta F}{bt}\frac{\sum i^2}{\sum i\,\bar{\varepsilon}_{1i}} \tag{4-42}$$

$$\mu=\left|\frac{\sum i\,\bar{\varepsilon}_{2i}}{\sum i\,\bar{\varepsilon}_{1i}}\right| \tag{4-43}$$

式中，b、t 分别为试样的宽度和厚度。

(4)实验步骤

①打开应变仪电源，预热 30 min。调整实验台，安装试样。

②连接线。按单臂(多点)半桥公共温度补偿将测量片和温度补偿片(也可自行组合桥路)接入静态应变仪。

③设置参数。设置应变仪通道参数：桥路、应变片灵敏系数、应变片电阻值等。

④预调应变仪平衡。在初载荷 F_0 下平衡各所选通道电桥。

⑤测量。缓慢加载，每增加 ΔF(N)，记录各点应变值。不少于五级加载，末级载荷 F_n 不应使应力超出材料的比例极限。然后卸载。数据以表格形式记录。

⑥整理实验数据，经老师检查通过后，结束实验，整理仪器与试件。

⑦实验综合报告，内容应含有：实验方案、理论计算、数据处理及分析和实验结论。

4.3.4　轴向应变及横向刚度测定实验

在前面讨论的多是静载荷作用下所产生的应变(应力)，简称为静应变(应力)。静应变(应力)与加速度无关，不随时间的改变而变化。而在工程中一些高速旋转的构件，或以很高的加速度运动的构件，或承受冲击物作用的构件，其上作用的载荷随时间而变化，称为动载荷。构件上由于动载荷引起的应变(应力)，称为动应变(应力)。工程结构中还有一些构件或零部件中的应力虽然与加速度无关，但是，这些应变(应力)的大小或方向却随着时间而变化，这种应力称为交变应变(应力)。

除少数简单典型的动应力可以用理论公式计算得到外，大多数都必须通过实验方法测量，应变电测法是工程中普遍采用的测量方法之一。下面通过测定材料的横向刚度系数、等强度梁测点处的应变，验证等强度条件认识如何测定动应力(应变)。

(1)实验要求

通过测定材料的横向刚度系数、等强度梁测点处的应变，验证等强度条件认识如何测定动应力(应变)。

(2)仪器设备(见图4-15)

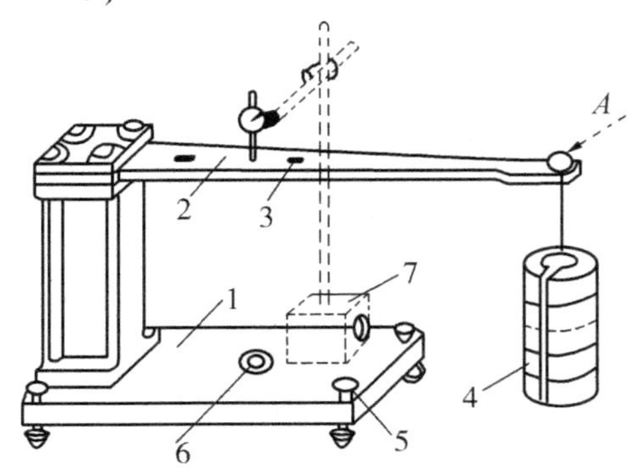

图4-15　实验装置

1—实验平台；2—等强度梁；3—应变片；4—加载砝码；5—水平调节螺钉；6—水平仪；7—磁性表座和百分表

(3)实验原理

实验装置如图4-16所示。将等强度梁(材质为65 Mn)一端固定，一端自由，组成一悬臂梁，其上、下表面贴有应变片 R_1、R_2 和 R_3、R_4，如图4-16所示。梁的变形通过自由端施加砝码产生，经应变仪和示波器可测得测点处的轴向变形，通过百分表测得测点与加力相同方向的变形。

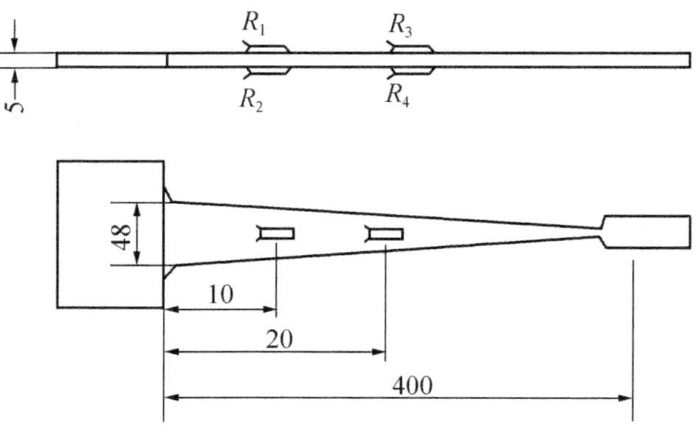

图4-16　等强度梁

一点的弯曲正应力 σ_W 由式(4－44)计算。

$$\sigma_W = \frac{6F_Q(L-l)}{bh^2} \quad (4-44)$$

分别为加力点和测点至梁固定端的距离；b、h 分别为测点处对应梁横截面高度；F_Q 为施加载荷。

测点处的实测应变 ε 和实测应力 σ 分别由式(4－45)、式(4－46)计算。

$$\varepsilon = \varepsilon_0\left(\frac{V}{V_0}\right)\mu\varepsilon \quad (4-45)$$

$$\sigma = E\varepsilon \quad (4-46)$$

ε_0 为标定应变；V_0 为标定输出电压；V 为实测输出电压；E 为材料的弹性模量。

料的横向刚度系数 K 由式(4－47)计算。

$$K = \frac{\Delta F_Q}{\Delta\bar{\delta}_s} \quad (4-47)$$

F_Q 为各级载荷增量；$\Delta\bar{\delta}_s$ 为测点沿力作用方向的增量平均位移。

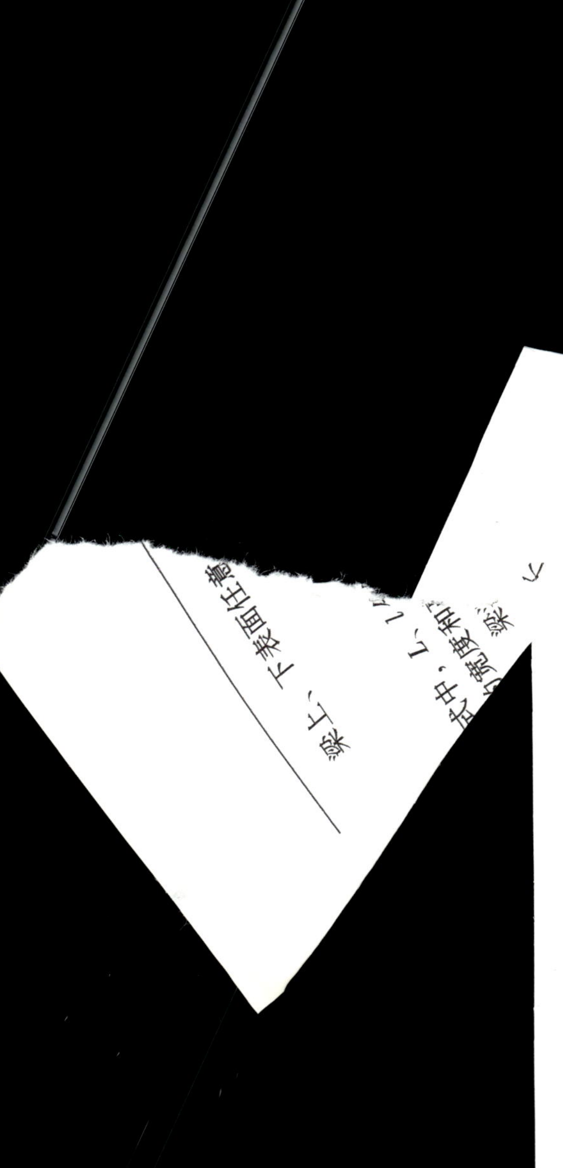

)实验步骤

①接入仪器与调试。

连接桥：将 R_1、R_2 和 R_3、R_4 分别组成半桥接入动态电阻应变仪(DH5937)的两个通道。

安装百分表：将机电百分表顶针置于梁测点的下表面，并接入动态电阻应变仪(全桥接法)。

设置参数：测量内容、采样频率、量程、滤波、修正系数等。

②第一次加载分级进行，按每级 100 g 逐级加载至 500 g。记录加、卸载各级百分表读数。将实测的沿力作用方向的位移数据在载荷—位移坐标系中描点，并拟合直线，由此求得材料的横向刚度系数 K。

③第二次加载每次 500 g，重复三次，记录加、卸载百分表读数和应变片读数，算其平均值。计算材料的实测应变 $\bar{\varepsilon}$，进行数据记录和处理。

④由式(4－46)计算实测应力 σ，与理论值 σ_W 比较并分析其误差，验证等条件。

⑤注意，在计算实测应变 ε_i 时应考虑桥臂系数。同时还应注意电阻应变片系数 k，动态应变仪的灵敏系数 k_Y 一般是不一样的，通常动态应变仪的灵敏系为 $k_Y=2$，因此应按修正公式(4－48)对测量结果进行修正。

$$\varepsilon = \frac{k_Y}{k}\varepsilon_Y$$

⑥整理实验数据，经老师检查通过后，结束实验，整理仪器与试件。

⑦编写实验综合报告，报告内容应含有：实验方案、理论计算、数据处实验结论，对本次实验效果评价以及实验有待改进方面的建议。

4.4 应变电测技术应用

应变电测技术有着非常广阔的应用前景，它可以实现压强、力、荷重、
量的测量；与热电偶配合也可对温度进行监测，常见的有力值传感器和位移传

4.4.1 力值传感器及校准实验

力值(电测)传感器是运用电阻应变测试技术制作而成的。根据受力状况及
同，可制成各种不同用途、不同形状的力值传感器。

4.4.1.1 力值传感器

图 4－17 是一种环形截面圆筒状的应变式力值传感器。在圆柱形弹性元件上粘贴应变片(加以特殊固化处理)，从已知元件截面和实测应变值，通过标定可求出拉、压力重。图中可见，在它的内部筒壁上粘贴，根据测量桥路特性，应变片布置方路的接法可提高电桥的灵敏度；消除元件因荷载偏心而产生的附加弯曲

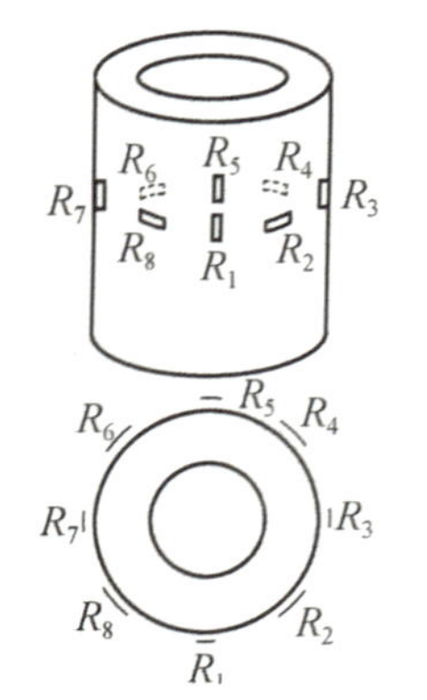

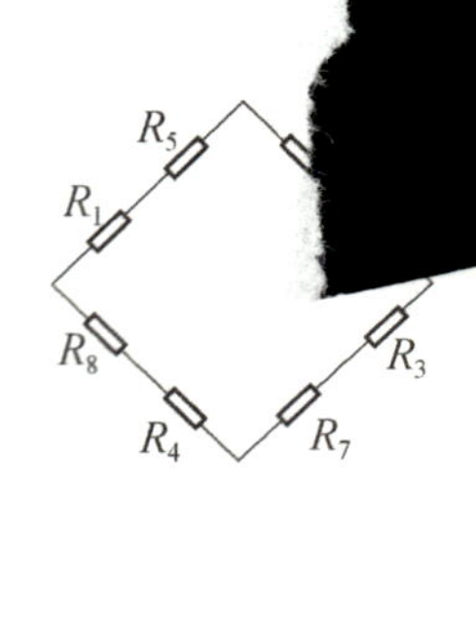

图 4－17 力值传感器中应变片粘贴和桥路布置

用这种方法制成的力值传感器，到 1000 kN 多。另外，还有一
力值传感器，性能较上述拉压传感器要优，但一般都是小吨位的。

感器校准实验

《力传感器》(JJG 391—2009)。

念，掌握力传感器的标定

18)

安放好，摆放到带
中，连接力传感

。

1 次，每次额
每次加荷至

。

约 10%～
干 5 点
荷的

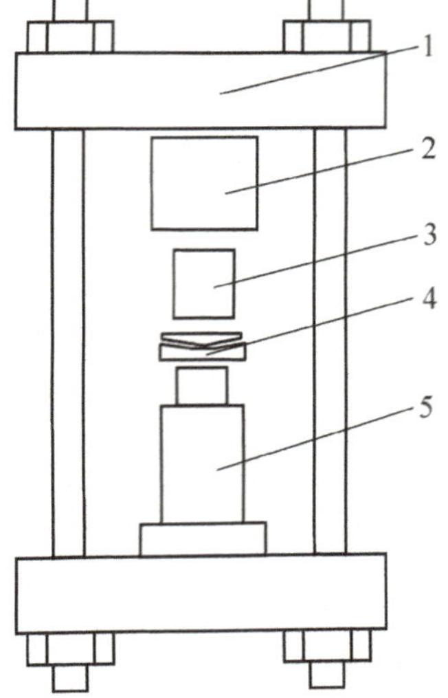

图 4－18 力传感器实验装置图

1—反力架；2—标准力源；3—力传感器；4—和尚头；5—千斤顶

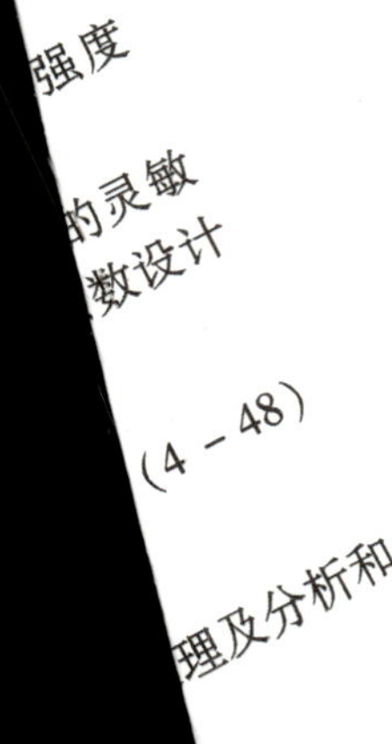

梁上、下表面任意一点的弯曲正应力 σ_W 由式(4－44)计算。

$$\sigma_W = \frac{6F_Q(L-l)}{bh^2} \tag{4-44}$$

式中，L、l 分别为加力点和测点至梁固定端的距离；b、h 分别为测点处对应梁横截面的宽度和高度；F_Q 为施加载荷。

梁测点处的实测应变 ε 和实测应力 σ 分别由式(4－45)、式(4－46)计算。

$$\varepsilon = \varepsilon_0\left(\frac{V}{V_0}\right)\mu\varepsilon \tag{4-45}$$

$$\sigma = E\varepsilon \tag{4-46}$$

式中，ε_0 为标定应变；V_0 为标定输出电压；V 为实测输出电压；E 为材料的弹性模量。

材料的横向刚度系数 K 由式(4－47)计算。

$$K = \frac{\Delta F_Q}{\Delta\bar{\delta}_s} \tag{4-47}$$

式中，ΔF_Q 为各级载荷增量；$\Delta\bar{\delta}_s$ 为测点沿力作用方向的增量平均位移。

(4)实验步骤

①接入仪器与调试。

连接桥：将 R_1、R_2 和 R_3、R_4 分别组成半桥接入动态电阻应变仪(DH5937)的两个通道。

安装百分表：将机电百分表顶针置于梁测点的下表面，并接入动态电阻应变仪(全桥接法)。

设置参数：测量内容、采样频率、量程、滤波、修正系数等。

②第一次加载分级进行，按每级 100 g 逐级加载至 500 g。记录加、卸载各级百分表读数。将实测的沿力作用方向的位移数据在载荷—位移坐标系中描点，并拟合直线，由此求得材料的横向刚度系数 K。

③第二次加载每次 500 g，重复三次，记录加、卸载百分表读数和应变片读数，计算其平均值。计算材料的实测应变 $\bar{\varepsilon}$，进行数据记录和处理。

④由式(4－46)计算实测应力 σ，与理论值 σ_W 比较并分析其误差，验证等强度条件。

⑤注意，在计算实测应变 ε_i 时应考虑桥臂系数。同时还应注意电阻应变片的灵敏系数 k，动态应变仪的灵敏系数 k_Y 一般是不一样的，通常动态应变仪的灵敏系数设计为 $k_Y=2$，因此应按修正公式(4－48)对测量结果进行修正。

$$\varepsilon = \frac{k_Y}{k}\varepsilon_Y \tag{4-48}$$

⑥整理实验数据，经老师检查通过后，结束实验，整理仪器与试件。

⑦编写实验综合报告，报告内容应含有：实验方案、理论计算、数据处理及分析和实验结论，对本次实验效果评价以及实验有待改进方面的建议。

4.4 应变电测技术应用

应变电测技术有着非常广阔的应用前景，它可以实现压强、力、荷重、位移等物理量的测量；与热电偶配合也可对温度进行监测，常见的有力值传感器和位移传感器。

4.4.1 力值传感器及校准实验

力值(电测)传感器是运用电阻应变测试技术制作而成的。根据受力状况及大小不同，可制成各种不同用途、不同形状的力值传感器。

4.4.1.1 力值传感器

图4－17是一种环形截面圆筒状的应变式力值传感器。在圆柱形弹性元件上粘贴应变片(加以特殊固化处理)，从已知元件截面积和实测应变值，通过标定可求出拉、压力和荷重。图中可见，在它的内部筒壁上粘贴应变片，根据测量桥路特性，应变片布置方式和桥路的接法可提高电桥的灵敏度；消除由于弹性元件因荷载偏心而产生的附加弯曲影响。

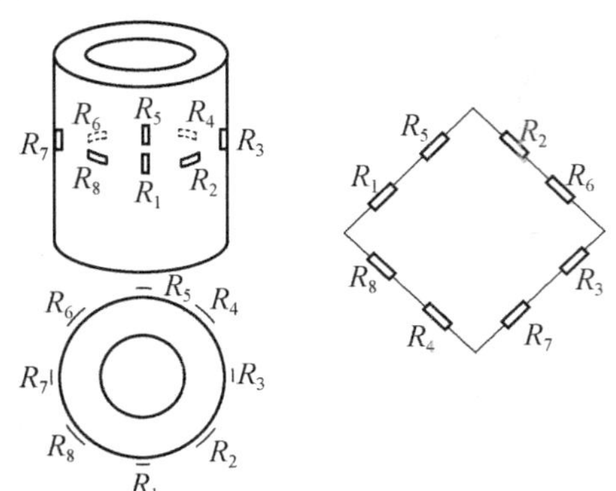

图4－17 力值传感器中应变片粘贴和桥路布置

目前，用这种方法制成的力值传感器，量程从几 kN 到 1000 kN 多。另外，还有一种剪切应变型的力值传感器，性能较上述拉压传感器要优，但一般都是小吨位的。

4.4.1.2 力值传感器校准实验

校准检验依据：《力传感器》(JJG 391—2009)。

(1)实验要求

理解传感器校准概念，掌握力传感器的标定方法及数据处理。

(2)仪器设备(见图4－18)

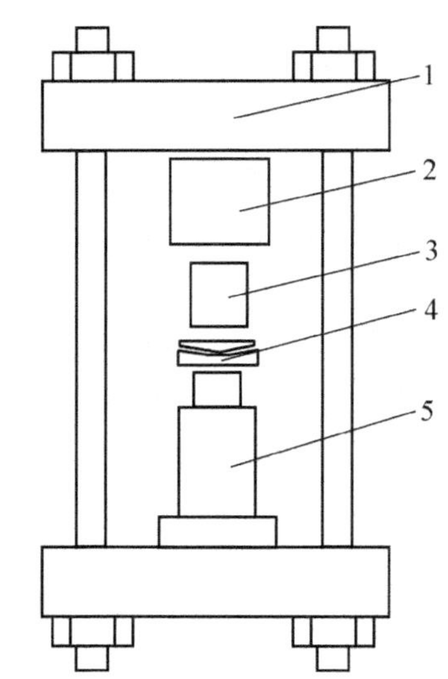

图4－18 力传感器实验装置图

1—反力架；2—标准力源；3—力传感器；4—和尚头；5—千斤顶

(3)实验步骤

①将力传感器及标准力源安放好，摆放到带加载千斤顶的反力架台座上，对中，连接力传感器及显示仪，通电预热30 min以上。

②对力传感器施加预负荷至少1次，每次额定负荷的保持时间应为30 s～1 min。每次加荷至额定负荷后卸荷到零负荷，等待至少30 s。

③检定的初级负荷一般为额定负荷的10%～20%，检定点应尽量均匀分布，一般不少于5点(不包括零负荷)，推荐为8点(分别为额定负荷的

10%，20%，30%，40%，50%，60%，80%，100%）。

④卸除最后一次预负荷之后，等待 1 min，标准测力源与力传感器显示仪调零，千斤顶缓慢逐级施加荷载，在每一级负荷加到额定负荷后，保持 30 s，记录每级校准系数（操作详见"2000 标准负荷测量仪"）。

⑤达到额定负荷后，缓慢卸载荷。

⑥退回到零负荷，保持 1 min。标准测力源与力传感器显示仪调零，输入校准系数。

⑦校验示值，标准测力源与力传感器显示仪调零，千斤顶逐级加荷，读取标准测力源与力传感器显示仪示值，计算相对误差，要求满量程示值相对误差在 1% 内。

4.4.2　位移传感器及校准实验

4.4.2.1　应变式机电百分表

应变式机电百分表是位移传感器最为典型的一种。它是在常用的机械百分表内部装置一套电测元件（见图 4－19），配用显示仪表（2000 标准测量仪、DH3818 静态应变采集系统等）将机械位移转换成电量输出，它既能作一般机械百分表使用（机测），又能起传感作用（电测）。它的特点是具有精度高、体积小、使用方便，能实现多点遥测、自动采集等，被广泛应用于各种场合的位移测量。

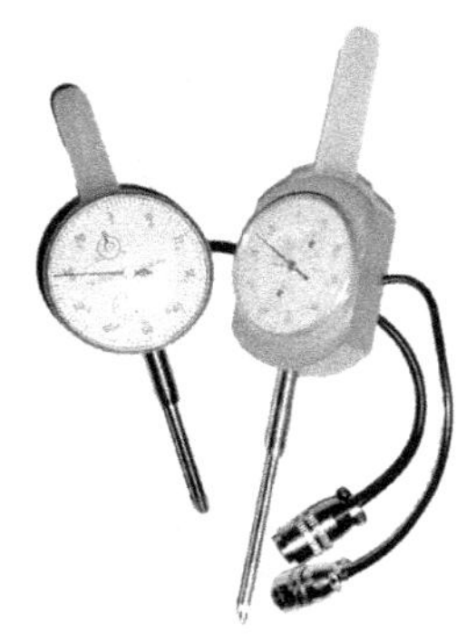

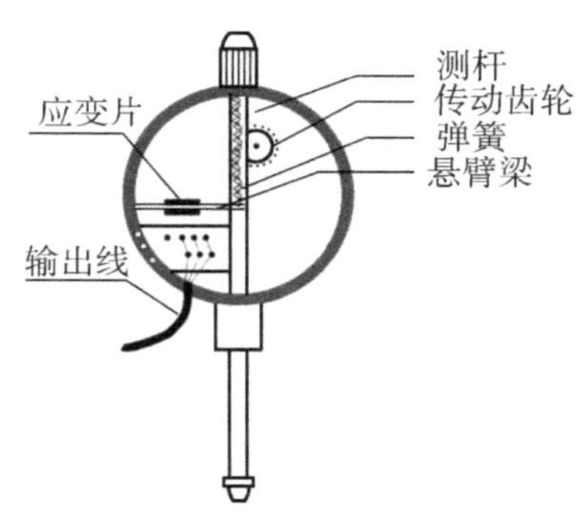

图 4－19　应变式机电百分表

4.4.2.2　应变式机电百分表校准实验

（1）实验要求

理解传感器校准概念，掌握位移的标定方法及数据处理

（2）仪器设备（见图 4－20）

（3）实验步骤

①如图连接实验装置，机电百分表与测量显示仪（应变仪 DH3818）连接。

②校准时，将应变式机电百分表安装在磁性表座，把表座吸附在平整

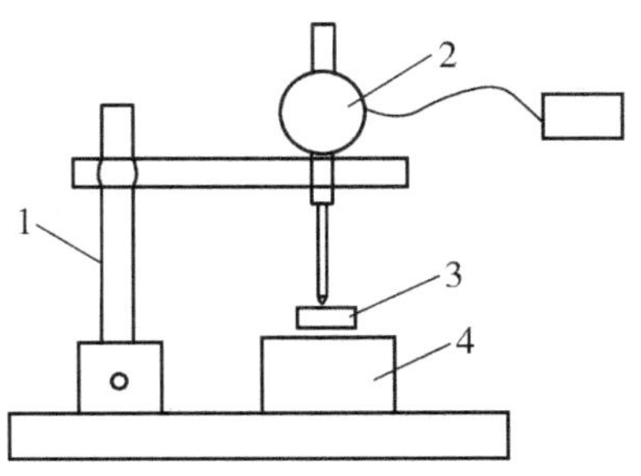

图 4－20　机电百分表校准实验装置

1—磁性表座与台座；2—应变式机电百分表及测量显示仪；3—标准量块；4—光滑垫块

的钢板上，调整测杆垂直，在钢板上先放置一块面稍大的光滑垫块，使表读数显示 1～2 mm 为宜。

③清零，根据测量范围的要求选用合适的标准量块，分五级加量块，读取各级系数（反复标定三次），在 Excel 表中输入各级位移数和其对应的示值，描绘线性曲线 $y=kx$，得到一次项系数，输入应变仪修正系数。

④校准复核。

⑤整理实验数据，经老师检查通过后，结束实验，整理仪器与试件。

4.5 振弦式应变传感器

振弦式应变传感器自 20 世纪 30 年代发明以来，由于其独特的优异特性如结构简单、精度高、抗干扰能力强以及对电缆要求低等，一直受到工程界的青睐。

振弦式应变传感器俗称钢弦式应变计，其测量原理是被测物受拉压变化后将牵引钢弦式应变计两端钢块的相互移动而改变了钢弦的张力，利用电磁线圈激拨钢弦并通过测量钢弦的共振频率测出钢弦的张力。根据测量位置不同可以分为埋入式应变计和表面式应变计，如图 4－21 所示。埋入式应变计埋设在混凝土结构中，适用于长期的应变观测。表面式应变计主要用于结构表面上，适合于短期观测。钢弦式应变计还可同步测量埋设点的温度。

振弦式应变传感器的特点：长期稳定性好，有“记忆”功能，不受导线长度影响，但其价格昂贵，以前较少大批量使用。但随着生产成本的降低，其价格也逐渐下降，目前正逐渐为大家所接受。

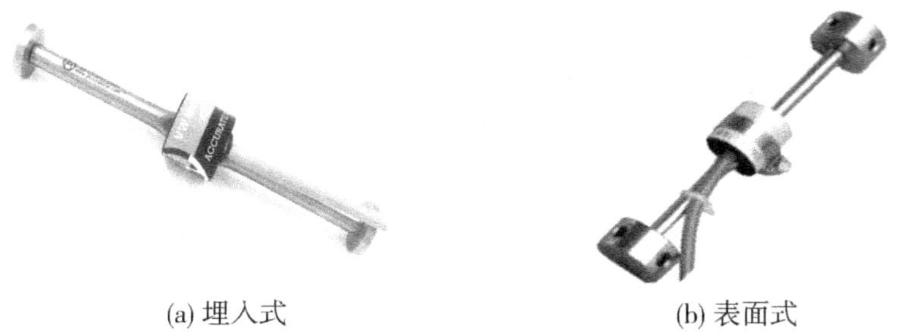

(a) 埋入式　　(b) 表面式

图 4－21　振弦式应变传感器示意图

4.5.1 振弦技术

（1）振弦技术的类型

从激励和读数技术来区分，振弦式仪器主要有“拨振”和“自动谐振”两种方式。“拨振”技术是一种最简单的方法，它是将一个电磁线圈放在弦的中间且距弦非常近，该线圈兼作激励和信号感应线圈，电子脉冲信号通过两芯导线传入线圈引起磁场改变使钢弦以其谐振频率振动。由于张力不同的钢弦的谐振频率不同，线圈感受到钢弦切割磁力线的频率并将信号通过上述两根电缆传到读数装置。读数装置使用高频石英计时器及周期平均技术来精确地测定弦的振动频率(周期)，并在几毫秒内给出重复分辨率，通常分辨率能达到0.1 $\mu\varepsilon$。

在传统的“自动谐振”技术中，一般使用两个独立的线圈。一个线圈作为激励线圈，激励钢弦以其谐振频率振动。另一个线圈作为感应线圈，用来感应钢弦的振动并反馈到主动线圈。

两种技术的构成不同，性能上有差异。一般而言，“拨振”——单线圈方式仪器和测量电路结构最简单；由于在传感器内的电子部件降低到最低限度，传感器的可靠性及耐恶劣环境性都更好一些；同时，因只采用一个线圈，传感器的体积可以做得很小(而双线圈自动谐振式传感器需要更长的钢弦以便能容纳两个线圈)；此外，由于单线圈振弦仪器只需两芯电缆，总体费用也更便宜。而“自动谐振”——双线圈方式仪器的优点是可以通过高速计数技术或把频率转换成电压方式，在一定范围可进行动态应变测量(通常动态信号输入频率限制在100 Hz内)，然而目前由于单线圈连续激振技术已经获得了突破，双线圈“自动谐振”方式基本已经没有存在的理由。

(2)振弦传感器的类型

不同结构形式的振弦技术，其测量方法或传感器类型也不同。

应变传感器的钢弦固定在两个端块之间并且把端块粘固在待测的体件上。在基础、岩土及建筑结构的应力、应变测量中广泛使用振弦式应变传感器。

压力传感器的钢弦被固定在一个灵敏的膜片上，压力改变引起膜片变位，进而导致钢弦张力的改变。其应用于渗压计、水位计、压力盒、荷载盒和沉降测量中。

位移传感器有与弹簧串联的振弦和滑动轴。轴的移动改变了弹簧和振弦的张力。最常见的如多点位移计、边界计、测缝计等。

振弦也可用作力传感器，这种类型的传感器常常用在液位监测及静力水准系统中，液面变化改变了浸入水中部件的浮重从而引起钢弦张力的改变。在工业应用中，振弦式力传感器常用作特殊衡重测量。

振弦技术可在极端恶劣的环境下应用。例如，通过恰当地选择材料和技术，可以制造出能在-50～200℃环境下工作的振弦式仪器。振弦式仪器也常在高辐射条件下应用。

(3)振弦式传感器的特性

频率和应变分辨率反映了振弦特性。振弦式传感器的谐振频率主要取决于钢弦的长度以及钢弦的应变。在弦长和应变一定时，钢弦直径及材质对其频率影响甚微。在读数设备的精度一定时，频率变化越大，传感器的应变分辨率就越高。例如，压力传感器的弦长为150 mm，膜片在全量程内位移0.05 mm时，则全量程的应变为333 $\mu\varepsilon$，其频率变化大约为55 Hz。如果弦的长度为25 mm，膜片位移量和上例相同，那么全量程的应变为2000 $\mu\varepsilon$并且频率变化大约为2800 Hz。对于压力传感器来说，最重要的问题是线性度和分辨率。大部分成功的振弦式传感器的线性度小于全量程的±0.5%，分辨率为全量程的0.1%或者更好。一些优秀制造商生产的传感器的指标可以达到线性度为全量程的±0.1%、分辨率为全量程的±0.01%。

(4)振弦式传感器的精度

精度的含义是测量值与真实值的接近程度，只有考虑所有的误差来源，才能真实反映传感器的精度。通常误差来源包括标准精度误差、温度误差和长期稳定性。

标准精度误差通常是由非线性、滞后现象和不可重复性等引起的误差的综合。一般对振弦传感器进行标定是采用可示踪的0.1%或更高的标准来确定振弦传感器的精度和重复性。实践证明，振弦传感器在0.025%FS范围内是可重复的。

温度误差是由零点误差(在空载情况下，由于温度的变化引起的输出读数的改变)和温度间隔误差(在全量程范围内由于温度变化引起的读数的改变)决定的。典型的振弦式传感器的温度误差小于0.02%FS/°F。

长期稳定性或漂移的定义是指已标定的输出读数相对于时间的变化情况。如果传感器没有很好的长期稳定性，那么就无法精确确定其他误差来源，除非对传感器进行定期标定，然而这在大多数工程中是难以做到的。因此，振弦式仪器的长期稳定性一直是工程界最为关心的问题。

4.5.2 工作原理

振弦式传感器工作原理：将钢弦固定在端块或被测元件之间，通过测量张紧钢弦的频率变化来测量钢弦的张力(应变)等物理量，由钢弦振动微分方程(不计算抗弯刚度)可知如下的关系。

钢弦的振动频率与弦的张力之间的关系：

$$T = 4mL^2f^2 \tag{4-49}$$

式中 f——钢弦的自振频率(基频)，Hz；

L——钢弦的长度，m；

m——单位长度钢弦的质量，kg/m；

T——钢弦的张力，N。

钢弦的振动频率与弦的应变之间的关系：

根据材料特性

$$\varepsilon = \frac{\sigma}{E} = \frac{T}{ES} = \frac{4mL^2}{ES}f^2 \tag{4-50}$$

式中 ε——钢弦在张力 T 作用下的应变变化量，με；

E——钢弦的弹性模量，N/mm²；

S——钢弦的横截面积，mm²。

令 $G = \frac{4mL^2}{ES}$(与钢弦材料有关的常数)，式(4-50)可写成：

$$\varepsilon = Gf^2 \tag{4-51}$$

可知，应变与频率的关系与振弦传感器钢弦材质有关。

式(4-51)使用说明：在简单条件下(不考虑环境温度、弦的两端固定形式、弦的重量等影响)推导出式子；通过实验实测与验证的方法确定常数 G 并可获得应变与频率的量级关系。

4.5.3　振弦式传感器校准

要利用振弦式传感器测量应变就必须找出频率变化量与应变的量化关系（这种关系又称“校准”）。

实验在加力作用下混凝土试件产生的应变（测取机械式千分表、电阻式应变片应变数）和理论计算应变作算术平均值，与振弦式频率法测出应变值（频率转换应变）进行对比、修正和验证，最终得出振弦式传感器应变和频率的关系——修正系数 ξ，从而实现振弦式传感器应变值的校准。

（1）实验要求

理解振弦式传感器工作原理，验证振弦式传感器应变和频率的关系。

（2）仪器设备（见图 4－22）

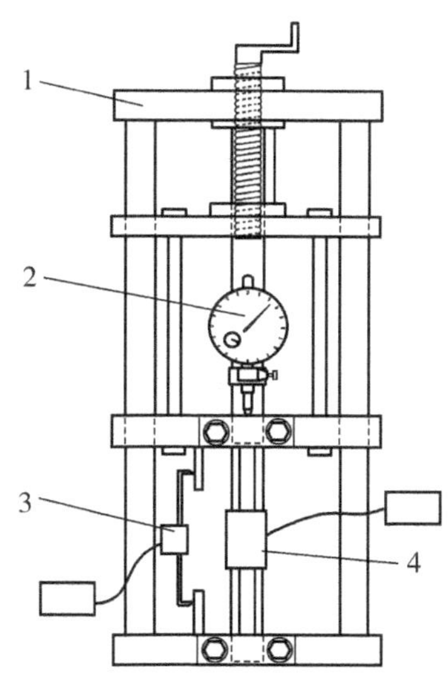

图 4－22　振弦式传感器应变值校准装置

1—校准支架；2—千分表；3—引伸计及测量仪；4—振弦式应变传感器及测量仪

（3）实验步骤

①装置组装。

把振弦式应变传感器两端用套圈套好，用锁紧件、螺丝紧固在校准支架上，连接传感器与 DT 数据采集仪，设置仪器采集软件。

安装千分表与引伸计，连接引伸计与 2000 测量仪，输入引伸计标定系数。

②校准读数。

调整手柄使传感器置初始数[传感器初始频率为频率计示值 713 Hz 左右]（否则会导致弦丝张拉过长而损坏传感器）。

装置初始值。引伸计数值 l_y（2000 测量仪）“调零”；旋动千分表指针读盘对零，并记录初始值。

转动手柄（顺时针转动—传感器受拉）分 5 级，每级频率变化量 10 Hz 左右（观测频率计示值)，且引伸计总变化量应在控制范围 ±0.04500 mm 之内。读取数值，记录每级(次)振弦式应变传感器频率计数值f_{zi}和其对应引伸计数值 l_{yi}、千分表数值 l_{qi}。

③计算系数：

对引伸计读数
$$k_y = \frac{1}{n}\sum \frac{(l_y - l_{y-1})/L}{f_{zi}^2 - f_{zi-1}^2} \tag{4-52}$$

对千分表读数
$$k_q = \frac{1}{n}\sum \frac{(l_q - l_{q-1})/L}{f_{zi}^2 - f_{zi-1}^2} \tag{4-53}$$

式中，振弦式应变传感器的标距 L = 150 mm。

④系数验证。

按上述第②点测取 f_{zi}、l_{yi}(l_{qi})数值，分别计算。

$$\varepsilon_p = k(f_{zi}^2 - f_{z\,i-1}^2) \tag{4-54}$$

其中 k 分别取 k_y、k_q 计算 ε_{p-y}、ε_{p-q}

$$\varepsilon_y = (l_{yi} - l_{y\,i-1})/L, \varepsilon_q = (l_{qi} - l_{q\,i-1})/L \tag{4-55}$$

比较采用引伸计、千分表作“校准”的测量应变精度。

⑤复位。逆时针转动手柄使传感器置初始读数状态。

⑥整理实验数据。经老师检查通过后，结束实验，整理仪器与试件。

思考题

1. 简述电阻应变片分类。应变片的“电阻应变效应”和灵敏系数指什么？
2. 应变片选购和粘贴时应考虑哪些因素？
3. 简述应变仪的测试原理，应用电阻式应变片测量应变有哪些优缺点？
4. 根据电桥的测量电路，应变电桥的测量方法有哪几种？特点如何？
5. 用电阻应变片测量结构物应变时，为何需要温度补偿？如何进行温度补偿？
6. 影响静态应变测量的因素有哪些？如何减少影响？
7. 测试桥梁结构应变时，电阻应变片的粘贴应注意哪些事项？
8. 简述振弦式传感器工作原理及特点。
9. 为何试件尺寸、形状会对弹性模量 E 和泊松比 μ 的测定产生影响？
10. 试用电阻应变测试技术拟定测量弹性模量 E 和泊松比 μ 的实验方案，计算及确定桥臂系数 α，并比较各种组桥测量的优劣。

第5章　结构动态特性实验

桥梁结构动力特性是反映桥梁构造本身所固有的动力性能，它的基本内容包括结构的阻尼频率、阻尼系数和振型等一些基本参数，也称为动力特性参数或振动模态参数。这些特性由构造的结构形式、质量分布、结构刚度、材料性质、构造连接等因素决定，与外荷载作用无关。

结构动力性能实验测量动力特征参数是动力实验的基本内容。在研究桥梁结构或其他工程结构的抗震、抗风抵御其他动荷载的性能和能力时，需研究其结构动力性能。

①测量结构动力特性，了解结构的自振频率，可以避免和防止动荷载作用所产生的干扰与结构产生共振或拍振现象。在设计中可以使结构避开干扰源的影响，同时也可以设法防止结构自身动力特性对于仪器设备共振产生干扰的影响，可以帮助寻找采取相应的措施进行防震、隔震或消震。

②在结构抗震设计中，为了确定地震作用的大小，必须了解各类结构的自振周期；同样，对于已建的震后加固修复，也需了解结构的动力特性，建立结构动力计算模型，才能进行地震反应分析。

③为检测、诊断结构的损伤积累提供可靠的资料和数据。当结构受损时其刚度的变化减弱，结构自振周期变长、阻尼变大，即结构自身固有特性发生变化，可对结构物进行定期监测，通过从结构自身固有特性的变化来识别结构物的损伤程度，为结构的可靠度诊断和剩余寿命的估计提供依据。

5.1　振动基本测量实验

5.1.1　简谐振动幅值测量

(1)实验要求

了解振动信号位移、速度、加速度之间的关系。

学会用各种传感器测量简谐振动的位移、速度、加速度幅值。

(2)仪器设备(见图5-1)

(3)实验原理

①在振动测量中，有时往往不需要测量振动信号的时间历程曲线，而只需要测量振动信号的幅值。振动信号的幅值可根据位移、速度、加速度的关系，用位移传感器或速度传感器、加速度传感器来测量。

设振动位移、速度、加速度分别为 x、v、a，其幅值分别为 X、V、A：

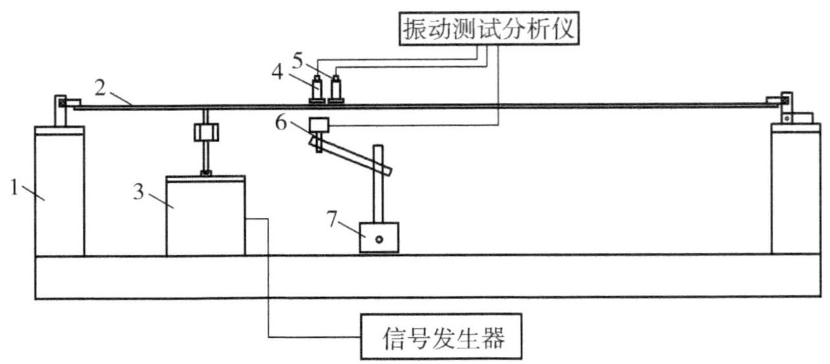

图 5－1　实验装置及仪器框图

1—振动台座；2—简支梁；3—激振器；4—加速度传感器；
5—速度传感器；6—涡流传感器；7—磁性表座

$$x = B\sin(\omega t - \psi) \tag{5-1}$$

$$v = \frac{dx}{dt} = \omega B\cos(\omega t - \psi) \tag{5-2}$$

$$a = \frac{d^2x}{dt^2} = -\omega^2 B\sin(\omega t - \psi) \tag{5-3}$$

式中，B 为位移振幅；ω 为振动角频率；ψ 为初相位。

$$x = B \tag{5-4}$$

$$A = \omega^2 B = (2\pi f)^2 B \tag{5-5}$$

振动信号的幅值可根据式(5－1)中位移、速度、加速度的关系，分别用位移传感器、速度传感器或加速度传感器来测量，也可利用动态分析仪中的微分、积分功能来测量。

②每个振动量对时间坐标做出的波形，可以得到峰值、峰峰值、有效值和平均值等量值，它们之间存在一定的关系。振动量的描述常用峰值表示，但在研究比较复杂的波形时，只用峰值描述振动的过程是不够的，因为峰值只能描述振动大小的瞬间值，不包含产生振动的时间过程。在考虑时间过程时要进一步描述的，是平均绝对值和有效值(均方根)。这些参量都与幅值密切相关。

峰值定义为：

$$X_{峰} = X_m \tag{5-6}$$

即从波形的基线位置到波峰的距离，也可称为振幅。峰峰值是正峰到负峰间的距离。

平均绝对值的定义为：

$$X_{|平均|} = \frac{1}{T}\int_0^T |x(t)|dt \tag{5-7}$$

有效值定义为：平均绝对值的使用价值较小，而有效值因与振动的能量有直接关系，所以使用价值较大，特别是对随机振动的研究，使用价值更大。

$$X_{有效} = \sqrt{\frac{1}{T}\int_0^T x^2(t)dt} \tag{5-8}$$

各量之间的关系为：

$$X_{有效} = \frac{\pi}{2\sqrt{2}} X_{|平均|} = \frac{1}{\sqrt{2}} X_{峰} \tag{5-9}$$

$$X_{有效} = F_f X_{|平均|} = \frac{1}{F_c} X_{峰} \tag{5-10}$$

这些关系式更通用的形式为：

$$F_f = \frac{X_{有效}}{X_{|平均|}} \tag{5-11}$$

F_f 称为波形因数。

$$F_c = \frac{X_{峰}}{X_{有效}} \tag{5-12}$$

F_c 称为波峰因数。

F_f 和 F_c 给出所研究振动波形的指标。

关于波形峰值、有效值和平均绝对值之关系的分析，对位移、速度、加速度和各种信号波形都是适用的，但各种不同波形的 F_f 和 F_c 值是不一样的，有时有很大的差别。

(4) 实验步骤

①安装激振器。

把激振器安装在支架上，将激振器和支架固定在实验台基座上，并保证激振器顶杆对简支梁有一定的预压力(不要超过激振杆上的红线标识)，用专用连接线连接激振器和 DH1301 扫频信号源输出接口。

②连接仪器和传感器。

把加速度传感器安装在简支梁的中部，输出信号接到数采分析仪的振动测试通道；把位移传感器安装在简支梁的中部，输出信号接到分析仪采集通道；把速度传感器安装在简支梁的中部，输出信号接到分析仪采集通道。

③仪器参数设置。

打开振动测试分析仪的电源开关，开机进入主界面，新建文件，设置采样频率、量程范围，输入加速度传感器、速度传感器和位移传感器的灵敏度。详细见仪器操作“DH5923 动态数据采集系统”。

打开三个窗口，分别显示三个通道的时间信号。

④采集并显示数据。

调节扫频信号源的输出频率，使梁产生共振。详细见仪器操作“DH1301 扫描信号发生器”。在三个窗口中读取当前振动的最大值(位移、速度、加速度)。

⑤整理实验数据，经老师检查通过后，结束实验，整理仪器与试件。

5.1.2　测定梁的各阶固有频率实验

(1) 实验要求

学习用瞬态激振法测定梁的各阶固有频率，掌握固有频率测量方法。

(2)仪器设备(见图 5－2)

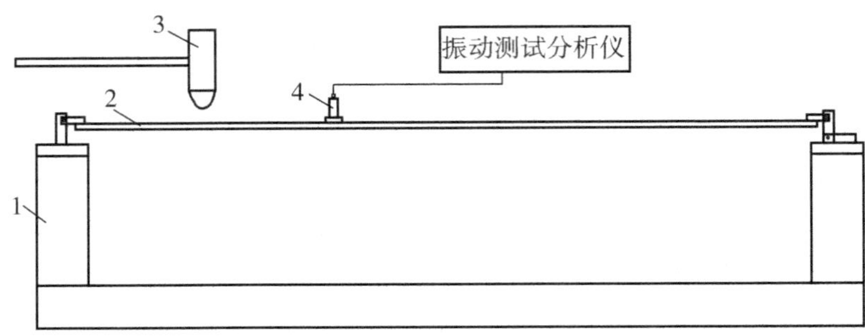

图 5－2　实验装置

1—振动台座；2—简支梁；3—锤子；4—加速度传感器

(3)实验原理

试件是矩形截面梁，从理论上说，它应有无限个固有频率。一般情况下，梁的振动是无穷多个主振型的叠加，通常我们只关心最低的几阶固有频率。如果给梁一个大小合适的瞬态力(由力锤敲击实现)，相当于用所有频率的正弦信号同时进行激励。力锤由锤头、力传感器、锤身及锤柄组成。使用锤击实现瞬态激励时，要求相应时间 $T < \frac{2\pi}{\omega}$，这里 ω 是感兴趣的频率上限。T 与锤头和被激励物体的接触表面刚度有关，锤头越硬，T 越小。改变锤头的材料，可调整 T 的大小，从而有效地改变锤击激振的频率范围，不同锤头所能得到的具体频率范围见表 5－1。在激励的有效带宽能够覆盖感兴趣频率的前提下，选用的锤头要尽量软，以使激振的能量尽量集中于所感兴趣的频率范围之内，并不致损坏被激表面，测力锤头的激励频率范围见表 5－2。改变锤身的重量和敲击加速度可调节激振力的大小，要避免锤击力过大和二次锤击，前者往往引起结构非线性，并使测试系统过载，后者会给分析结果带来较大误差。梁因敲击产生的振动信号由速度传感器获取并将其转换为与速度信号成正比的电信号，该信号通过测振仪放大后输出给数据采集分析仪。

表 5－1　常见梁的一、二、三阶固有频率算式和前三阶主振型

梁支承条件	固有频率	前三阶主振型	规一化后振型函数
两端简支	$f_i = \frac{\pi}{2}\left[\frac{i}{l}\right]^2\sqrt{\frac{EI}{\rho A}}$　$i \geqslant 1$		$\sin\frac{i\pi x}{l}$
一端简支一端固支	$f_i = \frac{(4i+1)^2}{32l^2}\pi\sqrt{\frac{EI}{\rho A}}$ $i \geqslant 1$		$\mathrm{sh}\lambda_i x - E_i\sin\lambda_i x$ $E_i = \frac{\mathrm{sh}\lambda_i l}{\sin\lambda_i l}$

续表 5－1

梁支承条件	固有频率	前三阶主振型	规一化后振型函数
两端固支	$f_i = \frac{11.186}{\pi l^2}\sqrt{\frac{EI}{\rho A}}$ $f_i = \frac{(2i+1)^2}{8l^2}\sqrt{\frac{EI}{\rho A}} \quad i \geqslant 2$	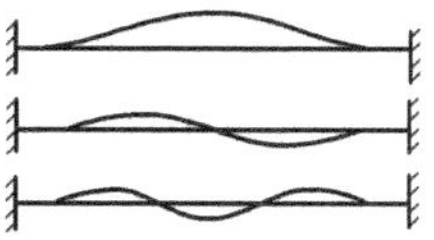	$\text{ch}\lambda_i x - \cos\lambda_i x - E_i(\text{sh}\lambda_i x - \sin\lambda_i x)$ $E_i = \frac{\text{ch}\lambda_i l - \cos\lambda_i l}{\text{sh}\lambda_i l - \sin\lambda_i l}$
一端固支一端自由	1. $f_1 = 0.178\frac{\pi}{l^2}\sqrt{\frac{EI}{\rho A}}$ 2. $f_2 = 1.16\frac{\pi}{l^2}\sqrt{\frac{EI}{\rho A}}$ 3. $f_3 = 3.126\frac{\pi}{l^2}\sqrt{\frac{EI}{\rho A}}$	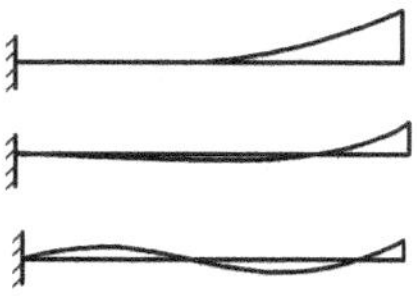	$\text{ch}\lambda_i x - \cos\lambda_i x - E_i(\text{sh}\lambda_i x - \sin\lambda_i x)$ $E_i = \frac{\text{sh}\lambda_i l - \sin\lambda_i l}{\text{ch}\lambda_i l + \cos\lambda_i l}$

表中公式中：

l——梁的全长；

E——材料的弹性模量；

A——梁的横截面积；

ρ——材料密度；

I——梁截面惯性矩。

表 5－2　测力锤头的激励频率范围

锤头材质	橡胶	尼龙	铝	钢
频　率	150 Hz	750 Hz	1.8 kHz	2 kHz

(4)实验步骤

①以略大于梁的第三阶固有频率，在锤头的激励频率范围内，选择适当的力捶锤头，装上力传感器和锤头帽。调节非接触式速度传感器的高度和位置。固定传感器时，既要考虑将它安装在振幅较大、信号可靠处，又要注意不要选在梁振型的节点上，以免漏掉某阶固有频率。因只测试前三阶固有频率，故将传感器放置在梁长的 1/6 处较为合适，且使之距梁的底面为 1～2 mm(备有塞尺)。

②连接仪器，通常将激励力信号接入数据采集系统，并将速度(加速度)响应信号也接入数据采集系统。

③设置振动测试分析仪的参数如测量类型、转换因子(标定值)等。

④采集数据，并进行频谱分析，得出各阶频率。详细见仪器操作“DH5923 动态数据采集系统”。

⑤整理实验数据，经老师检查通过后，结束实验，整理仪器与试件。

5.1.3 单自由度系统强迫振动的幅频特性固有频率和阻尼的测量

(1)实验要求

学习扫频法测定梁的各阶固有频率、共振法测定阻尼。

(2)仪器设备(见图5-3)

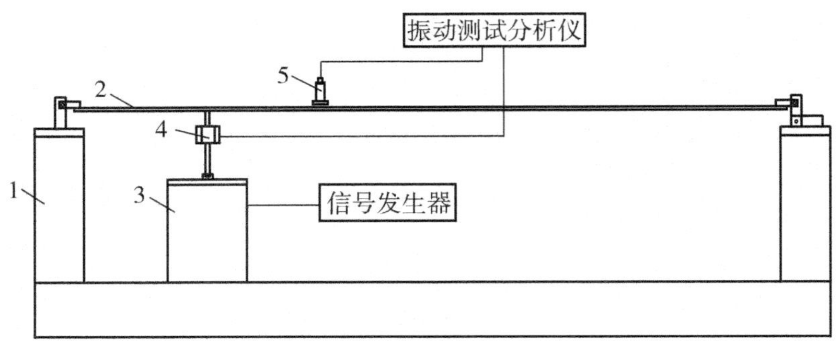

图5-3 实验装置

1—振动台座；2—简支梁；3—激振器；4—力传感器；5—加速度传感器

(3)实验原理

单自由度系统的力学模型如图5-4所示。在正弦激振力的作用下系统作简谐强迫振动，设激振力 F 的幅值为 B、圆频率为 ω_0(频率 $f=\omega_0/2\pi$)，系统的运动微分方程式为：

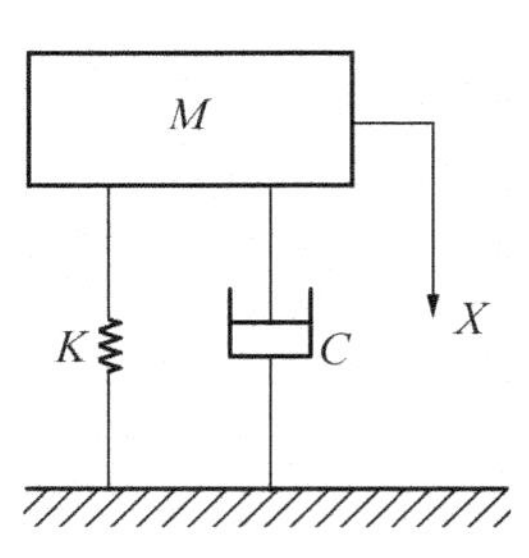

图5-4 单自由度系统力学模型

$$M\frac{d^2x}{dt^2}+C\frac{dx}{dt}+Kx=F$$

$$\frac{d^2x}{dt^2}+2n\frac{dx}{dt}+\omega^2x=F/M$$

或
$$\frac{d^2x}{dt^2}+2\xi\omega\frac{dx}{dt}+\omega^2x=F/M \quad (5-13)$$

式中 ω——系统固有圆频率，$\omega=K/M$；

n——衰减系数，$2n=C/M$；

ξ——相对阻尼系数，$\xi=n/\omega$；

F——激振力，$F=B\sin\omega_0t=B\sin(2\pi ft)$

方程的特解，即强迫振动为：

$$x=A\sin(\omega_0-\varphi)=A\sin(2\pi f-\varphi) \quad (5-14)$$

式中 A——强迫振动振幅；

φ——初相位。

$$A=\frac{B/M}{(\omega^2-\omega_0^2)^2+4n^2\omega_0^2} \quad (5-15)$$

式(5-15)叫作系统的幅频特性。将式(5-15)所表示的振动幅值与激振频率 f_c 的关系用图形表示，称为幅频特性曲线，如图5 －5所示。

图 5 － 5 中，A_{max} 为系统共振时的振幅；f_0 为系统固有频率；f_1、f_2 为半功率点频率。

振幅为 A_{max} 时的频率叫共振频率 f_a。在有阻尼的情况下，共振频率为：

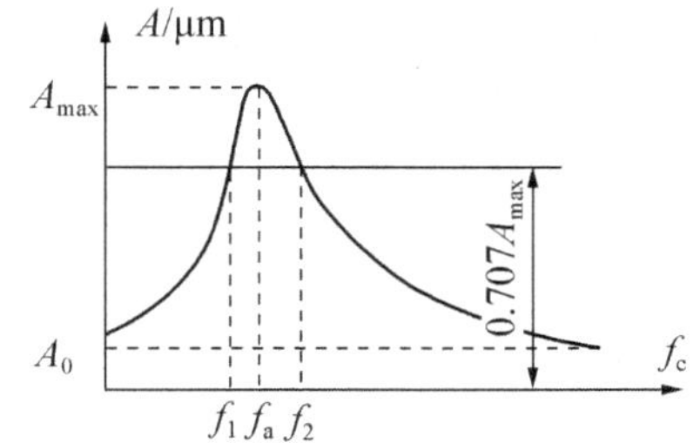

图 5 －5　单自由度系统振动的幅频特性曲线

$$f_a = f_0\sqrt{1-2\xi^2} \tag{5-16}$$

当阻尼较小时，$f_a = f_0$，故以固有频率 f_0 作为共振频率 f_a。在小阻尼情况下可得：

$$\xi = \frac{f_2 - f_1}{2f_0} \tag{5-17}$$

f_1、f_2 如图 5 －5 所示。

(4)实验步骤

①激振器安装。把激振器安装在支架上，将激振器和支架固定在实验台基座上，并保证激振器顶杆对简支梁有一定的预压力(不要超过激振杆上的红线标识)，用专用连接线连接激振器和信号发生器输出接口。

②将测试系统连接好。将力传感器输出信号接到采集仪的 1 －1 通道。点采样控制栏的运行参数按钮，设置参考通道为 1 －1，将加速度传感器布置在激振器附近，把传感器测得的信号接到采集仪的 1 －2 通道。

③仪器设置。打开仪器电源，打开振动测试分析仪软件，新建文件，设置采样频率、量程范围、工程单位和标定值等参数，在数据显示窗口内点击鼠标右键，选择信号，选择显示时间波形 1 －2，开始采集数据，数据同步采集显示在图形窗口内。

④调节信号发生器的输出频率，当前所显示的频率即为简支梁系统强迫振动的频率 f_y。

⑤改变输出频率：把频率调到零，逐渐增大频率到 50 Hz。每一次增加 2 ～ 5 Hz，在共振峰附近尽量增加测试点数。记录振动幅值及对应频率。详细见仪器操作“DH1301 扫描信号发生器”。

⑥验证上述实验结果：分析软件进入到“频响函数分析模块”。

设置信号源频率，起始频率为 5 Hz，结束频率为 100 Hz，线性扫频间隔为 1 Hz/s。详细见仪器操作“DH1301 扫描信号发生器”。

设置分析软件，平均方式：峰值保持；信号显示窗口内，选择显示频响函数 1 －2/1 －1 曲线。

开始采集数据，输出扫频信号给激振器。直到扫频信号达到结束频率，手动停止扫频。

频响函数曲线类似图 5 －5。

⑦实验结果分析。

实验数据绘制系统自动绘制强迫振动的幅频特性曲线。

确定系统固有频率f_0(幅频特性曲线共振峰上的最高点对应的频率近似等于系统固有频率)。

确定阻尼比ξ。按图5-5所示计算$0.707A_{max}$，然后在幅频特性曲线上确定f_1、f_2，利用式(5-17)算出阻尼比。

⑧整理实验数据，结束实验，整理仪器与试件。

5.1.4 单自由度系统自由衰减振动及固有频率和阻尼比的测量

(1)实验要求

学习锤击法测定梁的各阶固有频率、衰减法测定阻尼。

(2)仪器设备(见图5-6)

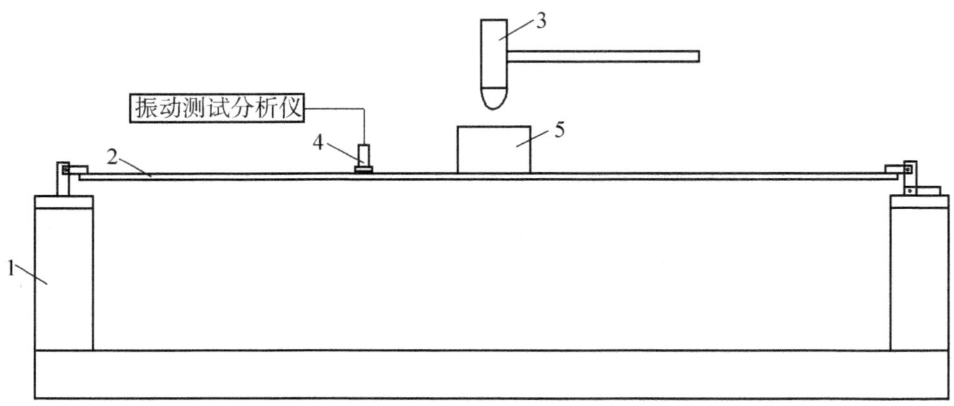

图5-6 实验装置框图

1—振动台座；2—简支梁；3—激振器；4—加速度传感器；5—质量块

(3)实验原理

单自由度系统的力学模型如图5-7所示。给系统(质量M)一初始扰动，系统作自由衰减振动，其运动微分方程式为：

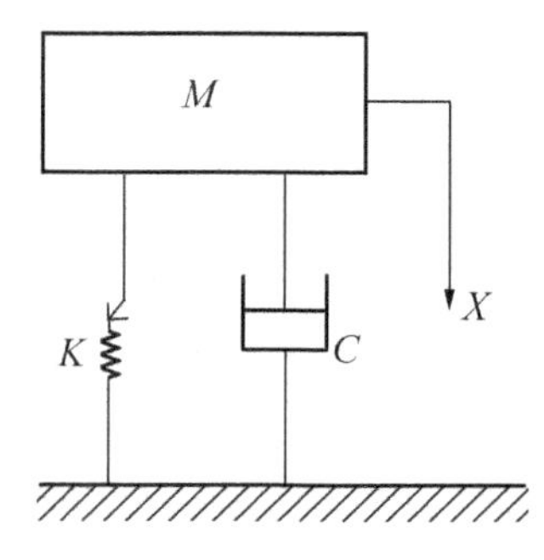

图5-7 单自由度振动系统力学模型

$$M\frac{\mathrm{d}^2x}{\mathrm{d}x^2}+C\frac{\mathrm{d}x}{\mathrm{d}t}+Kx=0$$

$$\frac{\mathrm{d}^2x}{\mathrm{d}t^2}+2n\frac{\mathrm{d}x}{\mathrm{d}t}+\omega^2x=0$$

$$\frac{\mathrm{d}^2x}{\mathrm{d}t^2}+2\xi\omega\frac{\mathrm{d}x}{\mathrm{d}t}+\omega^2x=0 \tag{5-18}$$

式中 ω——系统固有圆频率，$\omega^2=K/M$；

n——阻尼系数，$2n=C/M$；

ξ——阻尼比，$\xi=n/\omega$。

小阻尼(ξ远小于1)时，方程(5-18)的解为：

$$x=A\mathrm{e}^{-nt}\sin(\omega_1t+\varphi) \tag{5-19}$$

式中 A——振动振幅；

φ——初相位；

ω_1——衰减振动圆频率，$\omega_1 = \sqrt{\omega^2 - n^2} = \omega\sqrt{1-\xi^2}$。

设初始条件：$t=0$ 时，$x=x_0$，$\frac{dx}{dt}=v_0$，则

$$A = \sqrt{x^2 + \frac{(v_0 + nx_0)^2}{\omega^2 - n^2}}$$

$$\tan\varphi = \frac{x_0\sqrt{\omega^2 - n^2}}{(v_0 + nx_0)^2} \tag{5-20}$$

自由衰减曲线如图 5－8 所示。

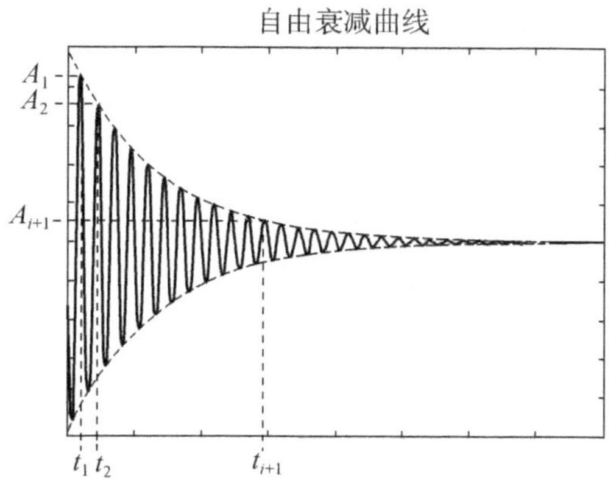

图 5－8　自由衰减曲线

此波形有如下特点：

①振动周期 T_1，大于无阻尼自由振动周期 T，即 $T_1 > T$

$$T_1 = \frac{2\pi}{\omega_1} = \frac{2\pi}{\sqrt{\omega^2 - n^2}} = \frac{2\pi}{\omega\sqrt{1-\xi^2}} = \frac{T}{\sqrt{1-\xi^2}}$$

$$\text{固有频率 } f_0 = \frac{1}{T} = \frac{1}{T_1\sqrt{1-\xi^2}} \tag{5-21}$$

②振幅按几何级数衰减

减幅系数
$$\eta = \frac{A_1}{A_2} = \frac{A_i}{A_{i+1}} = e^{nT_1} \tag{5-22}$$

对数减幅系数
$$\delta = \ln\eta = \ln\frac{A_1}{A_2} = \ln\frac{A_i}{A_{i+1}} = nT_1 \tag{5-23}$$

对数减幅系数也可以用相隔 i 个周期的两个振幅之比来计算：

$$\delta = \frac{1}{i}\ln\frac{A_1}{A_2}\frac{A_2}{A_3}\cdots\frac{A_i}{A_{i+1}} = \frac{1}{i}\ln\frac{A_1}{A_{i+1}} = \frac{2\pi\xi}{\sqrt{1-\xi^2}} \tag{5-24}$$

从而可得：

$$n = -\frac{\delta}{T_1};\quad C = 2n \cdot M;\quad \frac{\xi}{\sqrt{1-\xi^2}} = \frac{1}{2\pi i}\ln\frac{A_1}{A_{i+1}}$$

$$\xi = \frac{\ln\frac{A_1}{A_{i+1}}}{\sqrt{4\pi^2 i^2 + \left(\ln\frac{A_1}{A_{i+1}}\right)^2}} \tag{5-25}$$

(4)实验步骤

①将测试系统连接好。将加速度传感器布置在质量块附近，把加速度传感器信号接到仪器振动测试通道。

②仪器设置。打开仪器电源，打开振动测试分析仪软件，新建一个项目，设置采样频率、量程范围、工程单位和灵敏度等参数，在数据显示窗口内点击鼠标右键，选择信号，选择时间波形，开始采集数据，数据同步采集显示在图形窗口内。详细见仪器操作“DH5923 动态数据采集系统”。

③测试和处理。用锤敲击质量块使其产生自由衰减振动。记录单自由度系统自由衰减振动波形，然后设定 i，利用双光标读出 i 个波经历的时间 Δt，$T_1 = \Delta t/i$；读出相距 i 个周期的两振幅的双振幅 $2A_1$、$2A_{i+1}$之值，按式(5－25)计算出阻尼比 ξ，再按式(5－21)计算出固有频率 f_0。

④实验结果与分析。绘出单自由度自由衰减振动波形图。根据实验数据按公式计算出固有频率和阻尼比。

⑤整理实验数据，经老师检查通过后，结束实验，整理仪器与试件。

5.1.5 主动隔振、被动隔振实验

(1)实验要求

学习隔振的基本知识。

学习隔振的基本原理。

了解主动、被动隔振效果的测量。

(2)仪器设备(见图5－9、图5－10)

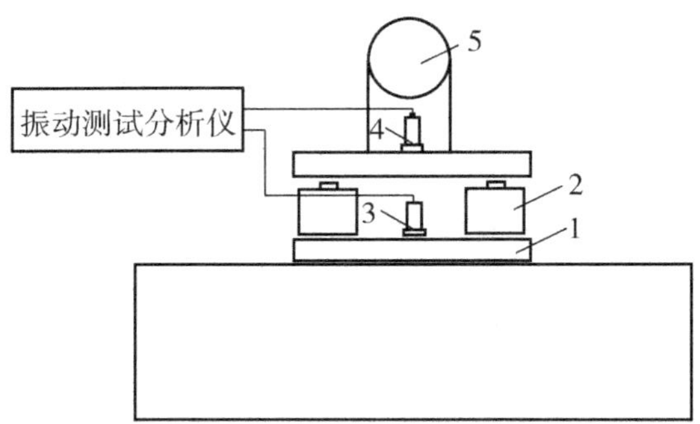

图5－9　主动隔振实验装置

1—固定台座；2—空气阻尼器；3，4—加速度传感器；5—电机(连变频器)

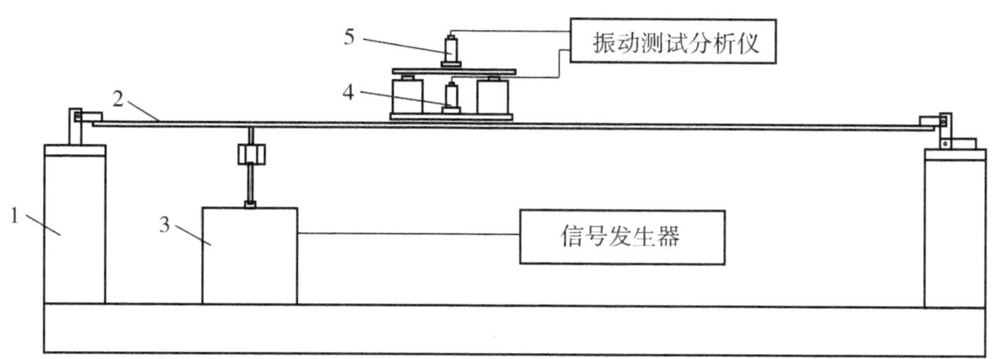

图 5－10　被动隔振实验装置

1—振动台座；2—简支梁；3—激振器；4，5—加速度传感器

(3)实验原理

振动也会对人、建筑物以及仪表设备带来直接的不同程度的危害。对振动的干扰作隔离涉及许多方面。隔振的作用：第一，减少振源振动传至周围环境；第二，减少环境振动对物体或设备的影响。二者原理相似、性能也相似，隔振做法就是与震源“隔离”安装适当的隔振器，形成隔振系统，以减少或隔离振动的传递。常见隔振方法：是隔离机械设备(振动体)通过支座传至地基(基体)的振动，以减少动力的传递，称为主动隔振；另一种是防止地基的振动通过支座传至需保护的精密仪器或仪器仪表，以减少振动的传递，称为被动隔振。

一般而言，隔振的效果常常用振动传递比 T 和隔振效率 η 来评价(图 5－11)。主动隔振传递比等于物体传递到底座的振动与物体的振动比，被动隔振传递比等于底座传递到物体的振动与底座的振动之比，两个方向的传递比相等。一般地，由物体传递到底座时常用力表示，由底座传递到物体时则用位移、振动速度或振动加速度表示，这样便于应用。

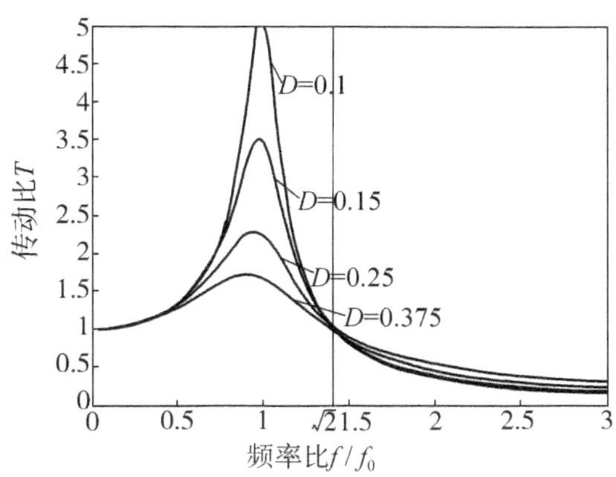

图 5－11　隔振系统图

隔振效率 $$\eta=(1-T)\times 100\% \tag{5-26}$$

传动比 $$T=\sqrt{\frac{1+D^2u^2}{(1-u^2)^2+D^2u^2}} \tag{5-27}$$

式中，D 为阻尼比；$u=\dfrac{f}{f_0}$，为频率和共振频率的比。只有传动比小于 1 才有隔振效果。因此 $T<1$ 的区域称为隔振区。

①当 $f_0<f<\sqrt{2}f_0$ 时，$T>1$，系统有放大作用；

②当 $f=f_0$ 时，系统发生共振，传递比极大；

③当 $\sqrt{2}f_0<f<3f_0$ 时，作用有限；

④当 $3f_0<f<6f_0$ 时，隔振能力低(20 ～ 30 dB)；

⑤当 $6f_0<f<10f_0$ 时，隔振能力中等(30 ～ 40 dB)；

⑥当 $f>10f_0$ 时，隔振能力强(>40 dB)；

阻尼比 D 对 T 的影响：

①虽然在 $f/f_0<\sqrt{2}$ 的范围内，阻尼比的增大有效地降低了共振时的位移振幅，但对 $f/f_0<\sqrt{2}$ 的隔振区，却反而使传递比增高，对隔振不利。

②在 $f/f_0>\sqrt{2}$ 时，阻尼比 D 在此范围内变化时，T 值的差异不大。

因为主动隔振传递到底座的振动会被底座吸收，所以衡量主动隔振效果常用力的传递比，本实验仍用振动加速度来计算，所以只是主观判断有无隔振效果即可。

(4)主动隔振实验步骤

①仪器安装。把空气阻尼器和质量块组成的弹簧质量系统固定在底座中部，加速度传感器放上面，接入数采仪的电荷通道，速度传感器放在底座上，接入采集仪的应变通道将调速电机安装到隔振器上，电机连线接到调压器上。

②开机进入控制分析软件，设置采样频率等参数，正确输入传感器灵敏度，设置双通道时间和频谱示波，并将加速度通道信号积分处理，变为速度显示。

③改变激振频率(电机转速)，分别测量 20 Hz、40 Hz、60 Hz 时，两传感器的振动幅度。

④根据所测幅值计算传动比和隔振效果：

隔振传动比 $$T=\frac{A_1}{A_2} \tag{5-28}$$

隔振效率 $$\eta=(1-T)\times 100\% \tag{5-29}$$

⑤实验结果和分析。记录空气阻尼器隔振器被动隔振测试结果，分析隔振效率。

⑥整理实验数据，经老师检查通过后，结束实验，整理仪器与试件。

(5)被动隔振实验步骤

①隔振器安装。把小的空气阻尼器和质量块组成的弹簧质量系统固定在梁中部，速度传感器放梁的上面，压电加速度传感器放在梁的下面。

②安装激振器。把激振器安装在支架上，将激振器和支架固定在实验台基座上，并保证激振器顶杆对简支梁有一定的预压力（不要超过激振杆上的红线标识），用专用连接线连接激振器和 DH1301 扫频信号源输出接口。

③连接仪器和传感器。把加速度传感器输出信号接到数采分析仪的振动测试通道 1－2；把速度传感器输出信号接到数采分析仪的应变测试通道 1－3。

④仪器参数设置。打开数采仪器的电源开关，开机进入 DHDAS2003 数采分析软件的主界面，设置采样频率 500 Hz、分析点数 128、量程范围，输入加速度传感器、速度传感器的灵敏度。

⑤打开三个窗口，分别显示两个通道的时间波形信号、二通道频谱信号和频响函数，并且加速度信号要经积分运算变换为速度信号。

⑥采集并显示数据。调节扫频信号源的输出频率，使隔振器产生共振。在各窗口中分别读取当前振动的最大值、频率值 f_0、振幅以及第一通道的峰值 A_1 和第二通道的峰值 A_2。

⑦改变激振频率，分别测量 $f_0 < f < \sqrt{2}f_0$、$f = f_0$、$\sqrt{2}f_0 < f < 3f_0$、$3f_0 < f < 6f_0$、$6f_0 < f < 10f_0$、$f > 10f_0$ 时，上下传感器的振动幅度。

⑧根据所测幅值计算传动比和隔振效果。

隔振传动比　　$T = \dfrac{A_1}{A_2}$

隔振效率　　$\eta = (1 - T) \times 100\%$

⑨调节扫频信号源，设定起始频率 1，结束频率 200，扫频速度 1。设置 DHDAS 软件平均方式为峰值保持，启动扫频信号源，同时开始采集，直到扫频结束，可得到频响函数曲线，并由图确定隔振器固有频率。详细见仪器操作“DH1301 扫描信号发生器”。

⑩实验结果和分析。记录各频率范围空气阻尼器隔振器被动隔振测试结果与分析隔振效率。

⑪整理实验数据，经老师检查通过后，结束实验，整理仪器与试件。

5.1.6　简支梁模态实验

5.1.6.1　教学要求

学习线性扫频法实验模态分析原理；掌握线性扫频法模态测试及分析方法。

5.1.6.2　实验原理

(1)模态、模态分析

模态是机械结构的固有振动特性。每一个模态具有特定的固有频率、阻尼比和模态振型。这些模态参数可以由计算机或实验分析取得。基于线性叠加原理，一个复杂的振动系统可以分解为许多模态的叠加，而其分解过程称为模态分析。

振动模态是弹性结构固有的整体特性。如果通过模态分析方法搞清楚了结构物在某一感兴趣的频率范围内各阶主要模态的特性，就可预言结构在此频段内在外部或内部各种振源作用下的实际振动响应。因此，模态分析是结构动态设计及设备故障诊断的重要方法。

(2)模态参数

通常将每一个模态作为一个单自由度系统的振动的“固有频率”“阻尼比”以及整个结构在此模态下作纯模态的振动的“振型”，三个参数称为模态参数。对于大多数弹性系统，理论上具有无穷多个模态，工程上只对其中若干低阶(对应模态频率较低的)模态感兴趣。

(3)几何模型、自由度

实际工程结构上每一个点存在3个方向的位移振动及绕3个轴的转动振动。实验模态分析由于测试条件的限制，只能测量其表面上某一个方向或至多3个方向的振动。不可能测量结构材料内部节点的振动，也难以测量转动自由度的振动，因此与有限元分析不同，实验模态分析在生成其几何模型时只用若干表面测点某些方向的振动作为代表，每一个振动代表一个自由度。通常超过100个自由度的模态实验就认为是比较复杂、大型的了。

(4)模态实验基本方法

模态分析提供了研究各种实际结构振动的重要有效途径。首先将结构物在静止状态下进行人为激振，通过测量激振力与响应并进行双通道FFT分析，得到任意两点之间的机械导纳函数(传递函数)。通过用模态分析理论对实验导纳函数的曲线拟合，识别出结构的模态参数，从而建立起结构的模型。根据模态叠加原理，在已知各种载荷的时间历程的情况下，就可以预言结构的实际振动的响应历程或响应谱。许多大型工程结构，如柔性悬索或拉索桥、高层建筑等难以人工激振，可采用能诱发带宽内的系统的固有振动频率来进行激励，严格来说，此方法并不知道激励的全部信息，也不知道完整的系统信息，因此不能认为是严格意义的模态分析，我们不妨称之为振型分析。

(5)模态实验基本方法与过程

在各种各样的模态分析方法中，大致均可分为如下四个基本过程：

①动态数据的采集及频响函数或脉冲响应函数分析。

激励方法：激励方法不同，响应识别方法也不同，我们采用的是单输入单输出方法，输入力的信号特征可分为正弦慢扫描、正弦快扫描、稳态随即(包括白噪声、宽带噪声或伪随机)、瞬态激励(包括随机脉冲激励)等。

数据采集：单输入单输出方法要求同时高速采集输入与输出两个点的信号，用不断移动激励点位置或响应点位置的办法取得振型数据。

时域或频域信号处理：谱分析、传递函数估计、脉冲响应测量以及滤波、相关分析等。

②建立结构数学模型。

根据已知条件，建立一种描述结构状态及特性的模型，作为计算及识别参数的依据。

③参数识别。

按识别域的不同可分为频域法、时域法和混合域法。混合域法是指在时域识别复特征值，再回到频域中识别振型。通常对不是十分复杂的结构，只要取得了可靠的频响数据，即使用较简单的识别方法也可能获得良好的模态参数；反之即使使用最复杂的模型、最高级的拟合方法，如果频响测量数据不可靠，识别的结果也一定不理想。

④振型动画。

参数识别的结果得到了结构的模态参数模型。即一组固有频率、模态阻尼以及响应各阶模态的振形。由于结构由许多自由度组成的振型数组难以引起对振动直观的想象，必须采用活动振动的方法，将放大了的振形叠加到原始的几何形状上。

(6)机械导纳测量

机械系统任意两点的传递函数也称为机械导纳。导纳测量是模态分析的关键。为了获得正确的导纳，必须注意以下几个环节。

①结构支承。

我们采用将结构固定在支座上的支承方式，其地基则应与地面的连接刚性为无穷大。但地基本身以及地基与试件的连接都不可能绝对刚性。但如果仿照机器或建筑物实际安装条件，结构经过拆卸并重新安装后可以得到重复性好的结果，则认为连接是合格的。严格说来，在这种情况下所得到的模态参数是结构包括基础在内的系统的模态参数。

②激励方法。

我们采用的瞬态激励法——脉冲激励的数学原理是脉冲函数(δ 函数)具有与白噪声相同的平直频谱，而它的近似实现却比稳态随机简易得多，因此得到广泛的应用。脉冲激励还有两个突出的优点：具有一定的重复性，不需要进行多次平均(一般 3 ～ 4 次就够了，而稳态随机则需要多达几十次平均)；在一个 FFT 块内，力和响应信号都已基本衰减，非整周期函数在幅值上的精度较差。锤击法可方便地移动施力点的位置、固定测振点的位置，得到测量传递函数的一行；而由于激振器安装困难，需通过移动测量点，得到测量传递函数的一列。根据动力互易的原理，这两种测量所得到的结果应该相同。

③量纲。

模态实验的成功与否，传感器的标定是一个重要环节，因此一定要进行可靠的校正并输入正确工程单位。

④力和指数窗。

如采用锤击法进行实验模态分析，锤击法能量小，信噪比低。在 FFT 数据块(一般 $N=1024$)中，只有几个点是力信号，其余全部是噪声，噪声的能量与力信号的相当。我们希望力信号的时间序列在脉冲过后维持为零，而在脉冲存在时力信号不产生畸变，为此我们采用加窗计权处理，力窗采用窄的矩形窗即可以满足这个要求。

5.1.6.3 实验步骤

实验装置如图 5－12 所示。

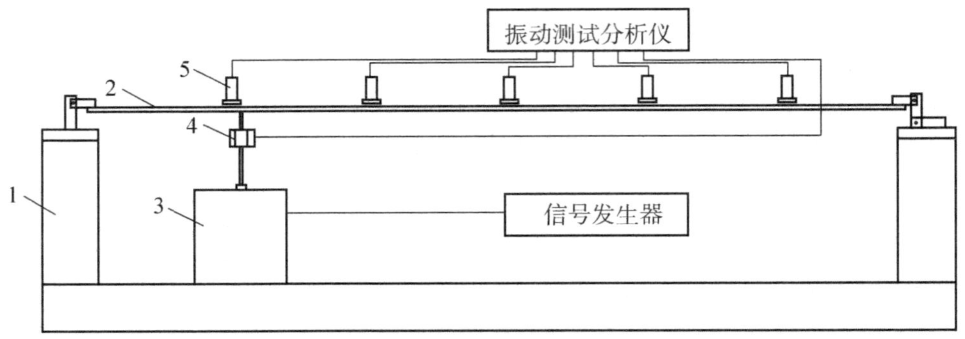

图 5－12 模态实验装置

1—振动台座；2—简支梁；3—激振器；4—力传感器；5—加速度传感器

(1)安装连接

把激振器安装在支架上，将激振器和支架固定在实验台基座上，并保证激振器顶杆(连接力传感器)对简支梁有一定的预压力(不要超过激振杆上的红线标识)，用专用连接线连接激振器和扫频信号源输出接口。

仔细检查简支梁各部件状况，确保所有螺栓紧固，简支梁宽度方向居中(两边间隙一致)。检查各仪器是否可靠接地。

将激振器上的力传感器(激励)接振动测试分析仪的第 6 通道，把加速度传感器(拾振)接第 1 ～ 5 通道。

(2)测试系统连接

将力传感器输出信号接到振动测试分析仪的 1－1 通道，将加速度传感器平均布置在简支梁上，把传感器测得的信号接到 1－2、1－3、……通道。

(3)仪器设置

详细见仪器操作“RJ45 振动测试分析仪”。

打开仪器电源，进入软件界面，设置采样频率、量程范围、工程单位等参数，根据传感器种类设置传感器类型、标定值。

选[结构建模]，建立模型简图，可认为支点的振动量为 0，纵向节点数为加速度传感器数量加 2。

在[通道面板]的[通用参数]中设置通道的[模态参数]，其中各通道的节点号与建模对应，激励通道的节点号为激振器位置节点号。

打开信号发生器，设置信号源频率。起始频率：1 Hz，结束频率：300 Hz，线性扫频间隔：1 Hz/s。

控制分析软件采集清零，产生扫频信号，采集数据。

选[模态]中[导入批次数据]，选择采样文件，导入数据。

选[模态]中[模态识别]，在频谱识别图中，双击各峰位，采集各阶模态。

选[模态]中[振型动画显示]，显示各阶振型曲线。

(4)整理实验数据

经老师检查通过后，结束实验，整理仪器与试件。

5.2　悬吊结构索力测试

5.2.1　斜拉桥索力测试

悬吊结构桥梁主要包括斜拉桥和悬索桥(吊桥)。这两种桥型近十年来在我国发展很快，其检测体系有待完善。斜拉桥和悬索桥均为高次超静定结构，施工过程存在多次体系转换。而这两种桥型跨径一般较大，结构受力变形非线性关系显著，影响结构受力变形的因素复杂，要保证桥梁的几何线型和内部受力达到设计要求的合理状态，对其质量检验和施工监控检测十分重要。

5.2.1.1　索力测试

斜拉索是斜拉桥梁、塔和索体系中的一个重要组成部分，斜拉索索力大小直接影响桥梁上部结构的受力和变形状态。各拉索中的实际索力大小的测试就成为斜拉桥施工控制中的一个重要方面。

目前斜拉桥斜拉索索力测量的常用方法有：荷重传感器测量法、张拉千斤顶测量法、压力型油压千斤顶测量法、电阻片测量法、缆索伸长测量法、主梁线型测量法、缆索垂度测量法、频率法等。其中从力学测量范畴来说前三种属于直接法，其他的属于间接法。这些方法均在实际中有应用，其中被证实精度较高的有荷重传感器测量法以及频率法。

荷重传感器测量法是永久安装压力传感器在斜拉索的锚固端或张拉端，通过传感器感应锚头的压力来测量索的拉力，应该说这种测量方法精度最高，而且索力在索中的位置明确。但它有两个缺点：一是费用太高，二是这种方法只能测量索端头的张拉力，当遇到索在张拉过程中某位置被卡的情况时，端头有较大的索力，但索中部的索力仍然较小，这个方法测量出的索力并非实际索力，而这种情况在斜拉桥施工中并不少见。频率法是首先测量索的自振频率，再根据索自振频率与索的张拉力之间的关系来换算出索力。频率法的精度取决于高灵敏度拾振技术以及准确的索力、频率对应关系。随着高灵敏度拾振技术的进步，频率测量的费用大幅度下降，并且人们对拉索垂度、斜度等因素对斜拉索索力测量影响的深入研究，频率法已经能满足斜拉桥索力测量高精度的要求，因此大桥的索力测量常常选择频率法。

5.2.1.2　索力测量技术要求

测量系统由传感器、放大器、信号采集与分析装置组成。配置时要注意以下几点：

①传感器、放大器系统要有足够的灵敏度，以便测量到索的自然环境随机振动的微弱信号。

②测量系统要满足不同索长自振频率对仪器频率响应特性的要求。

③信号采集与分析装置，应有频率分析功能，以便获得索的前 3 ～ 5 阶自振频率。测量时应能同时监测记录信号的波形质量。

5.2.1.3　索力测量

①索的自振频率测量，可采用随机环境振动的测量方法，测量索在风等环境激励下的振动信号。若由于测试系统灵敏度不够，可采用人工激振。

②测量时应解除索的阻尼器的影响。

③将传感器用专门的夹具或绑带固定在索股上，测量索的水平横向振动。

④由信号采集装置记录索股环境随机振动或人工激振的振动信号，同时注意观察信号质量。

⑤用分析装置对信号进行频谱分析，获得索的前5～8阶自振频率。对信号进行分析时分析参数的选择按随机信号处理的规定，合理选择采样频率、频率分辨力和滤波器的截断频率等以减少信号处理误差。分析得到的自振频率值应具有不大于0.01 Hz的分辨率。

5.2.1.4　索力计算

①不计算抗弯刚度的拉索的振动微分方程为：

$$m\frac{\partial^2 y}{\partial t^2} - T\frac{\partial^2 y}{\partial x^2} = 0 \tag{5-30}$$

式中　y ——横坐标（垂直于索的长度方向），m；

x ——纵向坐标（索的长度方向），m；

m ——单位索长的质量，kg/m；

T ——索的张力，N；

t ——时间，s。

假定索的两端固定，由方程（5-30）可以求出拉索的自振频率为：

$$f_n = \frac{n}{2}\sqrt{\frac{Tg}{W}} \tag{5-31}$$

$$T = 4ml^2\left(\frac{f_n}{n}\right)^2 \tag{5-32}$$

式中　f_n——索的第n阶自振频率，Hz；

g ——重力加速度，m/s^2；

l——索的计算长度，m；

n——振动阶数。

用振动法测定索力，经济方便，精度能够满足工程应用的需要；不需消耗一次仪表，所有仪器都可以重复作用。近年国内对振动法测定索力进行了大量的研究，对拉索的抗弯刚度、支承条件、斜度、垂度以及拉索的初应力等影响索力测试的因素进行了分析研究。

②考虑抗弯刚度后索的自由振动微分方程为：

$$m\frac{\partial^2 y}{\partial t^2} + EI\frac{\partial^4 y}{\partial x^4} - T\frac{\partial^2 y}{\partial x^2} = 0 \tag{5-33}$$

式中，EI为拉索的抗弯刚度。

假定拉索的边界条件为两端铰接，可由式（5-33）解得索拉力为：

$$T_o = 4ml^2\left(\frac{f_n}{n}\right)^2 - \frac{n^2EI\pi^2}{l^2} \tag{5-34}$$

另外计入索自重时可解得索下端的拉力

$$T_o = 4ml^2\left(\frac{f_n}{n}\right)^2 + 2ml^2\left(\frac{f_n}{n}\right)^2\sqrt{1 - \frac{n^2g^2\sin^2\alpha}{16l^2f_n\pi^2}} \tag{5-35}$$

式中　α——拉索弦线与水平方向的夹角；

T_o——拉索下端的拉力，N。

经过对斜拉索实例参数分析，式(5－34)和式(5－35)计算的结果非常接近，所以计算索力时可以不计拉索自重和斜度的影响，求得的索力为拉索下端的拉力。

5.2.1.5　影响因素与修正

(1)影响测量准确性的因素

振动频率法测量索股张力，影响测量结果的主要因素有：

①索两端约束条件以及索长的取值与理论假设的差异。

对斜拉索两端处理为铰接或固定对索力的影响相差不会超过5%，随着索长增加和抗弯刚度减小，两种边界条件分析的结果更接近。对于跨径内安装减振器的斜拉索，如拉索长度大于150 m，减振器对索力的影响不会超过5%；对于一般情况，应在安装减振器前后进行识别，确定安装减振器前后拉索的支承长度；如减振器的支承刚度大于1.0×10^4 kN/m，则减振器可视为拉索的刚性支承。

②垂度的影响。

经理论分析知拉索初应力较小时计算索力应计入垂度的影响。斜拉桥施工中斜拉索都要经过几次张拉。第一次张拉索的初应力较小，垂度较大，垂度对实测低阶频率影响较大，为了减小垂度对实测索力的影响，第一次张拉索力计算时建议采用4阶以上频率计算。

③索抗弯刚度的影响。

将式(5－32)和式(5－34)对比分析可知：细长拉索不计抗变刚度时求得的索力比计入抗弯刚度时偏大，但一般不会超过3%，对于长度小于40 m的斜拉索和系杆拱的吊杆有可能超过5%，此时应计入抗弯刚度的影响。

(2)减小误差的措施及结构的修正

①尽量采取低阶频率，一般取前5阶频率计算结果的均值作为索力的实测值。

②将索按长度分成若干组，对不同长度组，选取1～2根索在其锚下或索股上安装传感器，通过振动频率法和测力传感器测量法进行对比测量修正。

③在实验索上设置一定标距的两个基准点，安装引伸仪，通过在一定荷载增量下测量的索伸长量，求得索受荷后的索力增量，并与加载前后振动频率法测得的索力增量进行对比分析，确定索力修正系数。

④索力测量的时机。由于斜拉桥受温度影响较大，特别是在施工过程中长悬臂时特别明显。斜拉索受温度的影响，一天中索力是在不断变化的，而斜拉桥的设计是在某一恒定的温度场中。为了对测量出来的索力进行准确的评估，测量出来的索力要尽量少包含温度产生的成分，这就需要选择恰当的测量时机，这点对于误差分析尤为重要。就广州新光大桥而言，在清晨太阳出来前后结构受到温度的影响最小，因此选择清晨作为测量的时间。

5.2.2 单索索力频率法测试实验

(1)实验要求

了解频率法测量拉索拉力的原理与方法。

(2)仪器设备(见图5-13)

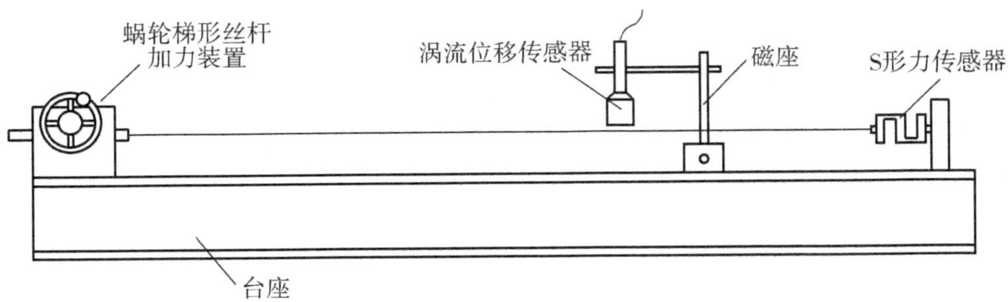

图5-13 单索索力测试实验装置

(3)实验步骤

①测量物理常数。实验前，量测拉索(钢丝绳)单位长度质量m(kg/m)、索长l、直径等物理常数。

②开机进入控制分析软件界面，设置采样频率、滤波等参数，正确输入涡流传感器类型、标定值等，并设置合适量程。

③旋转加力装置，使拉索下垂，力传感器清零。反方向旋转加力装置，至力传感器显示为200 N，沿着垂直涡流传感器方向瞬间敲击拉索，在FFT窗口中，读取拉索不同阶的频率。若测取某些阶的频率，适当移动涡流传感器测量点，以避开振动节点。

从式(5-32)中可知各阶f_n频率值几乎成倍数关系，在FFT图中，注意观察各阶振动峰之间的关系。

④继续旋转加力装置至300 N、400 N，重复步骤③。实验完毕后，卸荷至拉索松弛状态。

⑤计算索力，根据式(5-32)或式(5-34)，计算不同阶频率对应的索力。

⑥整理实验数据，经老师检查通过后，结束实验，整理仪器与试件。

思考题

1. 斜拉桥拉索的索力测试常用的方法有哪些？简述频率法测索力的优点。
2. 在“单索索力频率法测试实验”中，分析：同样荷载下，用前3阶频率计算索力的规律；不同荷载下，同阶频率计算索力有什么规律？
3. 在“测定梁的各阶固有频率实验”中，传感器的布点对测量各阶频率有什么影响？
4. 振动信号采集中，采集频率设置过大或过小对测量结果有何影响？
5. 振动传感器有哪些种类？其测量物理原理是什么？适用范围如何？

第 6 章　桥梁结构试验

6.1　钢筋混凝土单梁性能测定

通过适筋梁的破坏试验，了解受应变的构件正截面由加荷、开裂到破坏的全过程，对破坏形态有深刻的认识；通过试验量测数据的整理、分析和表达方法，验证正截面受弯承载力理论计算方法，内力与应变关系，得出梁板受力特征。

本试验主要包括三个部分：

(1)测量系统仪器的校准：包含测力系统的仪器的校准；挠度(位移)测量系统的仪器校准；振弦式传感器应变值的修正与校准(见第 4 章 4.4.1、4.4.2、4.5.3)。

(2)混凝土弹性模量值测定(见第 3 章 3.1.2)。

(3)钢筋混凝土梁板性能测试与分析。

6.1.1　试件梁与加载装置

试件梁为一普通钢筋混凝土简支梁，截面尺寸及配筋图如图 6－1 所示，混凝土设计强度为 C20，钢筋为 I 级钢，纵向受力钢筋采用 2 ϕ 10。

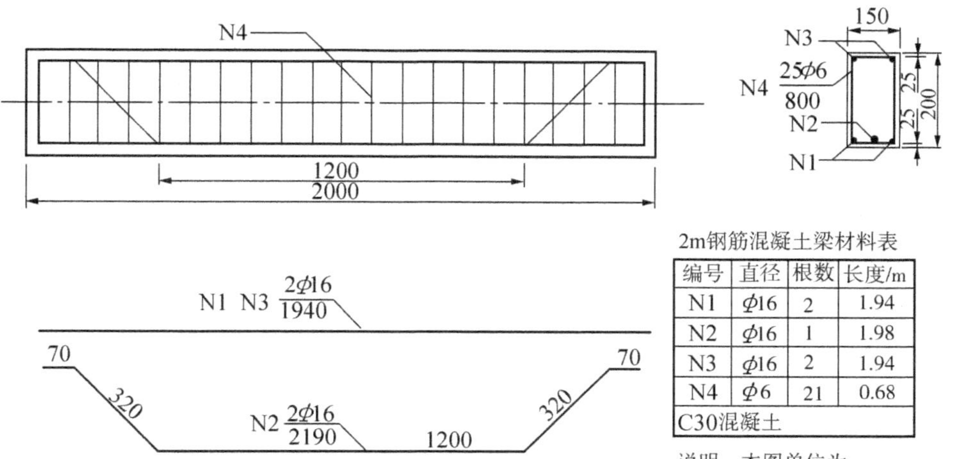

2m钢筋混凝土梁材料表

编号	直径	根数	长度/m
N1	Φ16	2	1.94
N2	Φ16	1	1.98
N3	Φ16	2	1.94
N4	Φ6	21	0.68
C30混凝土			

说明：本图单位为mm；
混凝土采用细骨料。

图 6－1　简支梁尺寸、配筋示意图

如图 6 - 2 所示，试验梁安装在加力机架上，试验时用手动千斤顶实现静力加载，通过分配梁在跨度三分点处形成两点对称加荷。

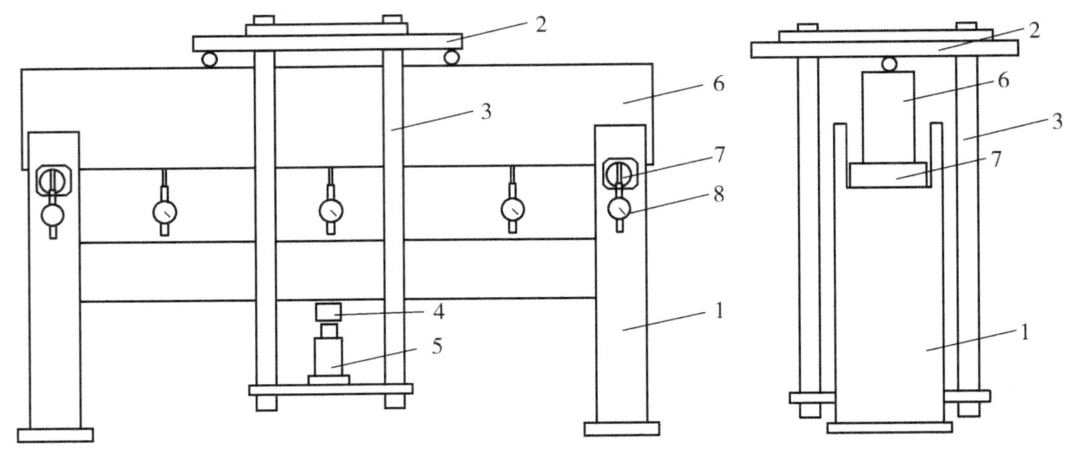

图 6 - 2　简支梁加载架示意图

1—加载架；2—分配梁；3—加力传递轴；4—力传感器；5—加载千斤顶；
6—钢筋混凝土梁；7—支撑点滚轴；8—数显百分表(机电百分表)

6. 1. 2　测量布设与试验方案

6. 1. 2. 1　应变测量

试验梁受力性能呈受弯构件，试验时要量测梁体各内力层应力变化。一般情况下，在梁承受正负弯矩最大的截面或弯矩有突变的截面上布置应变测点(“特征”点)——贴应变片(或安装振弦式传感器)，对于变截面梁，有时也需在截面变突处布设测点。

如果只要求测量弯矩引起的最大应力，则只需在截面上下表面布设测点。为了减少误差，上下表面的应变片应设在梁截面的对称轴上，截面对称轴的两侧对应位置布设测点，测取其平均值为该内力层的应变值，见图 6 - 3。

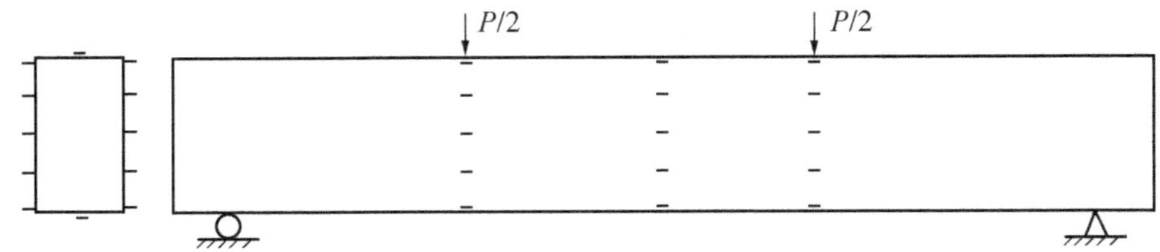

图 6 - 3　应变测点布置图

对于钢筋混凝土梁，由于材料的非弹性性质，受力梁截面的应力分布往往是不规则的，为了求得截面上应力分布的规律和确定中性轴的位置，需要增加一定数量的应变测点。一般情况下沿截面高度至少需要布置 5 个测点，如果梁的截面高度较大，尚需增加测点数量。测点愈多，则中性轴位置确定越准确，梁截面上应力分布的规律也越清楚。

应变测点沿截面高度的布置可以是等距的，也可以是不等距而外密里疏，以便比较准确地测得截面上较大的应变。对于布置在靠近中性轴处的测点，由于应变读数值较小，相对误差可能较大，以致不起作用。

(1)梁表面单向应变(应力)测量

在梁的纯弯曲区域内，梁截面上仅有正应力，在该处截面上可仅布置单向的应变测点。钢筋混凝土梁受拉区混凝土开裂以后，由于该处截面上混凝土部分退出工作，此时布置在混凝土受拉区的测点丧失其量测作用。为了进一步探求截面的受拉性能，常常在受拉区的钢筋上也布设测点以便测量钢筋的应变。由此可获得梁截面上内力重分布的规律。

(2)梁表面平面应变(应力)测量

在荷载作用下的梁截面上，既有弯矩作用，又有剪力作用，为平面应力状态。为了求得该截面上的最大主应力及剪应力的分布规律，需要布置直角应变网络，通过三个方向的应变测定，求得最大主应力的数值及作用方向。

抗剪测点应设在剪应力较大的部位。对于薄壁截面的简支梁，除支座附近的中性轴处剪应力较大外，还可以在腹板与翼缘的交接处产生较大的剪应力或主应力，这些部位宜布设测点。当要求测量梁沿长度方向的剪应力或主应力的变化规律时，在梁长度方向宜布设较多的剪应力测点。有时为了测定沿截面高度方向剪应力的变化，则需沿截面高度方向设置测点。

测量应变的感受元件通常有电阻应变片和振弦式应变传感器。使用振弦式应变传感器需经校准后才能确定钢弦频率 f^2 与应变 ε 的量级关系。

(3)梁钢箍和弯筋的应变(应力)测量

对于钢筋混凝土梁来说，为研究梁斜截面的抗剪机理，除了混凝土表面需要布置测点外，通常在梁的弯起钢筋和箍筋上布置应变测点，这里较多地采用预埋或在试件表面开槽的方法来解决测点布设问题。

(4)梁内部混凝土的应变(应力)测量

为了获得钢筋混凝土内部受力或温差、徐变、蠕变产生应变(应力)的准确变化情况，通常需预埋应变计或埋入式振弦式应变传感器。

(5)校核测点

为了校核试验的正确性及便于整理试验结果时进行误差修正，经常在梁的端部凸角的零应力处布设少量测点，以检验整个量测过程是否正常，这些点也可作接电阻式应变片半桥接线中的温度补偿片用。

6.1.2.2　挠度测量

梁的挠度值是量测数据中最能反映其综合性能的一项指标，主要是测定梁跨中最大挠度值 f_{max} 及弹性挠度曲线。

为了求得梁的真正挠度 f_{max}，试验时必须注意支座沉陷的影响。试验时由于荷载的作用，其两个端点处支座常常会有沉陷，以致梁产生刚性位移，因此，如果跨中的挠度是相对地面进行测定，则还必须测定梁两端支撑面相对同一地面的沉陷值。

值得注意的是，支座下的作用力可能或多或少地引起周围地基局部沉陷，因此安装仪器表架必须离开支座墩有一定距离。只有在永久性的钢筋混凝土台座上进行试验时，上述地基沉陷才可以不予考虑。但此时两端的测点可以测量梁端相对于支座的压缩变形，从而可以比较正确地测得梁跨中对地基的最大挠度。支座处布置位移计，可减除支座沉陷。

对于跨度较大的梁，为了保证量测结果的可靠性，并求得梁在变形后的弹性挠度曲线，挠度测点应增加 5 ～ 7 个，所需仪器的数量也就需要增加一倍。此时各截面的挠度取两侧仪器读数之平均值。

对于预应力混凝土受弯构件，两侧结构整体变形，尚需考虑构件在预应力作用下的反拱值。

6. 1. 2. 3　裂缝测量

在钢筋混凝土梁试验时，经常需要测定其抗裂性能。一般垂直裂缝产生在弯矩最大的受拉区段，因此在这一区段应连续设置测点，以观测点应变的变化，判明混凝土是否已开裂。至于裂缝的宽度，则可根据裂缝出现前后两级荷载所产生的应变仪读数差值来表示。当裂缝用肉眼可见时，其宽度可用最小刻度为 0. 005 mm 的读数放大镜(40 倍)观测。

6. 1. 2. 4　试验方案

试验者在试验前要制定试验方案，明确试验的目的，须确知：所量测的钢筋混凝土梁的物理值计算钢筋混凝土梁的理论开裂荷载、弹性阶段加载各级荷载下对应的应力(应变)、挠度值；确立试验中止条件(如“测点应力值明显超过计算值”“加力轴线偏离直线”等)；人员分工和相关试验数据记录表格；试验操作安全注意事项等。

6. 1. 3　试验步骤

试验具体步骤：

①按“4. 3. 1 电阻应变片粘贴技能实验”(第 61 页)要求贴好应变片及接线端子、防水处理，引出导线。按带公共补偿的 1/4 桥路方式连接应变片与应变仪；安装位移计(数显百分表与机电百分表)，机电百分表需要全桥方式接入应变仪。

②安装手动千斤顶、力传感器、垫块，并确保在同一轴线上；将传感器以全桥方式接入应变仪，以便绘制应变—荷载曲线。力传感器有两套输出端，另一接口连示值仪表可直视监控加力值。

③接通应变仪电源，预热 30 min。设置应变仪通道参数：桥路，应变片灵敏系数，应变片电阻值等；选定调试“应变—荷载曲线”，详细见附录一的仪器操作“DH3818 静态应变测试仪”(第 147 页)。

④加荷前，应变仪、位移计调零(若不能调零则读初读数)。进行初载试验，测取读数，观察试件装置和仪表工作是否正常，有异常及时排除故障。

⑤本试验不做梁破坏试验。采用分级加载，每级按 5 kN 加荷载，计有五级荷载至 25 kN 为最大加力值，每级荷载持载 2 ～ 3 min；数值稳定后，测取并记录各测点数值。

随着试验的进行，应注意观测应变值及加载装置的工作情况，如发现异常，则须视情况暂停或终止试验。

如需做破坏试验，要细致观察裂缝的发生，特别注意观察第一条裂缝的出现及对应的初裂荷载值、发展和构件的破坏形态。用铅笔在试件上描出裂缝，并用读数放大器读出裂缝宽度，记录当前荷载值，如图 6 - 4 所示。加载到接近破坏时，将测量仪表取下，以防损坏。

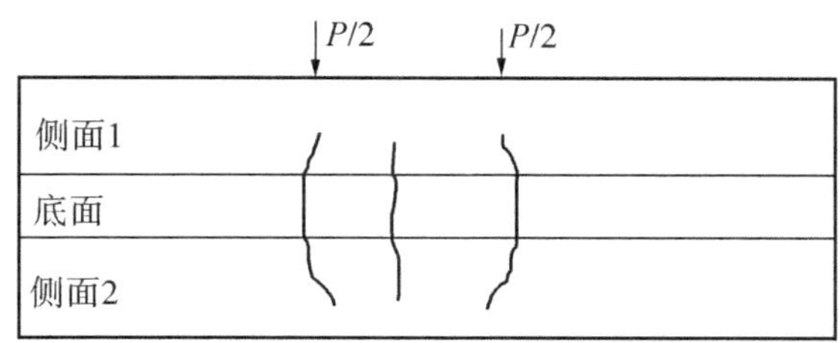

图 6 - 4　钢筋混凝土受力开裂情况

须注意：使用电烙铁焊接接线点时，焊接前要先关掉应变仪的电源开关，否则会导致应变仪短路，损坏应变仪，可在老师的指导下使用电烙铁；用手摇式千斤顶加载前，加载点应对中，用手托扶千斤顶，缓慢均衡摇动千斤顶加力。

⑥试验结论与讨论。整理和甄别有效数据、分析理论与实测值产生差异的原因，推定试验结果并绘制裂缝开裂图(用裂缝展开图表示试验梁出现裂缝及开裂过程，裂缝间距、受压梁高度)，绘制荷载与挠度关系曲线图、荷载与应变关系曲线图，也可在截面示意图中各测点位置标上应变值并连线，分析开裂前后应变(应力)变化情况。

6. 2　T 形梁荷载横向分布系数试验

在桥梁设计的内力分析中，横向分布系数的简化计算方法有多种，如杠杆法、梁格法、梁系法、板系法、增大系数法。本试验通过对梁式桥模型的应变、挠度测量，从感性上了解和认识影响桥荷载横向分布作用的各种因素和分布规律，验证梁桥荷载横向分布计算理论；增强对刚性板(梁)桥基本构造特征，以及肋、板、横向连接构造的感性认识。

6. 2. 1　试验模型及工况

试验模型：无肋 T 形梁、带肋 T 形梁(梁端、3/4，跨中 1/2 处共设五道横隔梁)，两种都为五片 T 形梁(翼缘板间刚性连接)组成的简支梁模型，如图 6 - 5 所示。试验中，量测各片梁的跨中弯矩、跨中及 1/4 点的应变、挠度值。

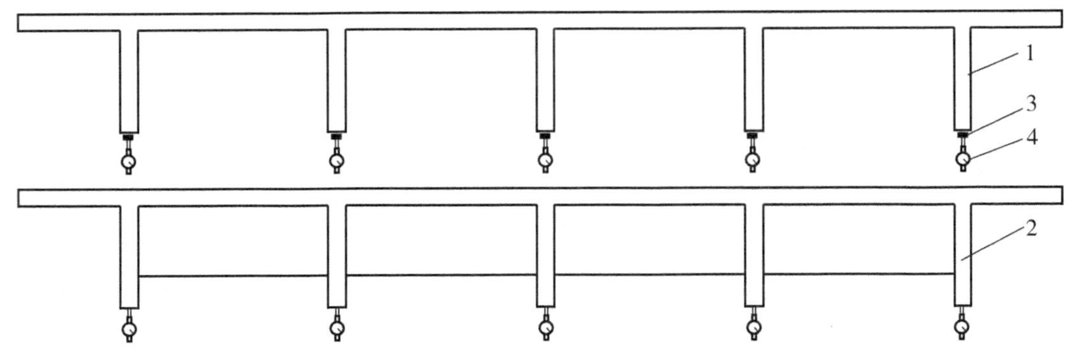

图 6-5　T 形梁横向分布系数测量试验梁

1—无肋 T 形梁；2—带肋 T 形梁；3—应变片；4—数显千分表

试验工况：横向满布均布线荷载作用于跨中；单个集中力作用于最边梁之跨中；单个集中力作用于次边梁之跨中。

图 6-6　螺旋加荷装置

6.2.2　试验步骤

(1)量测模型各部分几何尺寸，标出荷载和测点位置；确定模型材料的容量、弹性模型、剪切模型、泊松比等材料力学指标，可通过模型材料的试件力学性能试验获得参数。

(2)选择安装千分表、安装力传感器并连接显示仪表。安装螺旋加荷装置，并把力传感器接入显示仪。

(3)接通应变仪电源，预热 30 min。设置应变仪选用通道参数：桥路，应变片灵敏系数，应变片电阻值等，详细见仪器操作“DH3818 静态应变测试仪”(第 147 页)。

(4)加荷前应变仪、位移计调零，不能调零则读初读数。进行初载试验，测取读数，观察试件装置和仪表工作是否正常并及时排除故障。

(5)通过加荷装置(见图 6-6)施加初荷载(满荷的 5% 以内)，稳定后记取荷载、应变、挠度等初读数。继续加荷，记录各级荷载、应变、挠度，至预设最大试验荷载；重复试验，观察两次数据，若差异较大，检查原因，消除影响因素后才能继续试验。

(6)数据处理：每次加载与初荷载之差作为计算荷载，与之对应应变、挠度与初始值之差，相应于每种工况，分别计算弯矩、挠度，计算肋板梁桥的荷载横向分布系数，并与理论计算值进行对比分析；按荷载工况所计算的荷载横向分布系数，绘制横向分布系数沿桥跨方向的变化曲线，并与实用处理方法比对分析。

(7)整理试验数据(经老师检查认可)。

6.3 桥梁结构静载试验

6.3.1 静载试验目的

桥梁静载试验是按照预定的试验目的与试验方案，将静止的荷载作用在桥梁指定位置上，观测桥梁结构的静力位移、静力应变和裂缝等参量的试验项目，然后根据有关规范和规程的指标，判断桥梁结构在荷载作用下的工作性能及使用能力。

桥梁结构的静载试验可以分为上部结构试验和下部结构试验。上部结构的形式有梁桥、拱桥、钢构桥、斜拉桥、悬索桥等各种体系；下部结构包括桥墩、桥台、基础三个部分。为了能够较为客观地反映桥梁结构的工作性能，桥梁检测为实桥现场检测。静载试验目的大致有如下三个方面：

①检验桥梁结构的设计与施工质量，验证结构的安全性与可靠性。

②验证桥梁结构的设计理论与计算方法，充实与完善桥梁结构的计算理论与施工技术，积累科学技术资料。

③掌握桥梁结构的工作性能，判断桥梁结构的实际承载能力。

6.3.2 静载试验程序

桥梁静载试验可分为三个阶段，即桥梁结构的考察与试验工作准备阶段、加载试验与观测阶段和测试结果的分析总结阶段。

(1)桥梁结构的考察与试验工作准备(试验方案设计)阶段

这是桥梁检测顺利进行的必要条件。桥梁结构检测与桥梁结构的设计、施工和理论计算的关系十分密切，现代桥梁的发展对于结构试验技术、试验组织与准备工作提出了更高的要求。准备工作包括技术资料的收集、桥梁现状检查、理论计算、试验方案制定、现场准备等一系列工作。因此，这一阶段的工作是大量而细致的，实践证明，检测工作的顺利与否很大程度上取决于检测前的准备工作。桥梁结构的考察与试验工作准备阶段的具体工作内容如下。

①技术资料的收集。桥梁技术资料包括桥梁设计文件、施工记录、监理记录、原有试验资料、桥梁养护与维修记录、环境因素的影响、现有交通量及重载车辆的情况等方面。掌握了这些资料，能使我们对于试验桥梁的技术状况有一个全面的了解。

②桥梁现状检查。桥梁检查，包括桥面平整度、排水情况、纵横坡的检查，承重结构开裂与否及裂缝分布情况、有无露筋现象及钢筋锈蚀程度、混凝土剥落碳化程度等情况的检查；也包括支座是否老化、河流冲刷情况、基础有无冻融灾害等方面的检查。通

过桥梁现状检查，我们可对试验桥梁的现状做出宏观的判断。

③理论分析计算。理论分析计算包括设计内力计算和试验荷载效应计算两个方面。设计内力计算是根据试验桥梁的设计图纸与设计荷载，按照设计规范，采用专用桥梁计算软件或通用分析软件，计算出结构的设计内力；试验荷载效应计算是根据实际加载等级、加载位置及加载重量，计算出各级试验荷载作用下桥梁结构各测点的反应，如位移、应变等，以便与实测值进行比较。

④试验方案制定。试验方案制定包括测试内容的确定、加载方案设计、观测方案设计、仪器仪表选用等方面，试验方案是整个检测工作的技术纲领性文件，因此，必须具备全面、翔实、可操作性强等基本特点。

⑤现场准备。现场准备工作包括搭设工作脚手架、设置测量仪表支架、测点放样及表面处理、测试元件布置、测量仪器仪表安装调试、通信照明安排等一系列工作，现场准备阶段工作量大，工作条件复杂，是整个检测工作比较重要的一个环节。

(2)加载与观测阶段

这是整个检测工作的中心环节。这一阶段的工作是在各项准备工作就绪的基础上，按照预定的试验方案与试验程序，利用适宜的加载设备进行加载，运用各种测试仪器，观测试验结构受力后的各项性能指标，如挠度、应变、裂缝宽度、加速度等，并采用人工记录或仪器自动记录手段记录各种观测数据和资料。有时，为了使某一加载、观测方案更为完善，可先进行试探性试验，以便更圆满地达到原定的试验目的。需要强调的是，对于静载试验，应根据当前所测得的各种指标与理论计算结果进行现场分析比较，以判断受力后结构行为是否正常，是否可以进行下一级加载，以确保试验结构、仪器设备及试验人员的安全，这对于存在病害的既有桥梁结构尤为重要。

(3)分析总结阶段

这是对原始测试资料进行综合分析的过程。原始测试资料包括大量的观测数据、文字记载和图片等材料，受各种因素的影响。根据现行有关规范，测试数据经分析处理后，按照相关规范或规程以及检测的目的要求，对检测对象做出科学的判断与评价。

公路、城市桥梁静载试验应按照我国现行的规范进行。现行桥梁检测相关规范有：

《城市桥梁养护技术规范》(CJJ 99—2003)

《公路桥涵养护规范》(JTGH 11—2004)

《公路桥梁承载能力检测评定规程》(JTG/T J 21—2011)

《城市桥梁检测技术规范》(CJJ/T 233—2015)

《城市桥梁检测技术标准》(DBJ/T 15 - 87—2011)(广东省标准)

6.3.3 静载试验技术指标

以《公路桥梁承载能力检测评定规程》(JTG/T J 21—2011)为例，简单介绍静载试验技术指标。

桥梁结构静力荷载试验评价指标符合以下条件：

①静力试验荷载可按控制内力、应力或变位等效原则确定。静力荷载试验效率可按式(6 - 1)计算，宜介于 0.95 ～ 1.05 之间。

$$\eta_q = \frac{S_s}{S' \cdot (1+\mu)} \tag{6-1}$$

式中　η_q——静力试验荷载效率；

S_s——静力试验荷载作用下，某一加载试验项目对应的加载控制截面内力、应力或变位的最大计算效应值；

S'——检算荷载产生的同一加载控制截面内力、应力或变位的最不利效应计算值；

μ——冲击系数，按桥梁设计规范要求取值。

②静力荷载试验结构校验系数 ξ，是试验荷载作用下测点的实测弹性变位或应变值与相应的理论计算值的比值。ξ 值小于 1 时，代表桥梁的实际状况要好于理论状况。ξ 值大于 1，可判定桥梁承载能力不满足要求。

$$\xi = \frac{S_e}{S_s} \tag{6-2}$$

式中　S_e——试验荷载作用下主要测点的实测弹性变位或应变值，

S_e = 实测值 S_t − 当次残余值 S_p

S_s——试验荷载作用下主要测点的理论计算变位或应变值。

③主要测点相对残余变位或相对残余应变 S'_p，该值是主要测点实测残余变位或残余应变与对应实测总变位或总应变的比值，不得超过 20%。该值越小，说明结构越接近弹性工作状况。

$$S'_p = \frac{S_p}{S_t} \times 100\% \tag{6-3}$$

式中　S_p——主要测点的实测残余变位或残余应变；

S_t——试验荷载作用下主要测点的实测总变位或总应变。

④试验荷载作用下裂缝扩展宽度不能超过 JTG/T J21—2011 中表 7.3.4 的限值，且卸载后裂缝闭合宽度不得大于扩展宽度的 2/3。

⑤在试验荷载作用下，桥梁基础不得发生不稳定沉降变位。

6.4　桥梁结构动载试验

6.4.1　动载试验测试内容

桥梁结构是承受以自重和各种车辆为主要荷载的结构物。桥梁的振动主要是由于车辆荷载以一定速度在桥上通过而产生的，同时，车辆驶过桥梁时，因桥面起伏不平或发动机的振动等原因会使桥梁振动加剧。此外，人群荷载、风力、地震力、漂浮物或其他物体的撞击作用也会引起桥梁的振动。

桥梁的振动，影响因素复杂，单靠理论分析不易找到实用的结果。一般需采用与试验相结合的研究方法，而动载试验正是解决桥梁工程振动问题必不可少的手段。

6.4.1.1　动载试验测试目的

桥跨结构某振型的振动周期（或频率）与结构的刚度有着确定关系，尤其在研究桥跨结构的横向刚度时，往往以其横向振动周期为指标。在设计时亦要避免强迫振动振源(如风、车辆等)的频率与桥跨结构自振频率相近而引起过大的共振振幅危及桥梁。

某一行车速度下，或所谓接近或达到临界速度时，结构的动挠度和动应力会达到最大。在桥梁的设计中，车辆荷载的动力作用是用一个综合性的技术指标"冲击系数"来反映的。

冲击系数因桥梁的结构型式、跨度和行驶车辆类型而异。冲击系数能综合地反映桥梁结构的动力特性、车辆的运动性能以及桥面的平整状态等因素的影响，是桥跨结构动载试验主检项目之一。桥梁在某振动频率下所产生的过大振幅，会使乘客和行人感觉不舒适，当桥梁自振频率处于某些范围时，外荷载(包括行驶车辆、行人、地震、风载、海浪冲击等)也会引起桥梁共振。近年来研究的桥梁结构病害诊断，实际也是以桥跨结构或构件固有频率的改变为根据。因此新建的桥梁、运营一定年限后的桥梁以及对其结构承载能力有疑问的桥梁均需进行动载试验，以便更好地研究和改进桥梁结构，避免因冲击、振动造成桥梁损坏。

6.4.1.2 动载试验基本任务

①测定动荷载的动力特性，即引起结构产生振动的作用力的数值、方向、频率和作用规律等。

②测定结构的动力特性，如结构或构件的自振频率、阻尼特性及固有振型(模态)等。

③测定结构在动荷载作用下的强迫振动的响应，如振幅、动应力、冲击系数及疲劳性能等。

6.4.1.3 测试工作

(1)跑车

动载试验一般安排标准汽车车列(对小跨径桥也可用单排车)在不同车速时的跑车试验，跑车速度一般定为 20、30、40、50、60(km/h)。当车在桥上时为车桥联合振动，当车跨出桥后为自由衰减振动。对铁路桥跨结构，同样应安排以一定轴重装载的车列，以不同车速过桥，应测量不同行驶速度下控制断面(一般取跨中或中支点处)的动应变和动挠度，记录时间一般不少于 30 min 或以波形衰减完为止。测试时需记录轴重、车速，并在时程曲线上标出首车进桥和尾车出桥的对应时间。动载测试一般应试验三组，在临界速度可增跑几趟，全面记录动应变和动位移。

(2)跳车

在预定激振位置设置一块 15 cm 高的直角三角木，斜边朝向汽车。一辆满载重车以不同速度行驶，后轮越过三角木由直角边落下后，立即停车。此时桥跨结构的振动是带有一辆满载重车附加质量的衰减振动。在数据处理时，附加质量的影响应给以修正。跳车的动力效应与车速和三角木放置的位置有关。随车速的增加，桥跨结构的动位移、动应力会增加，从而冲击系数也会加大，跳车记录时间与跑车相同。

(3)刹车

刹车试验是测定车辆在桥上紧急制动时所产生的响应，用以测定桥梁承受活载水平力性能。刹车试验是以行进车辆突然停止作为激振源，可以不同车速停在预定位置。刹车可以顺桥向和横桥向。一般横桥向由于桥面较窄，难以加速到预定车速。刹车试验数据同样需要进行附加质量影响的修正。由刹车的位移时程曲线可读取自振特性和阻尼特性数据。不过此时是有车的质量参与衰减振动，阻尼也非单纯桥跨结构的阻尼。刹车记录项目与跑车相同，对记录自信号(包括振幅、应变或挠度等)进行频谱分析，可以得到相应的强迫振动频率等一系列参数。

(4)脉动试验

当桥跨结构无车辆通过时，桥跨结构处于环境激振之下，做振幅微小的振动。脉动测试需记录动位移或加速度，将记录的信号在高精度的信号分析仪上进行频谱分析，便得到频谱图；将频谱分析的数据再结合跑车、跳车、刹车等的测试数据，综合分析便可得到精确而真实的桥跨结构自振特性数据。脉动测试要求高灵敏度的传感器和放大器，同时要具备质量较高的信号分析设备及其相应软件。脉动试验的记录时间不宜少于2 h，大跨径桥梁测试断面多，对其可分断面记录，但每次应保证有一个参考点不动。

为了尽可能测出高阶频率，应当预先估算结构振型，以便在结构的敏感点布置拾振器。

公路、城市桥梁动载试验应按照我国现行的规范进行。现行桥梁检测相关规范有：

《城市桥梁养护技术规范》(CJJ 99—2003)

《公路桥涵养护规范》(JTGH 11—2004)

《公路桥梁承载能力检测评定规程》(JTG/T J 21—2011)

《城市桥梁检测技术规范》(CJJ/T 233—2015)

《城市桥梁检测技术标准》(DBJ/T 15－87—2011)(广东省标准)

6.4.2　动载试验测试仪器

桥梁结构振动的测试仪器包括测振传感器、信号放大器、动态电阻应变仪、数字信号处理仪器等。现在振动信号分析处理多数以A/D转换和微机结合的数据采集和分析一体化的智能仪器及大型动态分析应用软件，可以进行实时数据采集分析，并能实现数据储存，试验流程为：

6.4.2.1　测振传感器

测振传感器表达振动信号特性的基本参数是位移、速度、加速度、频率和相位。传感器的作用是感受待测对象的振动量，通过仪器在特定频响范围内正确地接收，并将此机械量转换成电信号输出。常见的测振传感器有压电式加速度传感器(又称压电加速度计)，它是利用某些物质如石英晶体的压电效应，在加速度计受振时，质量块加在压电元件上的力也随之变化；当被测振动频率远低于加速度计的固有频率时，则力的变化与被测加速度成正比。

6.4.2.2　信号滤波放大器

测振传感器输出的信号一般都很微弱，需经放大器放大之后才能推动记录设备。测振放大器除对信号有放大作用外，一般还具有对信号进行微分、积分和滤波等功能。

6.4.2.3　信号分析仪

桥梁动载试验主要是通过对检测并记录的桥梁振动信号进行时域及频域的分析，得到桥梁振动模态及行车响应等桥梁动力指标。因此桥梁振动信号利用数字信号分析仪进行分析与处理，是试验的重要环节。依据快速傅里叶变换理论设计的数字信号分析仪，由于其精度高、速度快且功能强，已成为桥梁动载测试信号分析的主要仪器。

(1)信号分析仪的工作原理和功能

数字分析仪是通过数字运算来完成频谱分析的专用设备，输入信号经过模拟抗混滤波、波形采样及模数转换、数字抗混滤波、加窗 FFT，最后将信号的频谱显示在屏幕上。

(2)数字信号分析仪一般原理

①采样 A/D 转换与抗混滤波

采样的过程实际上是对连续模拟信号进行抽样和截断，从而得到采样信号，如果采样周期 ΔT 取得很小，即采样间隔很密，就不难从采样信号的包络中描绘出模拟信号来；反之，若 ΔT 很大，则不可能还原。采样周期 ΔT 越小，即采样频率 f 越高，离散采样信号越能如实反映信号变化。但要求计算机的计算处理速度快，存储容量大，从而增加计算的工作量并提高了成本。另外，采样频率越高，系统受干扰越明显。因此对采样频率有一个下限的要求。

采样定理：采样频率 f_s 必须至少大于被分析信号成分中最高频率 f_m 值的两倍，即

$$f_s \geqslant 2f_m \tag{6-4}$$

若实际的采样频率不满足采样定理的要求，则会使采样信号与模拟信号之间产生误差，甚至完全失真，引起所谓的频率混淆问题。即高频信号经采样后只出现低频信号，两个不同频率的信号被混淆(见图 6-7)。

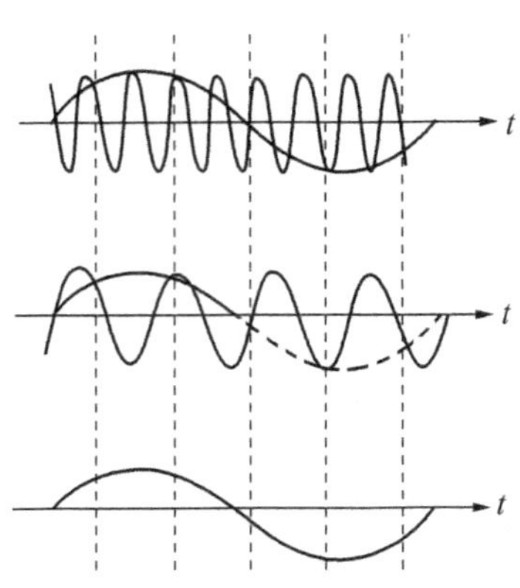

图 6-7　高、低频混淆现象

为了避免高、低频混淆现象的产生，可采用频率 f_s 设置抗混滤波器的高截止频率 f_m，使 $f_m < f_s/2$，因此，一般信号进入 A/D 之前，先通过一个模拟式低通滤波器，或在 A/D 之后经过一个数字式低通滤波器，滤除信号中不必考虑的高频成分。这种用途的

滤波器称为抗混滤波器。

②泄漏和加窗

在数字信号处理中，由于受到处理时间和计算机容量的限制，只能截取有限长的波形进行分析，这就意味着对时域信号的截断。这种截断将导致偏差，其结果是使得本来集中于某一频率的功率(或能量)，部分地被分散到该频率的邻近频域，这种现象称为泄漏效应。

为了抑制"泄漏"，需采用特种窗函数代替矩形窗函数(通常的信号截断时信号所乘的函数)。在数字信号处理中常用的窗函数有四种，即矩形窗、汉宁窗、凯塞—贝塞尔窗、平顶窗，有关原理可参见相关参考书。以下简要介绍窗函数的选择。

在实测中，对随机信号，通常选用汉宁窗。对本来就具有较好离散频谱的信号(如周期信号与准周期信号)可采用凯塞—贝塞尔窗或平顶窗。对瞬态或冲击过程(如跳车试验)，则只能选用矩形窗或用于测量衰减过程的指数衰减窗。

6.4.3 动载试验测试技术指标

(1)动力试验荷载效率

按式(6-5)计算。

$$\eta_d = \frac{S_d}{S} \tag{6-5}$$

式中 S_d——动载试验荷载下，被检测部位的内力或变形；

S——标准设计荷载下，被检测部位计算的内力或变形。

在公路混凝土桥跨结构动载试验时，宜采用接近设计活载的车列，单车冲击系数较大，动力荷载效率低，误差也较大。

(2)活载冲击系数(即动力系数)

活载冲击系数(不同速度下)可根据记录的如图6-8a所示的动应变或如图6-8b所示的动挠度曲线，进行分析整理而得，可按式(6-6)计算。

$$1+\mu = \frac{S_{max}}{S_{mean}} \tag{6-6}$$

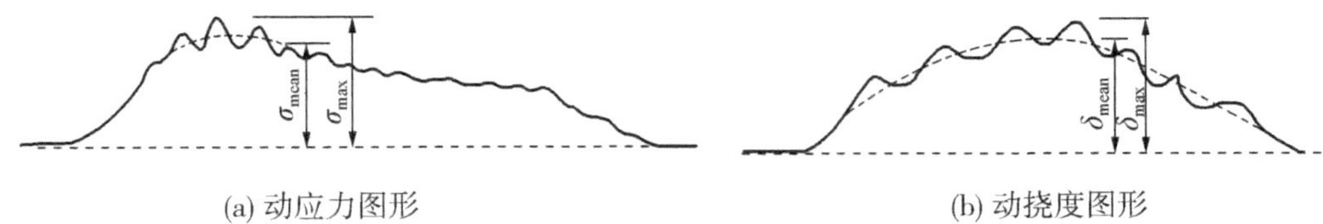

(a) 动应力图形　　(b) 动挠度图形

图6-8 动态特性

式中 S_{max}——动载作用下该测点最大应变(或挠度)值，即最大波峰值；

S_{mean}——相应的静载作用下该测点最大应变(或挠度)值(可取本次波形的振幅中心轨迹线的顶点值)，$S_{mean}=1/2(S_{min}+S_{max})$。

其中，S_{min}为与S_{mean}相应的最小应变(或挠度)值(即同周期的波谷值)。

不同部位的冲击系数是不同的。一般情况是：梁桥给出跨中和支点部位的冲击系数；桥和悬索桥给出吊点和加劲梁节段中点部位的冲击系数；而钢桁梁桥应区别弦杆、腹杆、纵梁、横梁分别给出冲击系数。

(3)强迫振动(不同车速引起)的振幅、加速度

根据各工况的振动曲线，按式(6-7)分开计算得桥梁的振动频率。

$$f = \frac{l}{t} \cdot \frac{N}{S} \tag{6-7}$$

式中 l——两时间符号间的距离，mm；

t——时间符号的时间间隔，s；

N——波形数；

S——N个波的长度，mm。

如果所分析的曲线段是列车或汽车在桥上时的记录，则所得振动频率为桥梁结构强迫振动频率；如果分析的曲线段是列车或汽车出桥后记录的，则所得频率为桥梁自振频率。

在分析每一测点在动荷载通过时的最大振幅值时，一般是先求得最大振幅处的振动频率，再根据此频率找出统标定时仪器系统标定灵敏度，即放大倍数，则测点最大振幅值H，可由式(6-8)求出。

$$H = \frac{A}{S} \tag{6-8}$$

式中 A——实测波形最大峰值，mm；

S——测振系统标定灵敏度。

振动加速度a是桥梁动力特性中一个很重要的指标，它表示列车和车辆运行的安全程度和司机、旅客的舒适度，可用测振仪直接测得，也可根据实测的强迫振动频率和振幅(如图6-9所示)由式(6-9)计算得出。

$$a = 4\pi^2 f^2 \cdot A \tag{6-9}$$

式中 f——强迫振动频率，次/s；

A——振幅，cm。

振动加速度应区分部位，给出最大加速度对应的临界速度。

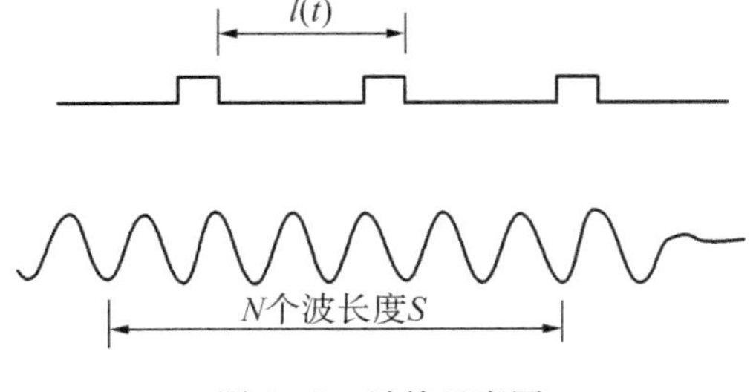

图6-9 计算示意图

(4)系数与曲线

①根据不同车速的活载冲击系数绘制活载冲击系数与车速的关系曲线，并求出活载冲击系数最大值(应区分桥跨的不同部位)。

②动力系数与受迫振动频率的关系曲线。

③车速与受迫振动频率的关系曲线。

④卸载后（车辆出桥后）的结构自振频率。

（5）振型曲线

将桥跨结构分为若干区段，在区段的中间或区段的分界处设置拾振器，测取同一瞬间各测点处的振幅和相位差，即可点绘出振型曲线。一般情况下，实测混凝土桥跨结构前三个振型对桥跨结构的动力特征研究较有意义，特别是第一、二振型。

（6）结构的自振特性

结构的自振频率可根据桥梁承受冲击荷载后产生余振的动应力、动挠度或振动曲线分析而得，也可根据桥上无车时的脉动曲线分析而得，两者应能吻合。当激振荷载对结构振动具有附加质量影响（如用汽车跳车或落锤激振）时，应采用下列近似公式求得自振周期。

$$T_0 = T\sqrt{\frac{M_0}{M_0 + M}} \tag{6-10}$$

式中　T_0——修正后的自振周期；

T——实测有附加质量的周期；

M——车辆的附加质量；

M_0——跳车或刹车处，结构的换算质量。

结构的换算质量，可用装载不同质量（M_1、M_2）的重车进行跳车或刹车，分别实测自振周期 T_1 和 T_2，并按式（6－11）求得 M_0。

$$M_0 = \frac{T_1^2 M_2 - T_2^2 M_1}{T_2^2 - T_1^2} \tag{6-11}$$

（7）结构的阻尼特性。

若实测得到车辆驶离桥梁后，桥梁结构的自由衰减振动（见图 6－10）。由波形上量得的振幅 y_n，y_{n+1}，…，y_{n+m}和求得的周期 T，根据式（6－12）可计算出阻尼特性系数。

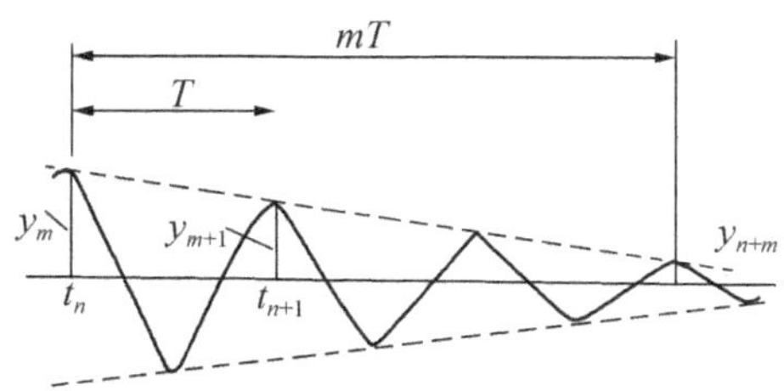

图 6－10　阻尼自由衰减的时程曲线

$$v = \frac{1}{mT}\ln\frac{y_n}{y_{n+m}} \tag{6-12}$$

平均阻尼比 ξ：

$$\xi = \frac{v}{\omega} = \frac{1}{2\pi m}\ln\frac{y_n}{y_{n+m}} \tag{6-13}$$

式中 m——振幅 $y_n \sim y_{n+m}$之间波形数；

T——周期，波形振动一周的时间，s；

y_n，y_{n+m}——m 个波的初始和终结振幅；

$\overline{\omega}$——衰减振动圆频率。

与不同振型对应的阻尼比是结构的重要参数，应进行认真分析。产生阻尼的原因有：材料的内阻尼、结构构造及支座型式、环境介质等。一般来说，桥梁结构的阻尼值难以计算，只能通过实测获得。

(8)结构的振动形式(振动弹性曲线)。结构的振动形式表示沿桥跨各测点的振幅和振动的相应关系。

(9)结构各部分的振动速度和加速度的分布图。

(10)桥梁横向振动的资料。对于横向振动，应给出横向有载、无载和强迫振动的自振频率以及强迫振动时的最大横向振幅。横向自振频率对刚度较小的桥梁特别重要，尤其宽跨比小于1/20者，测量时必须给予高度重视。

6.5 桥梁安全监测系统(在线监测)

桥梁安全监测系统主要是对桥跨结构安全性能指标进行监测，通过对桥梁进行健康监测，反映桥梁结构在正常交通荷载和环境作用下的结构响应和力学特征，分析桥梁的结构健康状态，评估结构的可靠性，为桥梁的管理与维护提供科学依据。

桥梁安全监测系统对桥梁在各种环境与运营条件下的跨梁的扰度、桥面的裂缝、关键桥墩的倾斜等参数进行实时自动监测，对各监测项目根据要求进行数据采集、存储和查询；对大桥关键构件(或部位)应力(或变形)进行超界的多级预警，并可通过监测数据的分析处理对结构异常情况进行自动诊断。通过桥梁健康监测，能评估桥梁健康状态，为运营养护部门提供桥梁状态信息，为桥梁的日常养护、检测、维护、加固及维修提供依据。

桥梁监测主要对重点桥梁进行结构监测，结构动态特性监测，气象监测和(或)视频监测。桥梁安全监测项目一览表如表6－1所示。

表6－1 桥梁安全监测项目一览表

监测内容	监测参数	监测方式	部位
环境监测	温度(环境温度、结构温度)	温度传感器或应变计等自带的温度传感器	结构附近或结构内部
	风速	风速仪	结构空旷处
	温度或氯离子含量等	温度计，CL－测试仪	结构附近

续表 6－1

监测内容	监测参数	监测方式	部位
变形监测	沉降	特殊的可采用 GPS 监测	桥墩、桥塔等位置
	挠度	压差式变形测量用传感器等	桥面
	倾斜	盒式固定测斜仪	桥墩、桥塔等高耸结构
	相对变形	位移计或裂缝计等	桥台、伸缩缝等位置
应力/应变监测	混凝土表面应变	表面式应变计	梁身、桥塔、桥墩等
桥梁振动监测	桥梁固有频率、振动大小等	振动传感器、振动采集设备	桥塔、桥墩、桥身等
索力监测	拉索、吊杆预应力等索力	振动法、磁通量等	拉索暴露部分
其他	材料参数	弹性模量等	—
	裂缝	裂缝计	裂缝发生部位

结构监测：主梁挠度、墩柱倾斜值、支座位移、结构体裂缝、应力应变监测等。

气象监测：主要是桥梁所在位置的降水量和大气条件，温湿度、气压、风等。

振动监测：主要监测桥梁在三方向所受的振动情况，自振特性及索力监测等。

视频监测：监测桥梁路面车辆运营的情况。

较完备的在线监控系统一般由三个系统组成：数据采集子系统、数据处理子系统、评估分析子系统，见图 6－11。

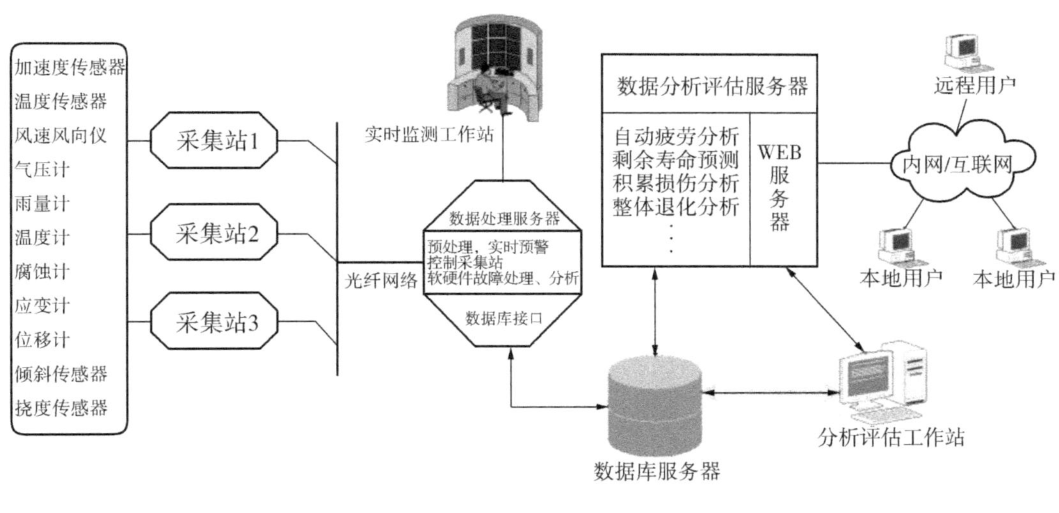

图 6－11　桥梁在线监测系统

(1)数据采集子系统

数据采集子系统是桥梁健康监测系统的数据源，提供实时处理和离线处理需要的所有数据。根据桥的长度和传感器的多少确定采集站的多少，传感器信号经过调理接到数据采集子系统，由数据采集子系统发到数据处理子系统进行处理分析。

(2)数据处理子系统

数据处理子系统将作为服务端软件部署在监控室。主要包括与采集站的通信接口，把各个数据采集子系统的数据通过光纤网络集中到监控中心，对数据进行预处理，并与预警阀值进行比较；将各类软硬件错误、警告信息进行分类；把处理后的数据存入数据库；控制采集站的状态，对采集参数进行配置；将一些主要的参数发送到监测工作站大屏幕供值班人员实时监看。

(3)评估分析子系统

评估分析子系统主要用于按照历史数据用评估模型对桥梁的整体状况进行周期性自动分析并生产报表，如剩余寿命预测、积累损伤、结构构件和整体性能退化规律、抗力衰减等自动预警；同时提供数据离线分析，为桥梁正常运营或维护提供准确的参考信息。

思考题

1. 应如何测量钢筋混凝土梁的抗剪性能，怎样布设测点？如何计算？
2. 简述桥梁荷载试验的目的，桥梁静、动载试验的主要测试内容。
3. 桥梁裂缝如何界定？
4. 钢筋混凝土简支梁桥梁体常见裂缝有哪几种？裂缝多发部位的特征、原因是什么？
5. 预应力混凝土梁桥、悬臂梁桥、连续梁桥常见裂缝多发部位的特征、原因是什么？
6. 混凝土桥梁结构重点检查部位的确定原则是什么？
7. 简述桥梁结构动力性能分析评价内容。
8. 常见梁式桥和拱式桥静载试验时应考虑哪些加载工况？应变和位移的测点应如何布置？
9. 桥梁静载试验时为何要进行分级荷载，如何控制加载稳定时间？确定终止加载的条件是什么？
10. 桥梁动载试验时需用哪些主要设备？测试系统如何选配？
11. 桥梁的模态参数(频率、振型、阻尼比)对桥梁整体受力性能有何意义？
12. 如何测试桥梁的冲击系数？
13. 对桥梁荷载试验的结果如何进行桥梁承载能力的评定？
14. 分析比较在不同支承条件下梁的主振型及其特点。
15. 主振型测定试验中，将激振器安放在梁的不同位置时，其实测振型结果将如何？
16. 某简支梁桥计算跨径为 19 m，桥面宽为净 7.5 m，跨中截面设计控制内力为 4 290 m，今以 800 kN 标准平板挂车进行静载试验，求静载试验效率 η_q。该平板挂车是否满足静载试验的需要？

第7章　桥梁模型试验

7.1　模型制作相关理论

结构试验中所指的模型，是仿照原型(真实结构)并按照一定比例关系复制而成的代表物，它具有原型的全部或部分特征。通过对模型的试验，可以得到与原型相似的工作情况，从而可以对原型的工作性能进行了解和研究。模型试验一般包括模型设计、制作、测试和分析总结等四部分内容，而中心问题是如何设计模型。为了使模型试验的结果能与原型联系起来，进行模型设计时必须遵循一定的规律，即应根据相似理论来设计模型。

7.1.1　模型试验的相似误差及修正

(1)模型试验的相似误差

为了使模型能再现原型的特性，即根据模型试验的结果能精确反求原型的情况，要求模型与原型之间遵循相似准则；同时我们知道，在许多情况下模型是无法满足严格相似条件的。例如在动力试验时，一般要求模型材料具有高容重、低弹模、小阻尼等特性，这些条件很难同时获得满足。这样从相似这一角度来看，模型就存在着误差。这种误差并非是由于试验量测技术所引起的，而是由于相似条件不能完全得到满足。把模型试验结果换算到原型上而产生的误差称为模型试验的相似误差。对于模型与原型之间不存在严格相似关系而存在相似误差的情形，在根据模型试验预计原型时，必须对相似误差的影响进行估算修正。下面叙述如何对相似误差进行修正。

我们可以将描述模型与原型结构状态的参数分成两类：一类是已知状态参数——几何尺寸、材料强度，也可称为特征参数$\{M_0\}$、$\{P_0\}$；另一类是未知状态参数——结构的极限强度、位移、动力响应等是试验要求了解的参数，可称为响应参数$\{M_1\}$、$\{P_1\}$。

模型试验的目的在于：在直接由原型特征参数$\{P_0\}$的状态，求原型响应参数$\{P_1\}$较为困难的情况下，将原型特征参数经相似关系的变换转化为模型的特征参数$\{M_0\}$，通过模型在特征参数$\{M_0\}$状态下所进行的试验获得模型的响应参数$\{M_1\}$，再由模型的相似关系变换将$\{M_1\}$转化为原型的响应参数$\{P_1\}$，从而间接地获得原型结构的响应参数。

上述过程可以用以下关系式表达：

$$\{M_0\} = [S_0]\{P_0\} \tag{7-1}$$

$$\{M_1\} = F\{\vec{M}_0\} \tag{7-2}$$

$$\{P_1\} = [S_1]\{M_1\} \tag{7-3}$$

式(7－1)和式(7－3)中，$[S_0]$和$[S_1]$是相似转换矩阵，由严格满足相似关系的相似常数组成。

由式(7－1)通过相似转换矩阵可将原型参量转换为模型参量。

$F\{\vec{M}_0\}$是描述特征参数与响应参数之间关系的物理规律，表明响应参数是特征参数的函数，它可以由明确的函数来表达，也可通过试验来给出关系，式(7－2)表明$\{M_1\}$与$\{M_0\}$的函数关系。式(7－3)是由模型参数转化成原型响应参数。

如果我们将完全满足全部相似关系的模型叫作真实模型，其特征参数为$\{M_0\}$；将有一个或几个相似条件不能满足的模型称为失真模型，其特征参数为$\{\bar{M}_0\}$，则两者的差异表现为特征参数的差异：

$$\{\Delta M_0\} = \{\bar{M}_0\} - \{M_0\} \tag{7-4}$$

一般情况下，试验的模型都有一定程度的失真，其特征参数可以表示为：

$$\{\bar{M}_0\} = \{M_0\} + \{\Delta M_0\} \tag{7-5}$$

由模型试验所获得的响应参数为：

$$\{\bar{M}_1\} = \{F(\vec{M}_0 + \Delta\vec{M}_0)\} \tag{7-6}$$

由相似关系可知失真模型的响应参数$\{\bar{M}_1\}$与原型的响应参数之间不存在式(7－3)之间的关系，这样由失真模型响应参数$\{\bar{M}_1\}$按式(7－3)推算原型响应参数$\{P_1\}$也一定是不正确的。

(2)相似误差的修正

在失真模型试验结果的基础上，考虑失真模型与真实模型之间特征参数的差异$\{\Delta M_0\}$对所获得响应参数$\{\bar{M}_1\}$的影响并进行修正，使响应参数接近真实模型的$\{M_1\}$，并以修正后的模型响应参数按式(7－3)外推原型的响应参数$\{P_1\}$。

对包括相似误差的模型响应函数，用泰勒级数展开得：

$$\{M_1\} = \{F(\{\vec{\bar{M}}_0\})\} = \{F(\vec{M}_0 + \Delta\vec{M}_0)\} - \left[\frac{\partial F(\vec{M}_0 + \Delta\vec{M}_0)}{\partial\vec{M}_0}\right]\{\Delta\vec{M}_0\} \tag{7-7}$$

$$\{M_1\} = \{\bar{M}_0\} - \left[\frac{\partial F(\vec{M}_0 + \Delta\vec{M}_0)}{\partial\vec{M}_0}\right]\{\Delta\vec{M}_0\} \tag{7-8}$$

在试验中若模型某一特征参数的相似误差无法减小，而响应参数对此特征参数的影响较为敏感，可采用以上修正原则对失真模型的响应参数进行修正，然后再外推原型结构。

7.1.2 模型材料

准确地了解材料的性质及其对试验结果的影响，是成功地完成模型试验的先决条件。可以用来制造模型的材料很多，但是没有绝对理想的材料。因此，在选用材料时，应该先对它们有较全面的了解，在这个基础上比较它们的优缺点，然后才能进行选择。对模型材料的要求，原则上应该是：

①保证模拟的要求。即能满足模型设计中的相似准则，可以将模型上测得的物理量换算成原型结构上相应的物理量。

②保证量测要求。即能够产生足够的变形，使量测仪表有足够的读数，因此模型材料的弹性模量要适当低些。

③保证制作方便。即易于加工，价格便宜。

如果模型试验的目的在于研究弹性阶段的应力状态，则模型材料应尽可能与一般弹性理论的基本假定一致，即匀质、各向同性、应力与应变成线性关系和有固定不变的泊松比。模型材料可以与原型材料不同，常用的有金属、塑料、有机玻璃、石膏等。

如果模型试验的目的在于研究结构的全部特性，包括超载以至破坏时的特征，此时对模型材料的要求更加严格，通常采用与原型极相似的材料或与原型完全相同的材料来制作模型。

用于弹性模型试验的模型材料，从试验技术的角度来衡量，仍有许多值得探讨的具体问题。

7.1.2.1 影响模型材料的因素

(1)弹性模量

材料的弹性模量过高，将要求增加荷载量以便获得足够的变形来满足量测要求。由于增加了荷载，这时对于模型支座的刚度也提出了更高的要求，要尽力防止因支座刚度不足而影响模型内力和变形。而支座的刚度，总是相对于结构本身的刚度而言的，所以适当地降低结构本身的刚度，相对来说，就是提高支座的刚度。另一方面，如果材料的弹性模量过低，则结构本身的刚度过低，此时应变计或其他量测仪器本身的刚性就可能妨碍结构的变形，影响试验结果。

(2)泊松比

泊松比是一个无量纲物理量，模型和原型材料的泊松比必须相同才能满足相似准则的要求。如果泊松比不同，将产生模型相似误差，误差的大小视结构的受力情况而定。只有当法向应力所引起的变形与剪切变形之比在所考虑的结构体系的弹性特征中是一个重要因素时，泊松比的不同才会明显影响应力结构的确定。在板结构和壳体结构中剪切力和法向力的互相影响不能通过模型的几何参数修正来模拟，因此模型材料的选择，应该考虑泊松比的数值相同。

(3)徐变

一切用合成方法制成的材料都有徐变，即在荷载不变的情况下，变形随着时间的增加而增长，真正的弹性变形不应该包括徐变。徐变的影响虽然可以通过一些方法来补偿，但选用徐变小的材料，对于试验和量测总是有利的。

(4)导热性

当用粘贴式应变计如电阻片来量测应变时，导热系数有重要的影响，导热性差的材料，由于应变计升温而引起的误差也大。

(5)可加工性

模型材料易于加工，对于降低模型试验的费用非常重要。对于复杂的和形状不规则的结构，模型材料的选择将决定制造工艺的水平。很难找到一种理想的材料，既满足力学性能，又具有良好的加工性能。因此，选择材料时应结合模型试验的要求和具体的加工能力作全面的考虑。

7.1.2.2　常用的模型材料

(1)金属

金属的力学特性大都符合弹性理论的基本假定，如果对测量的准确度有严格的要求，则它是最合适的材料。在金属中，常用的有钢材和铝合金，而铝合金占有特别重要的地位。铝合金允许有大的应变量，它有良好的导热性能和较低的弹性模量。钢和铝合金的泊松比均为0.30，比塑料更接近混凝土的泊松比。

金属的弹性模量较塑料和石膏的都高，它要求用大的荷载进行模型试验，也要求有足够强度和刚度的支承系统。然而，由于金属模型的最大缺点是加工困难，因此用金属来做模型的并不多。

金属有时用于制作钢结构的模型，也用于分析简单的平板问题，金属平板易于制造，有各种厚度的商品出售，可以选用较薄的板来制作模型，使模型的支承结构和荷载装置、量测装置都得到简化。

(2)塑料

可以用来制作模型的塑料有很多种，热固性塑料如环氧树脂、聚酯树脂；热塑性塑料如聚氯乙烯、聚乙烯、有机玻璃。从力学的观点来看，所有的塑料都有共同点，塑料作为模型材料的最大优点是强度高而弹性模量低(为金属弹性模量的1/70～1/10)，且加工容易；缺点是徐变较大，弹性模量受温度变化的影响也大，泊松比(为0.35～0.50)比金属及混凝土的都高，且导热性也差。

塑料大量用来制作板、壳、框架以及其他形状复杂的模型，其中以有机玻璃用得最多。有机玻璃是一种各向同性的均质材料，弹性模量为2600～3200 MPa；泊松比为0.33～0.38；抗拉比例极限大于30 MPa。因为有机玻璃的徐变较大，试验时为了避免明显的徐变，应使材料中的应力不超过7 MPa，这样的应力已能产生2 000$\mu\varepsilon$以上的应变，对于一般的应变计已能保证足够的测量精度。

有机玻璃可以用一般的木工工具进行加工，可以用黏合剂黏合成整体。由于材料透明，连接处的任何缺陷都可以立即被检查出来。如果模型具有曲面，可以将有机玻璃加热到110℃软化，然后在模子上热压成形。有机玻璃有各种规格的板材、管材和棒材，给模型制作提供了方便。

除有机玻璃外，一般的光弹性材料也是很好的模型材料，如环氧树脂塑料等。环氧树脂塑料可在半流体状态浇注成形，然后固化。

将填充料混合到聚脂树脂或环氧树脂中，可以改善塑料的力学性能而保持良好的可加工性。例如在100份的环氧树脂中加入65份的铝粉(质量比)，则可使弹性模量从300 MPa增加到10300 MPa；泊松比从0.42降至0.32；徐变量降至原来的10%；导热性能大大增加。近年来对于填充料的种类及其配合比都进行了研究，提出了各种配方的数据，在制作模型时，可根据对模型材料的具体要求，参考这些数据再进行适当调整。

(3)石膏

用石膏制作模型，其优点是加工容易，成本较低。石膏的泊松比与混凝土的十分接近，弹性模量可以改变。其缺点是抗拉强度低，且要获得均匀和准确的弹性模量比较困难。

纯粹石膏的弹性模量较高，而且很脆，凝结也快，故用作模型材料时应掺入一些掺和料(如硅藻土、塑料或其他有机物)和缓凝剂来改善它的性能。例如，用石膏：硅藻土 =2：1；水与石膏之比为 0.8 ～3.0，则这种材料的弹性模量可以在 400 ～ 4000 MPa 之间任意调整，加入掺和料后，石膏在应力较低时是弹性的，应力达到一定程度便出现塑性。石膏被广泛地用来制作弹性模型，它也可以大致地模拟混凝土的塑性工作。配筋的石膏模型常用来模拟钢筋混凝土板壳的破坏形态(塑性铰的位置等)。

石膏模型可用调好的石膏浆注入尺寸准确的模子来制作。为了避免形成气泡，应先将硅藻土和水混合，过数小时后再加入石膏。试验过程中常发现浇注的模型其表面的弹性性能与内部的不同，因此，现在制作石膏模型是先将石膏浇注成整块，然后再进行机械加工。整块石膏应放在气温 35℃及相对湿度为 40% 的空调室内进行硬化养护，时间至少一个月。

(4)水泥砂浆

水泥砂浆被广泛地用来制作钢筋混凝土板壳等薄壁结构的模型，这时所用的钢筋是细直径的钢筋或用各种铁丝。

水泥砂浆的性能无疑与有大骨料的混凝土不同，但相对于上述已提到的几种材料来说，它毕竟还是比较接近混凝土的。

(5)细石混凝土

常常用模型试验来研究钢筋混凝土的弹性工作或极限承载力，目前制作这类模型的较理想的材料可算是细石混凝土了。小尺寸的混凝土与实际尺寸的混凝土当然有区别，例如收缩的影响，骨料不同对混凝土的影响等，不过这些差别在很多情况下是可以忽略的。

由于非弹性工作时的相似条件不易满足，而小尺寸混凝土力学性能的离散性大，因此，混凝土结构的模型比例不宜用得太小，一般采用 1/2 ～ 1/25。目前模型的最小尺寸(如板的厚度)可做到 15 ～ 20 mm，而骨料的最小尺寸不应超过这个尺寸的 1/3，这些条件都是选择材料和制作模型比例时应该考虑的。

7.2　桁架结构分类及特点

桁架桥一般由主桥架、上下水平纵向联结系、桥门架和中间横撑架以及桥面系组成。在桁架中，弦杆是组成桁架外围的杆件，包括上弦杆和下弦杆。连接上弦杆、下弦杆的杆件叫腹杆，按腹杆方向之不同又区分为斜杆和竖杆。弦杆与腹杆所在的平面就叫主桁平面。大跨度桥架的桥高沿跨径方向变化，形成曲弦桁架；中、小跨度桥梁采用不变的桁高，即所谓平弦桁架或直弦桁架。

桁架结构是由若干直杆组成的、一般具有三角形区格的平面或空间承重构件。在荷载作用下，桁架杆件主要承受轴向压力或拉力，从而能充分利用材料的强度，在跨度较大时可比实腹梁节省材料，减轻自重和增大刚度，故适用于较大跨度的承重结构（如屋架、支撑桁架、楼盖桁架梁、桥梁、吊车桥架）及高耸结构（如输电线路塔、无线电塔、卫星发射塔），其他如水工闸门、起重机架也可采用桁架。其缺点是制造时耗费劳动量和结构本身占用建筑空间较大。

桁架按力学性能分为静定桁架和超静定桁架，在房屋建筑中一般用静定桁架。按受力特征分为平面桁架和空间桁架，前者为杆件和荷载处于同一平面内，后者可以不在同一平面内。按所用材料分为钢桁架、钢筋混凝土桁架、预应力混凝土桁架、木桁架，以及钢与木组合桁架、钢与混凝土组合桁架。

按桁架外形分为三角形桁架、梯形桁架、平行弦桁架、多边形桁架。按所采用的腹杆形式分为斜腹杆桁架和无斜腹杆桁架即空腹桁架。常见的桁架结构如图 7－1 所示。

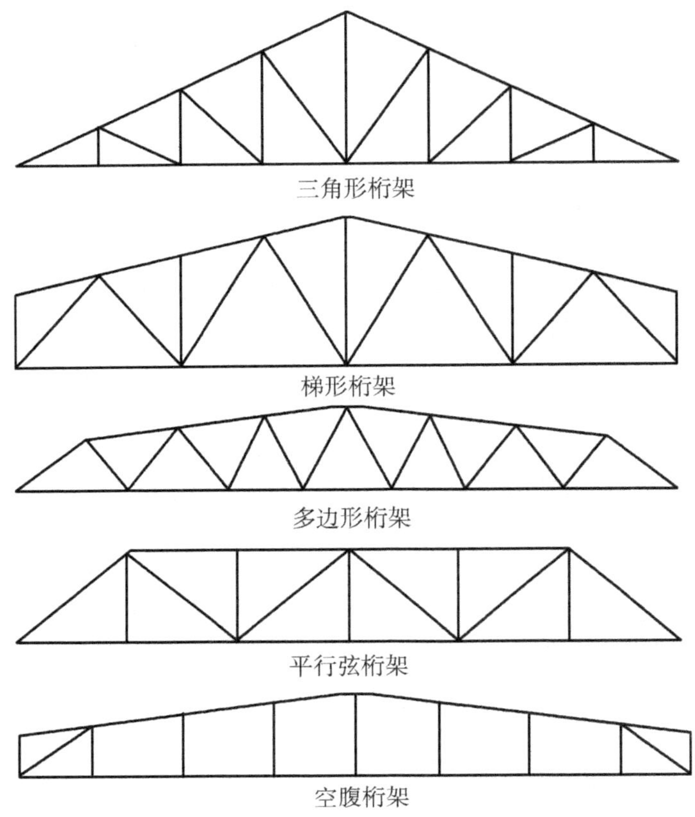

图 7－1　常见的桁架结构

(1)三角形桁架

在沿跨度均匀分布的节点荷载下，上下弦杆的轴力在端点处最大，向跨中逐渐减少；腹杆的轴力则相反。三角形桁架由于弦杆内力差别较大，材料消耗不够合理，多用于瓦屋面的屋架中。

(2)梯形桁架

梯形桁架与三角形桁架相比，杆件受力情况有所改善，而且用于屋架中可以更容易满足某些工业厂房的工艺要求。如果梯形桁架的上、下弦平行就是平行弦桁架，杆件受力情况较梯形略差，但腹杆类型大为减少，多用于桥梁和栈桥中。

(3)多边形桁架

多边形桁架也称折线形桁架。上弦节点位于二次抛物线上，如上弦呈拱形可减少节间荷载产生的弯矩，但制造较为复杂。在均布荷载作用下，桁架外形和简支梁的弯矩图形相似，因而上、下弦轴力分布均匀，腹杆轴力较小，用料最省，是工程中常用的一种桁架形式。

(4)空腹桁架

空腹桁架基本取用多边形桁架的外形，上弦节点之间为直线，无斜腹杆，仅以竖腹杆和上下弦相连接。杆件的轴力分布和多边形桁架相似，但在不对称荷载作用下杆端弯矩值变化较大。优点是在节点相交会的杆件较少，施工制造方便。

形式选择：从力学方面分析，桁架外形与简支梁的弯矩图相似时，上、下弦杆的轴力分布均匀，腹杆轴力小，用料最省；从材料与制造方面分析，木桁架做成三角形，钢桁架采用梯形或平行弦形，钢筋混凝土与预应力混凝土桁架以多边形或梯形为宜。桁架的高度与跨度之比，通常采用1/12～1/6，在设计手册和规范中均有具体规定。桁架的使用范围很广，在选择桁架形式时应综合考虑桁架的用途、材料和支承方式、施工条件，其最佳形式的选择原则是在满足使用要求前提下，力求制造和安装所用的材料和劳动量为最小。

平面桁架一般按理想的铰接桁架进行计算，即假设荷载施加在桁架节点上(如果荷载施加在节间时，可按简支梁换算为节点荷载)，并和桁架的全部杆件均在同一平面内，杆件的重心轴在同一直线上，节点为可自由转动的铰接点。理想状态下的静定桁架，可以将杆件轴力作为未知量，按静力学的数解法或图解法求出已知荷载下杆件的轴向拉力或压力。

工程用的桁架节点，一般是具有一定刚性的节点，而不是理想的铰接节点，由于节点刚性的影响而出现的杆件弯曲应力和轴向应力称为次应力。计算次应力需考虑杆件轴向变形，可用超静定结构的方法或有限元法求解。

空间桁架由若干个平面桁架所组成，可将荷载分解成与桁架同一平面的分力，按平面桁架进行计算，或按空间铰接杆系用有限元法计算。

根据桁架杆件所用的材料和计算出的内力，选择合适的截面应能保证桁架的整体刚度和稳定性以及各杆件的强度和局部稳定，以满足使用要求。

桁架的整体刚度以控制桁架的最大竖向挠度不超过容许挠度来保证；平面桁架的平面外刚度较差，必须依靠支撑体系保证。支撑系统有上弦支撑、下弦支撑、垂直支撑，它们和桁架共同组成空间稳定体系。

7.3 模型有限元计算

7.3.1 有限元理论

有限元法(Finite Element Method，FEM)，是计算力学中的一种重要的方法，它是20世纪50年代末60年代初兴起的应用数学、现代力学及计算机科学相互渗透、综合利用的边缘科学。有限元法最初应用在工程科学技术中，用于模拟并且解决工程力学、热学、电磁学等物理问题。对于过去用解析方法无法求解的问题和边界条件及结构形状都不规则的复杂问题，有限元法是一种有效的分析方法。

有限元法是把要分析的连续体假想地分割成有限个单元所组成的组合体，简称离散化。这些单元仅在顶角处相互连接，称这些连接点为节点。离散化的组合体与真实弹性体的区别在于：组合体中单元与单元之间的连接除了节点之外再无任何关联。但是这种连接要满足变形协调条件，即不能出现裂缝，也不允许发生重叠。显然，单元之间只能通过节点来传递内力。通过节点来传递的内力称为节点力，作用在节点上的荷载称为节点荷载。当连续体受到外力作用发生变形时，组成它的各个单元也将发生变形，因而各个节点要产生不同程度的位移，这种位移称为节点位移。在有限元中，常以节点位移作为基本未知量。同时，对每个单元根据分块近似的思想，假设一个简单的函数近似地表示单元内位移的分布规律，再利用力学理论中的变分原理或其他方法，建立节点力与位移之间的力学特性关系，得到一组以节点位移为未知量的代数方程，从而求解节点的位移分量。然后利用插值函数确定单元集合体上的场函数。显然，如果单元满足问题的收敛性要求，那么随着缩小单元的尺寸，增加求解区域内单元的数目，解的近似程度将不断改进，近似解最终将收敛于精确解。

用有限元法求解问题的计算步骤比较多，其中最主要的计算步骤如下：

(1)连续体离散化

首先，应根据连续体的形状选择最能圆满地描述连续体形状的单元。常见的单元有：杆单元、梁单元、三角形单元、矩形单元、四边形单元、曲边四边形单元、四面体单元、六面体单元以及曲面六面体单元等等。其次，进行单元划分，单元划分完毕后，要将全部单元和节点按一定顺序编号，每个单元所受的荷载均按静力等效原理移植到节点上，并在位移受约束的节点上根据实际情况设置约束条件。

(2)单元分析

所谓单元分析，就是建立各个单元的节点位移和节点力之间的关系式。现以三角形单元为例说明单元分析的过程。三角形有三个节点 i，j，m。在平面问题中每个节点有两个位移分量 u、v 和两个节点力分量 F_x、F_y。三个节点共六个节点位移分量可用列阵 $\{\delta\}e$ 表示：

$$\{\delta\}e = [u_i \ v_i \ u_j \ v_j \ u_m \ v_m]T \quad (7-9)$$

同样，可把作用于节点处的六个节点力用列阵 $\{F\}e$ 表示：

$$\{F\}e = [F_{ix} \ F_{iy} \ F_{jx} \ F_{jy} \ F_{mx} \ F_{my}]T \quad (7-10)$$

应用弹性力学理论和虚功原理可得出节点位移与节点力之间的关系：

$$\{F\}e = [k]e\{\delta\}e \quad (7-11)$$

式中　$[k]e$——单元刚度矩阵。

(3)整体分析

整体分析是对各个单元组成的整体进行分析。它的目的是要建立起一个线性方程组，来揭示节点外荷载与节点位移的关系，从而用来求解节点位移。有了式(7-11)，就可用节点的力平衡和节点变形协调条件来建立整个连续体的节点力和节点位移的关系式，即

$$[K]\{\delta\} = \{R\} \quad (7-12)$$

式中　$[K]$——整体刚度矩阵；

$\{\delta\}$——全部节点位移组成的列阵；

$\{R\}$——全部节点荷载组成的列阵。

在这个方程中只有$\{\delta\}$是未知的，求解该线性方程组就可得到各节点的位移。将节点位移代入相应方程中可求出单元的应力分量。

用有限元法不仅可以求结构体的位移和应力，还可以对结构体进行稳定性分析和动力分析。

例如，结构体的整体动力方程

$$[M]\{\delta\} + [C]\{\delta\} + [K]\{\delta\} = \{F\} \quad (7-13)$$

式中　$[M]$——整体质量矩阵；

$[C]$——整体阻尼矩阵；

$[K]$——整体刚度矩阵；

$\{\delta\}$——整体节点位移向量；

$\{F\}$——整体节点荷载向量。

求出结构的自激振动频率、振型等动力响应，以及动变形和动应力等。另一方面，在对大型结构的分析中(如飞机、桥梁等)，普遍采用子结构法、p 型或 h 型有限元模型以及边界元法，从而提高了计算速度，降低了计算工作量。

7.3.2　有限元建模要点

(1)有限元建模的准则

有限元建模的准则是根据工程分析的精度要求，建立合适的，能模拟实际结构的有限元模型。在连续体离散化及用有限个参数表征无限个形态自由度过程中不可避免地引入了近似，为使分析结果有足够的精度，所建立的有限元模型必须在能量上与原连续系统等价。具体准则如下：

①有限元模型应满足平衡条件；

②必须满足变形协调条件；

③必须满足边界条件；

④刚度等价原则；

⑤认真选取单元，使之能很好地反映结构构件的传力特点，尤其是对主要受力构件

应该做到尽可能地不失真；

⑥应根据结构特点、应力分布情况、单元的性质、精度要求及其计算量的大小等仔细划分计算网络；

⑦在几何上要尽可能地逼近真实的结构体，其中特别要注意曲线与曲面的逼近问题；

⑧仔细处理载荷模型，正确生成节点力，同时载荷的简化不应该跨越主要的受力构件；

⑨质量的堆积应该满足质量质心、质心矩及其惯性矩等效要求；

⑩超单元的划分尽可能单级化并使剩余结构最小。

(2)边界条件的处理

对于基于唯一模式的有限元法，在结构的边界上必须严格满足已知的位移约束条件。例如，某些边界上的位移，转角等于零或者已知值，计算模型必须让它能实现这一点，对于自由边的条件可不予考虑。

(3)连接条件的处理

一个复杂结构常常是由杆、梁、板、壳及二维体、三维体等多种形式的构件组成。由于杆、梁、板、壳及二维体、三维体之间的自由度个数不匹配，因此在梁和二维体、板壳和三维体的交接处，必须妥善加以处理，否则模型会失真，得不到正确的计算结果。

在复杂结构中，还能遇到各种各样其他的连接关系，只要将这些连接关系彻底弄清，就能写出相应的位移约束关系式，这些关系式我们称之为构件间复杂的连接条件，同时在计算中使程序严格满足这些条件。

应当指出，在不少实用结构分析的有限元分析有限元程序中，已为用户提供输入连接条件的接口，用户只需严格遵守用户使用规定，程序将自动处理自由度之间的用户所规定的位移约束条件。

7.3.3 有限元软件计算实例

例 一桁架，结构为空间桁架结构，单面桁架尺寸如图 7－2 所示，杆件尺寸为：高×宽＝10 mm×6 mm，节点间连杆长为 150 mm，$F=4\,000$ N。（选用有限元版本 Midas Civil 2012）

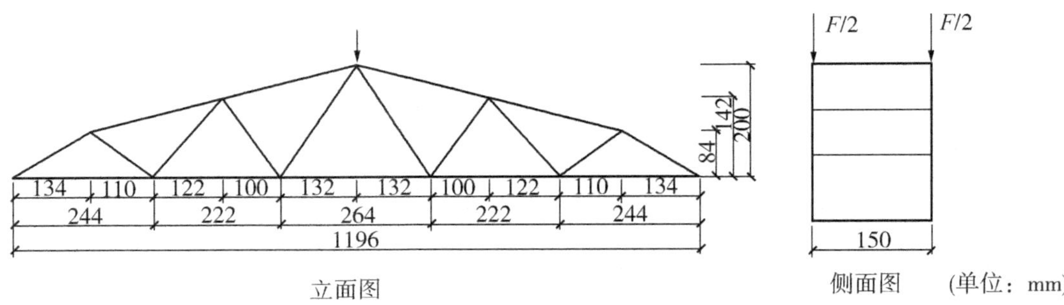

图 7－2 桁架实例

(1)设定操作环境及定义材料和截面

新建文件以“桁架分析 . mgb”为名存档；设定长度单位为“mm”，力单位为“N”，如图 7 - 3 所示 。

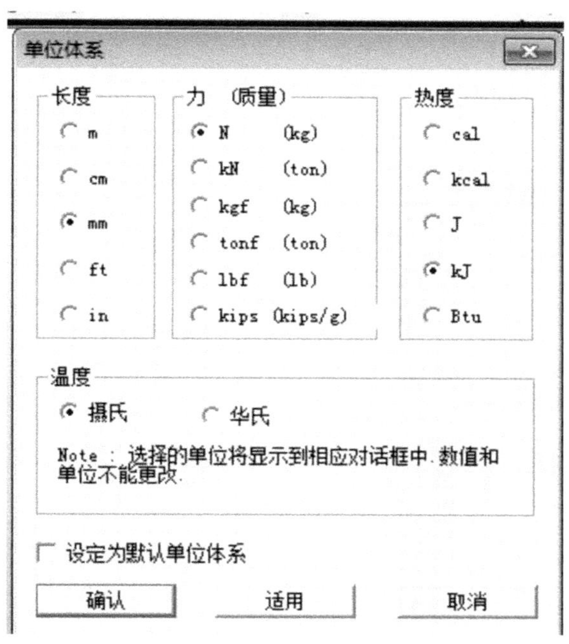

图 7 - 3　定义单位体系

菜单选择：特性→材料特性值→材料→添加。

新增材料数据：铝合金弹性模量 70 000 N/mm^2，泊松比 0. 36，如图 7 - 4 所示。

图 7 - 4　定义材料特性

菜单选择：特性→材料特性值→截面→添加。

新增截面数据：实腹长方形截面 $H=10\ \text{mm}$，$B=6\ \text{mm}$，如图 7－5 所示。

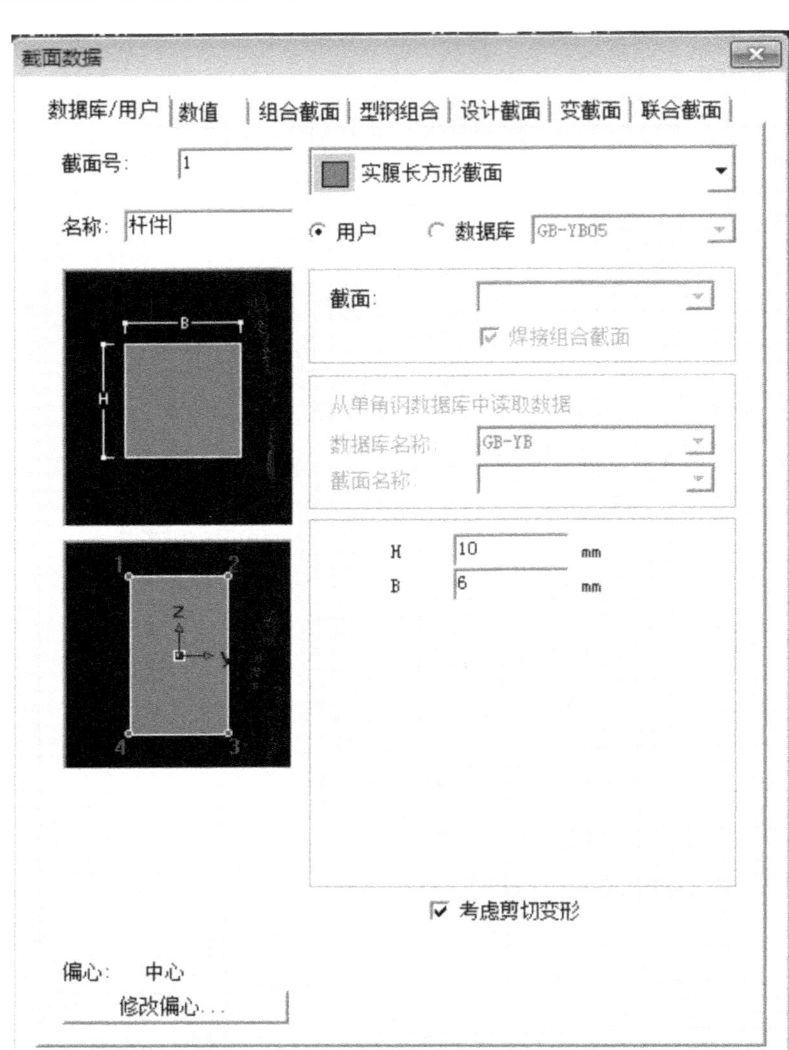

图 7－5　定义截面特性

(2)建立桁架结构

在 AutoCAD 上画好桁架结构。

主菜单→导入→导入 AutoCAD DXF 文件。

选择图层，选择材料和截面，如图 7－6 所示。

框选所有单元，等间距复制单元，如图 7－7 所示。

建立单元，鼠标点连横杆，建立横杆单元。

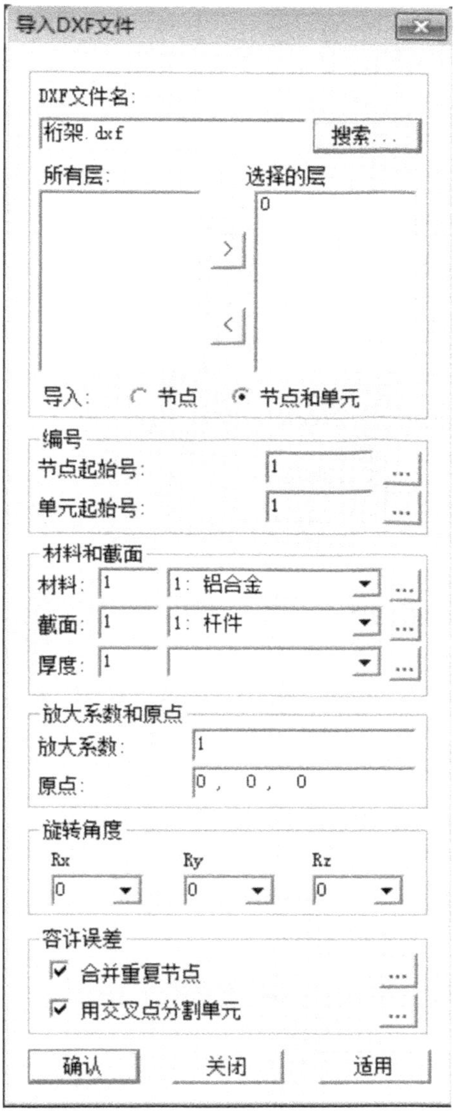

导入DXF文件
DXF文件名:
桁架.dxf
搜索...
所有层:
选择的层
0
>
<
导入: 节点 节点和单元
编号
节点起始号: 1
单元起始号: 1
材料和截面
材料: 1 1: 铝合金
截面: 1 1: 杆件
厚度: 1
放大系数和原点
放大系数: 1
原点: 0, 0, 0
旋转角度
Rx 0
Ry 0
Rz 0
容许误差
合并重复节点
用交叉点分割单元
确认 关闭 适用

图 7-6　导入结构

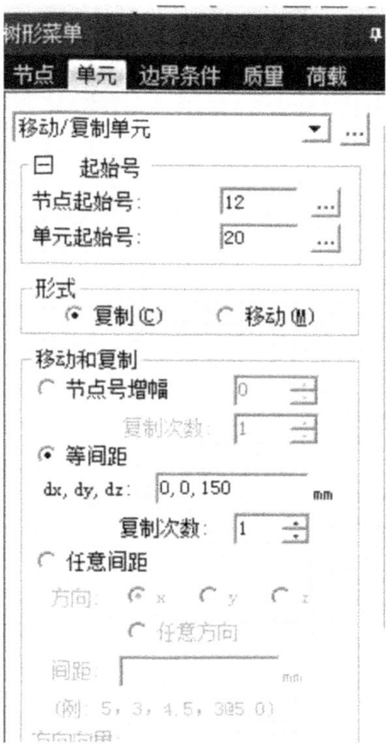

图 7-7　复制单元

在“树形菜单”项下定义单元类型，如图7－8所示。

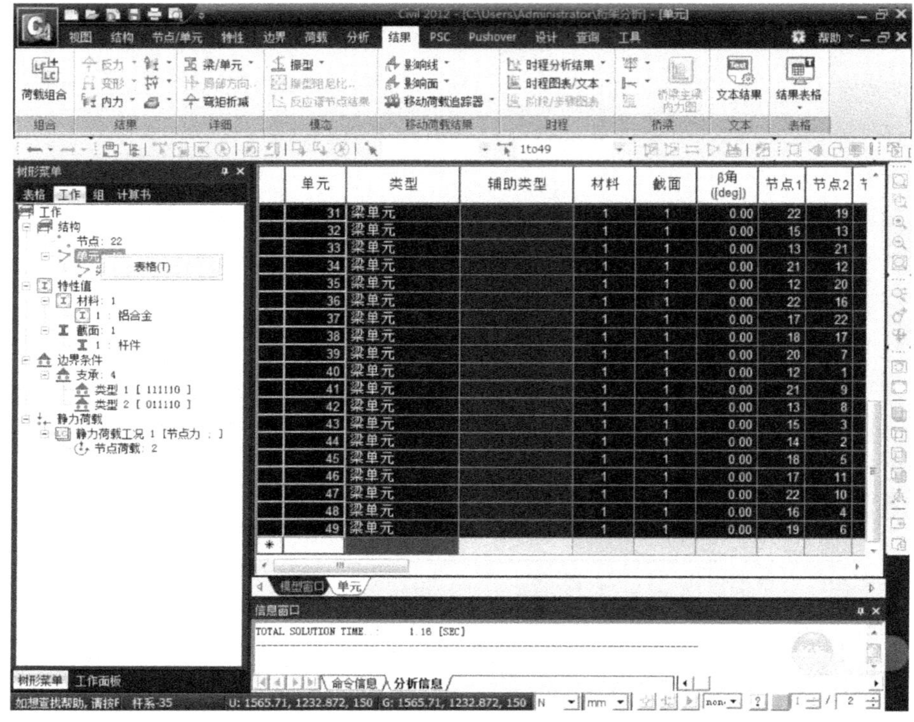

图7－8　单元类型

(3)定义边界条件

菜单选择：边界→边界条件。

桁架为简支，一边DyDzRxRy约束，另一边DxDyDzRxRy约束，点选对应节点定义边界，如图7－9所示。

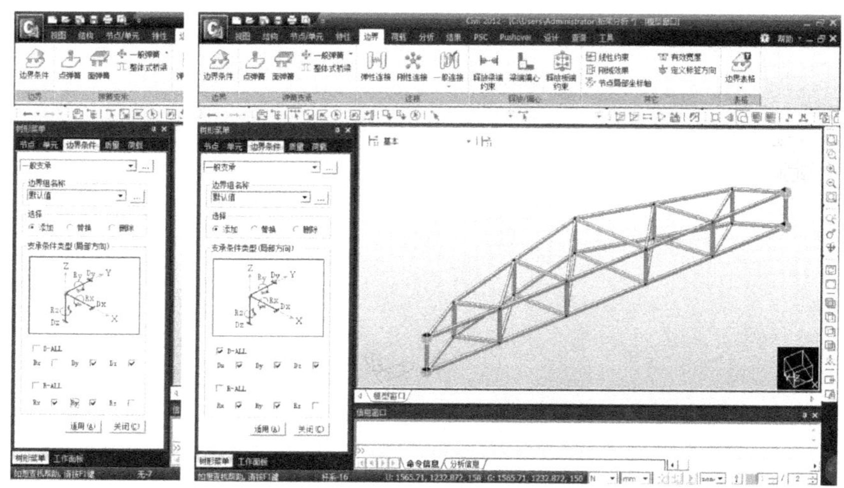

图7－9　定义边界条件

(4)施加荷载

菜单选择：荷载→静力荷载→节点荷载。

添加荷载工况，如图 7－10 所示。

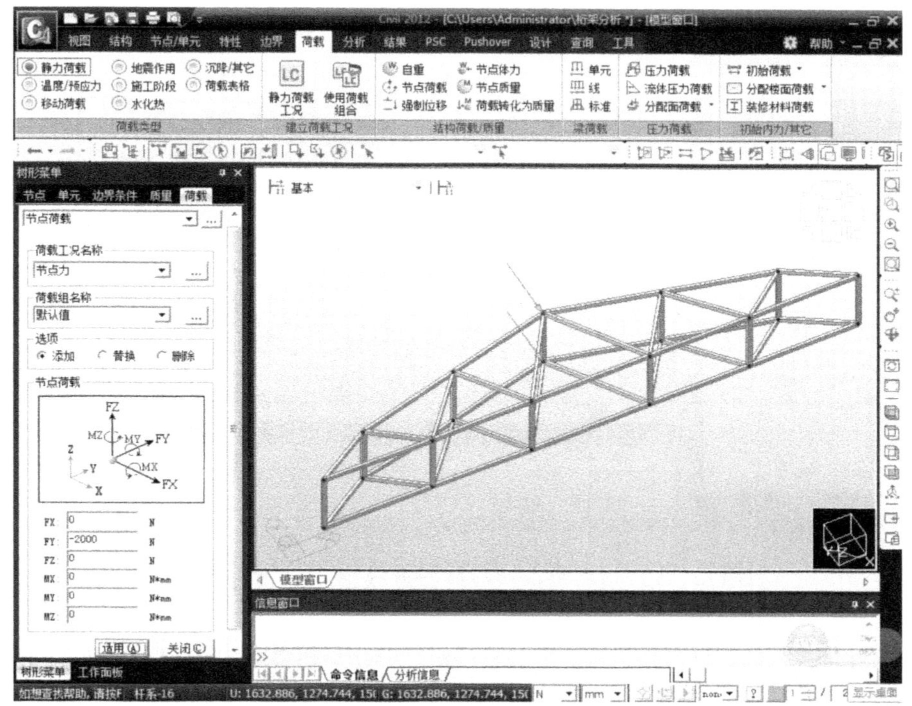

图 7－10　定义荷载工况

(5)运行分析

菜单选择：分析→运行分析。

(6)查看位移及应力

如图 7－11、图 7－12 所示。

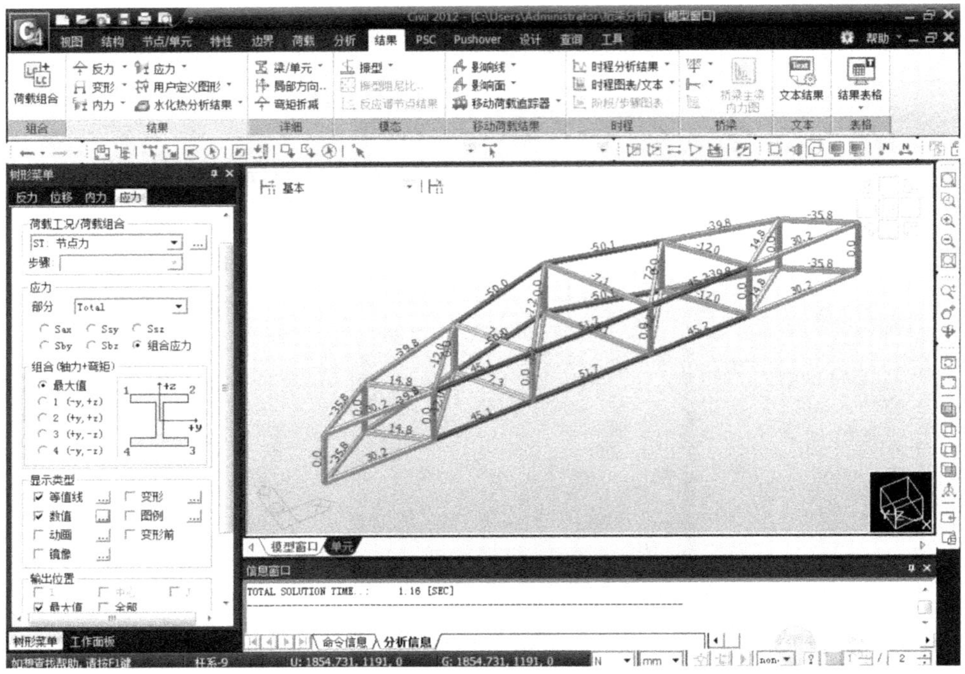

图 7-11　$F=4\,000$N，杆件(梁单元)应力(单位：MPa)

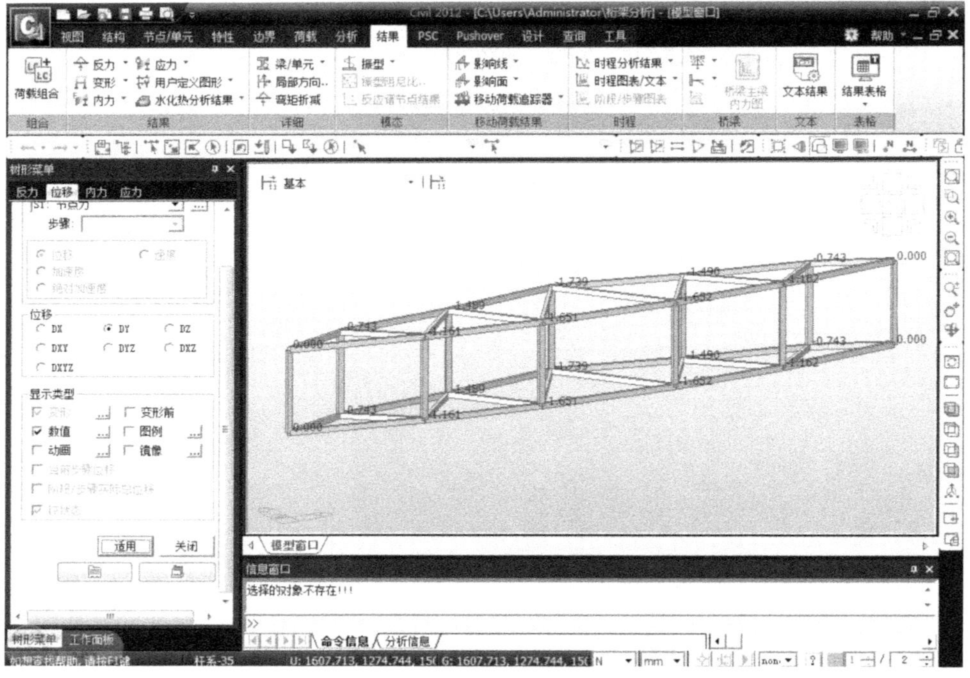

图 7-12　$F=4\,000$N，杆件(梁单元)位移图(单位：mm)

7.4　组合桁架创新性试验

7.4.1　试验简介

“组合桁架创新性试验”是从科研、工程领域的现实成果引入桥梁、钢架和建筑结构的计算与检测，结合模型的计算与试验，转化为本科创新探研与启发思维的“探索性试验”教学试验。

该试验无论从制作教具的构造模块，还是教学与实练技能方面都突出其仿真性、前瞻性和创新性、实效性。目前，作品已在土木工程(多个专业方向)、力学工程专业本科、硕士生课程教学中使用，满足各学科综合探索性和专业实用性的试验要求。

自行研制的综合型试验教具——组合桁架创新性试验台为可移动型，设有两套试验设备，外形尺寸 1340 mm × 720 mm × 1480 mm，主要由桁架结构梁与铰支反力支承座、导向自锁加载及测力机构和应变挠度测量系统等组成。详见表 7 – 1 ～表 7 – 3，图 7 – 13、图 7 – 14。

表 7 – 1　组合桁架创新性试验装置部件组成

序号	部件	构造组成	作用
1	装置总体	四轮小车移动，外形尺寸 1 340 mm × 720 mm × 1 480 mm，占地面积 0.96 m^2，总质量(含装备件)80 kg	占地面空间少，有两套独立试验装置
2	桁架结构梁与反力支承座	桁架梁(梁跨 1 200 mm、梁宽 200 mm) 铝质杆件、节点螺栓联固、梁端铰支反力支座	试验桁架梁(可变换用)
3	导向自锁加载机构	双导程蜗轮杆自锁转盘式加力机构	对桁架梁施加力
4	伺服自动加载器	伺服电机、手机智能控制	对桁架梁施加力
5	静态应力应变测试分析系统	DH3818(19 + 1)可兼测加载力值	力值、应变测量
6	静态应力应变测试分析系统(智能型)	DH3818N 手机智能控制(现代应用技术手段)	力值、应变、挠度测量
7	挠度测量仪器	GL – 25 型数显千分表　WBD – 25 机电百分表	挠度测量
8	精密数字测量仪	DS60H 精密数字测量仪	精密数字测量仪
9	S 型高精测力计	ZSL – A – 10kN 高精测力计(双输出)	力传感器
10	附设悬臂梁试验机构	简易悬臂梁试验设备	应变电测技术试验
11	其他	电脑　手机　磁性表座	测量配用

表7-2 组合桁架创新性试验装置的机构性能

序号	机构/仪器	性能	作用
1	桁架结构梁(试验梁)	形状构造、尺寸大小可调变	变换多种结构形状桁架
2	加载及测力系统	无级加载(范围0～1 kN)	缓慢无级加力
3	静态应力应变测试分析系统	加载力值，应变、挠度值测量显示	测取试验数据
4	千分表机	高精数显千分表(0～25 mm，0.001 mm)	测量挠度值
5	电百分表	电测百分表((0～25 mm，0.01 mm))	挠度值智能测控
6	精密数字测量仪(交/直流，便携)	重复性小于0.005% FS	精密数字测量仪
7	S型高精测力计	双输出，综合精度0.03%	力示值可双显示
8	附设悬臂梁试验机构	悬臂梁(应变电测技术“电桥”连接)	悬臂梁试验设备

表7-3 组合桁架创新性试验装置的教学功能

序号	试验功能	层次	试验项目
1	桁架梁结构仿真计算试验分析	计算验证	桁架梁模型的有限元“建模”计算与试验分析
2	桁架结构的承载性能比较	试验分析	桁架梁模型静载性能分析比较
3	变换支承条件的结构试验分析	试验探索	桁架结构反力支承性能试验分析(不同支承构造)
4	结构的优化与改进研究	优化研究	桁架梁构造(形状、材料)优化与改进研究
5	结构异变的计算与测试分析	探索分析	结构损伤模型计算与试验探索分析
6	悬臂梁试验	试验验证	悬臂、等强度梁试验(应变电测“桥路”连接试验)

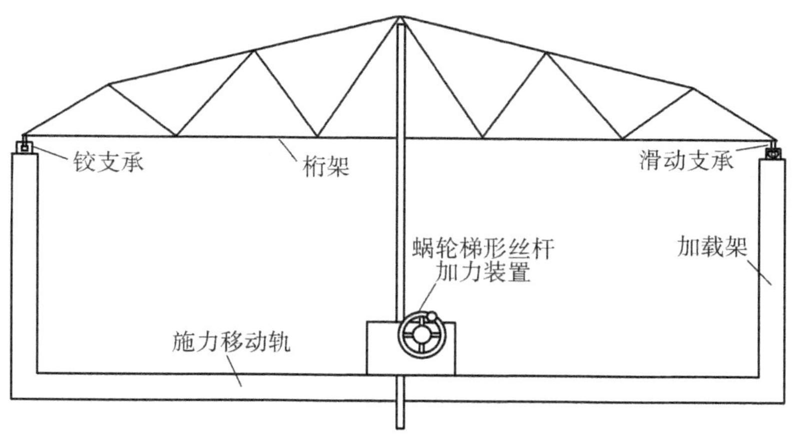

图 7－13　组合桁架创新性试验装置结构图

图 7－14　组合桁架创新性试验装置实拍图

7.4.2　创新性试验的教学模式

本试验以项目开放、创新试验教学模式为试验体系，可满足本学科相关专业课程的教学要求，使学生的专业操作技能水平得到显著提升，达到培育学生实践创新意识、研探思维和团队合作精神的目的。

组合桁架创新性试验呈现其直观、简实和透显的构造内涵，可激发学生主动参与，与试验教学模式一体，表现为：调动学生学习兴趣，启发学生独立思考，拓展学生逻辑思维；教师启发、学生动手，从而发挥和培养学生发现、分析和解决问题的能力，营造生动活泼、启发思考、创意发挥和能力提高的教学氛围，见表 7－4。

表 7－4　试验教学模式

<table>
<tr><th colspan="2">环节</th><th colspan="2">内容</th><th>方法(试验技术)</th></tr>
<tr><td colspan="5">1. 试验的计算、分析与验证</td></tr>
<tr><td rowspan="8">仿真计算与试验验证</td><td>结构模型</td><td colspan="2">自选模型(可自制作)</td><td>1.1 模型相似理论(形状、质量比例)</td></tr>
<tr><td>建模计算</td><td colspan="2">软件有限元建模型</td><td>1.2 边界、约束条件确定，模型计数值</td></tr>
<tr><td>模型试验</td><td colspan="2">对模型施加荷载</td><td>1.3 支承装置，分级加载</td></tr>
<tr><td>试验数据</td><td colspan="2">仪器测试采集</td><td>1.4 测取试验数据</td></tr>
<tr><td rowspan="3">分析验证</td><td colspan="2">数据分析</td><td>1.5 试验数据有效性，对比计算数值</td></tr>
<tr><td rowspan="2">建模验证</td><td>相符</td><td>1.6 推证建模合理性，模型承载特性</td></tr>
<tr><td>不符</td><td>建模计算假定边界条件不合理，返 1.2</td></tr>
<tr><td>判定符合</td><td colspan="3">1. 试验过程(环节)的可靠性
2. 经过软件建模计算→模型试验→试验值与计算值“拟合”(反复多次)，有限元建模、假设边界条件与实际受载构体的相符性</td></tr>
<tr><td colspan="5">2. 研究性试验</td></tr>
<tr><td rowspan="5">优化结构</td><td>模型优省</td><td colspan="2">模型结构优改</td><td>2.1 研探模型构造优化(节省材料)、建模</td></tr>
<tr><td>优改方案</td><td colspan="2">计算拟定试验</td><td>2.2 可行、实现性，优改模型计算</td></tr>
<tr><td>改型试验</td><td colspan="2">试验测取数据</td><td>2.3 测取试验数据</td></tr>
<tr><td rowspan="2">改型验证</td><td rowspan="2">合理性</td><td>相符</td><td>2.4 试验值与计算值“拟合”，结构优改成立</td></tr>
<tr><td>不符</td><td>优化建模计算假定边界条件不合理，返 2.1</td></tr>
<tr><td colspan="5">3. 探索性试验</td></tr>
<tr><td rowspan="4">探索研究</td><td>损伤模型</td><td colspan="2">模型设为损伤</td><td>3.1 模型构造置有损伤部位</td></tr>
<tr><td>损伤试验</td><td colspan="2">试验与采集数据</td><td>3.2 测取试验数据</td></tr>
<tr><td>分析数据</td><td colspan="2">比对分析</td><td>3.3 试验数据比对常态特性(建模计数值)</td></tr>
<tr><td>损部判别</td><td colspan="2">损伤部位确定</td><td>3.4 判断受损，确定部位</td></tr>
</table>

7.4.3　试验基本步骤

(1)试验前

方案拟定：根据给定试验任务和试验条件。

①从有限元建模计算；

②准备、实施；

③试验测试与数据采集；

④实测数分析与计算值的验证；

⑤桥模型结构优改方案等环节拟订方案。

有限元软件理论分析：充分考虑桁架实体，支承条件、支点、铝杆等的处理。对桁架进行假设，用有限元软件计算出应变理论值。

(2) 试验步骤

①准备：

应变测点连接在采集仪 CH1 ～ 19 通道；力传感器 1#线连接采集仪 CH20 通道，力传感器 2#线连接 2000 标准负荷测试仪。

“设置参数”将校准系数输入到仪器。

②采集：

开应变仪软件，设置参数，打开实时曲线、采集表格（仪器操作见附录一）。

初始清零（仪器调零），开始采集数据并观察曲线数据实时变化，并注意观察结构关键受力位置变形情况。详细见“附录一　试验仪器操作说明”中“DH3818 静态应变测试仪”（第 147 页）。

③加载：

按施力方向，缓慢旋转手轮（施力荷载≤1 000 N）。

初荷载：为了减少节点孔隙、加载杆螺纹间隙，消除结构非线性影响，可施加初荷载。

分级荷载：为了获得结构荷载与应变、变形的关系的连续曲线和防止结构意外损坏，荷载至少分五级，每级持载 2 min（荷载尽量保持不变）。

加载试验至少进行两次，验证其重复性。

④终止条件：

当发生下列情况时立即停止加载：

- 最大控制应力值超过容许值（本试验自定义≤600με）；
- 实测应变值较理论计算值偏大较多；
- 结构横向变形明显；
- 量测数据不断增大且不能稳定。

⑤记录数据

表格内容要有测点号，测点示意图，测点理论值，加载荷载，应变参数设定值（应变片电阻、导线电阻、灵敏度系数），各级应变读数、变形情况等。分析试验与理论差异原因，对于结构优化改进的思考。

7.5　变截面连续箱剪力滞后效应分析试验

7.5.1　试验简介

剪力滞后效应在结构工程中是一个普遍存在的力学现象，在对称弯曲荷载作用下，如果箱梁具有初等弯曲理论中所假定的无限抗剪刚度（即时变形的平截面假定），那么弯曲正应力沿梁宽方向是均匀分布的。但是，箱梁产生的弯曲的横向力（压应力）通过肋板传给翼板，而剪应力在翼板上的分布是不均匀的，在交接处最大，离开肋板逐渐减小，因此剪切变形沿翼板分布是不均匀的，从而引起弯曲时远离肋板的翼板的纵向位移滞后于肋板附近的纵向位移，所以其弯曲正应力的横向分布呈曲线形状，这种现象称为

“剪力滞效应”。

剪力滞造成的结果就是：腹板处的应力水平会高于或者低于初等梁理论算出来的平均应力。

剪力滞效应通常出现在T形、工形和闭合薄壁结构中如筒结构和箱梁，在这些结构中通常把整体结构看成一个箱形的悬臂构件。在结构水平力作用下引起弯曲时远离肋板的翼板的纵向位移滞后于肋板附近的纵向位移，从而使得翼缘框架中各柱子的轴力不相等：远离腹板框架的柱轴力越来越小，翼缘框架中各柱轴力呈抛物线形，同时腹板框架中柱子的轴力也不是线性规律。这就是一种剪力滞效应。

忽略剪力滞效应的影响，就会低估箱梁腹板和翼板交接处的挠度和应力，如1969—1971年在欧洲不同地方相继发生了四起箱梁失稳或破坏事故。事故发生后，许多桥梁专家对桥梁的设计和计算方法进行了研究和分析，提出这四座桥的计算方法存在严重缺陷，其中一项就是设计中没有认真对待“剪力滞效应”，因此导致应力过分集中造成桥梁的失稳和局部破坏。又如广东省的佛陈大桥、乐从立交桥、江湾立交桥、顺德立交桥、文沙大桥等出现桥梁翼板横向裂缝，据资料显示其主要原因是未考虑剪力滞效应，致使实际应力大于设计应力，不能满足翼板承载力的要求而出现裂缝。

（1）教学要求

本试验为综合试验，学生应掌握：

熟悉电阻应变测试技术；

测出箱梁各工况下的应力分布，研究其剪力滞效应。

（2）试验仪器

变截面连续箱梁桥模型见图7-15及图7-16，三跨连续箱梁（有机玻璃模型），加载台架、TDS303数据采集仪，S型力传感器、2000标准负荷测量仪、试验台座。

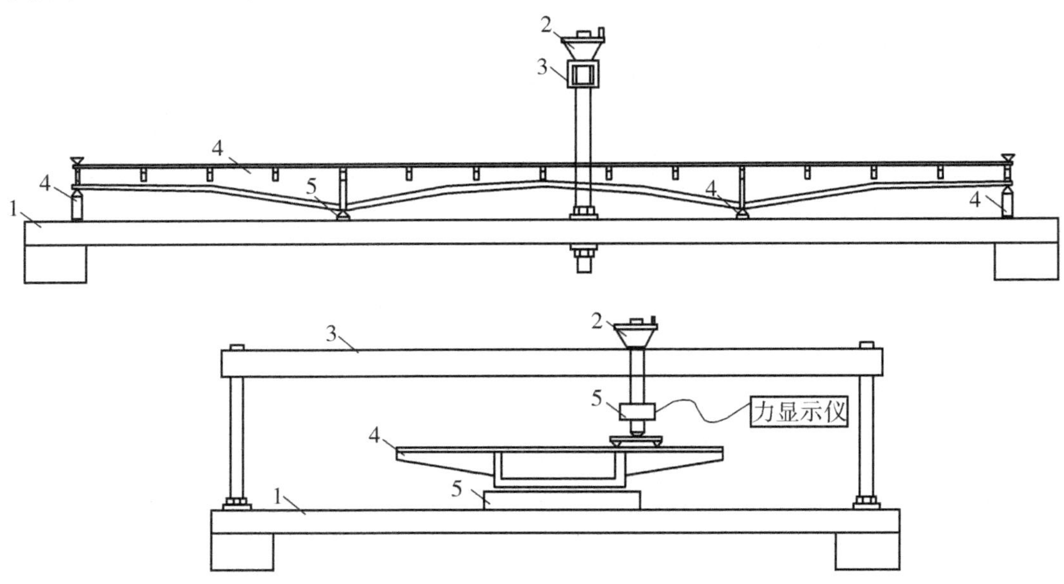

图7-15　变截面连续箱梁桥模型加载试验

1—台座；2—螺旋加载器；3—加载横梁；4—变截面连续箱梁桥；5—力传感器

图 7－16　变截面连续箱梁桥模型实图

(3)辅助试验

有机玻璃弹性模量与泊松比测定(图 7－17)，在哑铃状有机玻璃试件上粘贴纵横向应变片，通过张拉试件获得弹性模量与泊松比。

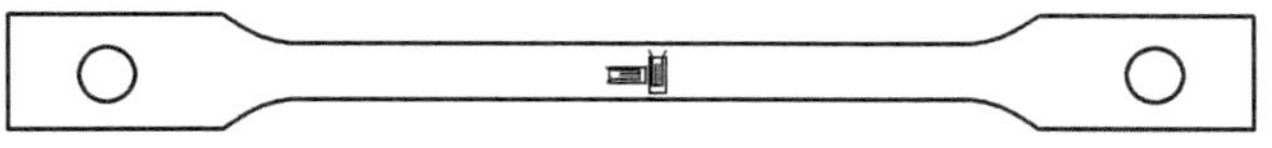

图 7－17　有机玻璃弹性模量与泊松比测定试件

7.5.2　试验基本步骤

(1)试验前

方案拟定：根据给定试验任务和试验条件。

①从有限元建模计算；

②准备、实施；

③试验测试与数据采集；

④实测数分析与计算值的验证。

有限元软件理论分析：充分考虑桁架实体，支承条件、支点、铝杆等的处理。对桁架进行假设，用有限元软件计算出应变理论值。

工况：加载控制值根据实桥对应截面公路－Ⅱ级荷载所产生最大弯矩值的，按应力相似原则比例加载，因为模型与实桥几何形状完全相似，根据应力相似原则由对应截面惯性矩比和实桥设计最大弯矩可求得模型测试弯矩值和所需的加载值。

三跨连续箱梁中跨的跨中截面施加荷载：

①施加垂直集中荷载(见图 7－18)。

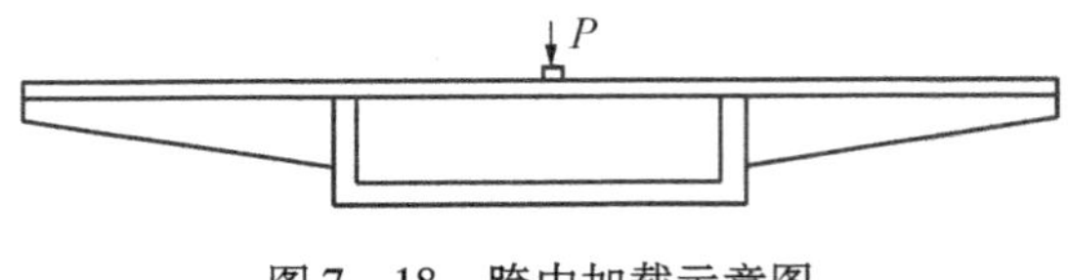

图 7－18　跨中加载示意图

②施加对称弯曲荷载（见图 7－19）。

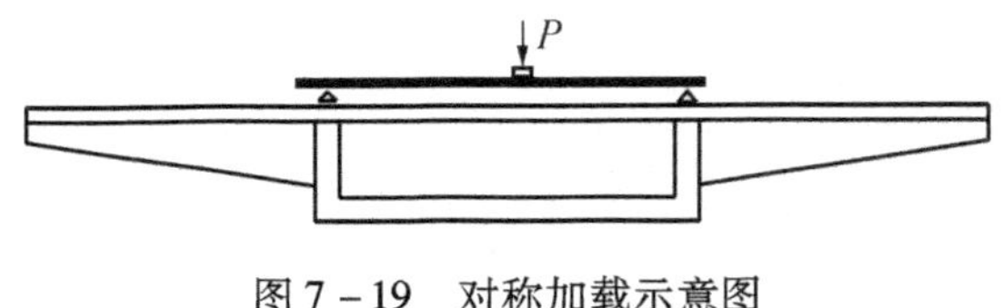

图 7－19　对称加载示意图

③翼沿施加垂直集中荷载（见图 7－20）。

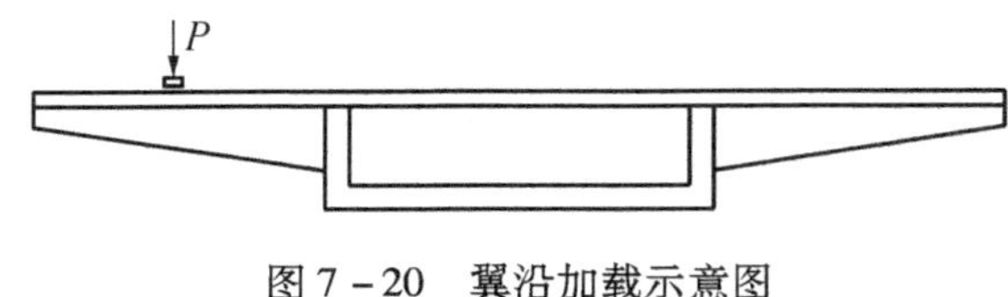

图 7－20　翼沿加载示意图

（2）试验基本步骤

①试验准备。

应变测点焊接在静态应变采集仪 TDS303（130 个测点）；接线方式为带补偿的 1/4 桥，设置参数（桥路方式，灵敏度系数等）并记录导线电阻，以备修正。

力传感器连接 2000 标准负荷测试仪，将校准系数输入到仪器。

②加载。

施力方式，试验期间室温基本保持在 18 ～ 20℃。加载时按施力方向，缓慢旋转手轮施加荷载。

初荷载：消除结构非线性影响，可施加初荷载。

分级荷载：为了获得结构荷载与应变、变形的关系的连续曲线和防止结构意外损坏，荷载至少分五级，每级持载 10 min（荷载尽量保持不变）。

加载试验至少进行两次，验证其重复性。

③终止条件：当发生下列情况时立即停止加载：

最大控制应力值超过容许值；

实测应变值较理论计算值偏大较多；

量测数据不断增大且不能稳定。

④记录：试验数据记录与分析，结构优化改进。

自制表格，记录数据，表格内容要有测点号，测点示意图，测点理论值，加载荷载，应变参数设定值（应变片电阻、导线电阻、灵敏度系数），各级应变读数、变形情况等。分析试验与理论差异原因，对于结构优化改进的思考。

⑤数据分析提示：试验数据值与有限元方法计算值；应变(应力)分布；荷载校验系数。

7.6　广州新光大桥教学模型探索性综合试验

7.6.1　试验简介

新光大桥教学模型引自工程实例，是试验教学方法与应用技术的深层次融会，是试验教学创新的亮点举措。模型运用现代桥梁检测与监测技术和结构研究与探索的空间，结合广州新光大桥实桥仿真而成，是试验与研究的综合功能试验平台。

新光大桥教学模型长 4 500 mm、高 1 500 mm、宽 220 mm，主拱长 2 520 mm，尺寸比例 1∶170，为三跨连续钢架拱桥，外形大气美观、仿真直观(见图 7－21)。适用于高水准试验项目试验，既可用于课程试验教学，又可供开展 SRP、挑战杯等科技活动和试验教研。

(1)试验模型的组成(见表 7－5)

表 7－5　广州新光大桥试验模型组成

序号	组部件	构造组成	作　用
1	大桥试验模型结构	①桩基部分(圆柱群桩台) ②桥墩部分(三角钢架型拱脚、工字形墩) ③主拱部分(拱圈、桥面板构造、竖向吊索系和水平拉索机构) ④副拱部分 ⑤行人道及护栏 ⑥其他(桥面配重砝码、柱间固定架等)	构成试验桥梁模型
2	振动激励系统	信号发生器、功率放大器、激振器、力传感器	模拟产生各种激振信号，驱动桥模型产生振动，从而获得结构振动响应
3	振动信号测量采集	数据采集系统(频响与结构的动力信号)、低频加速度传感器	加速度信号采集，振动特性分析
4	应变(位移)测量采集	数据采集系统(动态应变信号)	应变(位移)信号采集

续表 7 - 5

序号	组部件	构造组成	作　用
5	竖向拉索、水平拉索力值测试采集	数据采集系统（频率、动力值信号）、压阻式加速度传感器、涡流位移传感器、高精测力计	索力测试（频率法、测力计）
6	在线监测采集系统	在线监测采集控制器、在线监测采集通道卡	在线远程数据的监测与预警控制
7	实时视频监控	网络视频系统、摄像头	在线视频桥况的实时观察

图 7 - 21　广州新光大桥模型探索性综合试验实物

(2)试验模型的创新与特色(见表 7 - 6)

表 7 - 6　广州新光大桥试验模型的特色

序号	特征	特色描述
1	外观	专业与艺术的结合，激发学生的学习兴趣
2	综合	运用现代多种测试技术与试验方法，呈现现代桥梁检测技术浓缩的精华
3	自主	自选内容、自定方案、自约时间、自主完成，学生留有想象空间和创造力，培养创新实践思维与团队合作能力
4	探索	内容专业高质；指引学生思考、探索地解决问题，促进思维提升；强调运用知识综合性、科学性和实践性的同时，探索研究的拓展与延伸
5	开放	依照需求，选择内容，供教学、研究等层次的试验使用，既可为学生提供课程和开放性试验，亦可为教改、教研和科研提供支撑实践的平台

(3)试验模型教学与研究(见表 7 - 7)

表 7－7　广州新光大桥试验模型的教学与研究功能

序号	项目	类型	试验内容/研究功能	适用专业	相关课程
1	桥梁测试技术	综合性	①静力作用下结构应变测试； ②竖向吊索与水平拉索测定； ③固有频率测试和结构的动力响应分析	本科： 工程力学； 土木工程。 硕士： 桥梁与隧道工程；道路与铁道工程；建筑与土木工程；结构工程；防灾减灾工程及防护工程；固体力学	桥隧检测技术； 振动力学； 桥梁振动分析与测试； 大跨度结构施工监控； 结构试验与测试技术等
2	试验模型有限元分析	综合性 研究性	①试验模型有限元建模； ②仿真模型计算与试验模型的相似和比差分析（推证仿真模型的相符性）； ③仿真模型的差异偏离修正（试验分析数据对有限元仿真模型作相应合理的修正）		
3	桥梁健康远程监控	综合性 探索性	①桥梁实时健康监控方法的应用（监控桥梁模型的受力状态，如应变、变形模态等；实现模拟桥梁在线动态监测与健康的测评） ②模型结构损伤的探研（研究假定损伤对桥梁结构静、动力特征的影响，探索试验推定结构异变成因）		

7.6.2　创新性试验教学模式

探索性科研思维训练模式：

(1)仿真计算与试验分析（第一层次）

以结构模型计算与试验分析为例，具体包括如下内容：

①试验前准备：材料力学参数核准，测量传感器系数校准，采集参数设置等。

②结构模型分析：实体理论化，模型相似定律。

③结构模型计算：有限元软件计算。

④试验数据采集。

⑤数据整理分析。

⑥有效性分析：排除误差（测量手段，修正设置），与理论吻合（推断建模合理性与试验可靠性）；与理论不吻合（实体理论化缺陷——考虑结构简化合理性、节点刚度、支承条件等因素。修正理论模型，重复步骤(1) ②～⑤)，至差异在容许范围。

(2)优改方案试验（第二层次）

例如调整索力试验，具体包括如下内容：

①理论模型合理性条件下，按模拟现场施工器具的能力，简化调索顺序。

②比对方案(施工加载、移位变化、阶频改变等情形考量)。

③择优判断

(3)探索性拓展试验(第三层次)

例如桥型损伤测试分析与推判，具体包括如下内容：

①损伤结构(模型构造件模拟损伤)。

②损伤试验(试验与测量数据)。

③相关分析(结构模态"损伤"计算与数据分析识判)。

④损伤判别(损伤位置推判)。

7.6.3 试验基本步骤

(1)试验前准备

传感器布点(测振传感器、应变片)。

(2)应变测试试验步骤

①在软件中设置桥路方式、满量程、灵敏度。详细见"4.3.2 电阻应变片应变测定试验"(第 62 页)。

②通过砝码加载方式加载，等效最不利工况下承载弯矩。

③运用"6.3 桥梁结构静载试验"(第 103 页)的静载试验技术指标，进行结构的应力测试与特征分析。

(3)测试振动试验步骤

①在软件中设置上限频率、满量程、灵敏度、采样频率。

②打开信号发生器，产生扫频信号，采集数据，进行频谱分析、模态识别。

详细见"附录一　试验仪器操作说明"中"RJ45 振动应变测试分析仪"(第 151 页)及"5.1.6 简支梁模态试验"(第 89 页)。

(4)测量索力试验步骤

①在软件中设置上限频率、满量程、灵敏度、采样频率。

②轻敲激励拉索，采集涡流传感器数据，进行频谱分析。

详细见"附录一　试验仪器操作说明"中"RJ45 振动应变测试分析仪"(第 151 页)及"5.2.2 单索索力频率法测试试验"(第 96 页)。

思考题

1. 桁架荷载试验中，计算假设节点连接为光滑铰链连接妥否，为何？杆件是否为二力杆？杆件受力点是否都作用在节点上？

2. 简述结构模态测试的意义与试验过程。

3. 有限元软件计算中，如何模拟桁架节点有一定刚度的状况？

附录一　试验仪器操作说明

HT－9501 电液伺服试验机

以钢绞线拉伸试验为例。

(1)打开电源

按控制面板“启动”与“电源”按钮，旋转加载旋钮，升高试验机工作平台至红线。旋转加载旋钮退至刻度“5.0”。打开电脑，界面点击→[开始测试]进入主程序界面。

(2)设定

①引伸计连接数据线。鼠标左键点击→[两点延伸]下方→“◎”位选择→“[Gain10]”。

②点击[测试方法]→选“GB”。

③点击[试样资料]→选“钢绞线 15.20”。

④[上夹头]装夹钢绞线，界面点击→[荷重归零]。

⑤[下夹头]装夹钢绞线，调整钢绞线松紧，通过键盘→[Page Down]微调下降工作台，或“点”按操控面板→[Down](黄灯)，同时界面点击→[位移归零](多次清零)，使得钢绞线稍微绷直。

⑥测量夹头间距离 L(观察直尺)，并输入软件中界面→[试品资料]→[测试方法编辑]中[Mark length](最大长度)输入 L 数值，保存。

(3)安装引伸计

钢绞线中部安装引伸计(拆除固定针)。

(4)测试

界面点击→[测试]开始试验，且控制面板按[AUTO]“自动”(红灯亮)。试验处于自动测试。

(5)取卸引伸计

当引伸计达1%标距时，屏幕右上方闪烁“取引伸计”，此时将取下引伸计，然后按键盘空格键，测试继续。

(6)卸载

当加力使试件破损后(或加载达到预期值)，自控系统停止。控制面板按[AUTO]“自动”(灯亮)关闭。左旋旋钮，可卸载与降下工作平台。关闭试验机电源。

(7)记录

记取试验数据。关闭电脑电源，清理现场，工具复位。

EHC－3100M 静载锚固试验机

(1)启动

打开电源开关，按下控箱面板上[电源][启动]，打开油泵→按[前进]使油缸伸出15～20 mm，打开软件，在“最近试验”中选择[锚固静载试验]。

(2)设定

单击软件[新建测试]→在[试验组号]输入样品编号→输入“钢材数”，按[确定]。在屏幕右边输入[实测极限应力×效率系数]。

(3)安装

安装组装锚具与钢绞线，调整垫钢圈、锚板位置并居中同一轴线；调整木隔板厚度，使各根钢绞线松紧均匀；装放夹片，紧度适中，确保各根钢绞线拉紧度均衡；安装测量 a、b 夹具，并输入软件记存(初始值)。

(4)试验

在软件主菜单上按[运行]→按[100 MPa/min]加载。

①在 10% 总加载力时，量测组装件长度 L_0 并输入软件记存。

②加载达到每级力值时，“持载”后用深度游标卡尺量取 a、b，并输入软件记存。

③载荷达到 80% 后，持载 1 h，观测记录预应力筋位移量 Δ_a 及夹片位移量 Δ_b(若持载间数据不为“稳定”，表明已失去可靠锚固能力，即试验结束)。

④继续以低于 30 MPa/min 的速度缓慢加载(若持载间数据“稳定”)至组装件破损，记取相关数据。

(5)卸载(退锚)

卸载后，逐根锚孔退锚，各工具件归位，清理现场。

WAY－5000KE 压剪机

(1)启动

打开计算机、采集控制箱电源。[检查]确保进油管换阀、回油管换阀拨拉向“出”，溢油管阀拨转位“⊥”(与剪压机溢管同向)。

(2)设定

①双击显示软件图标，进入控制界面，在[样品信息]输入支座试样信息。

②界面[竖向控制]中[保压和极限测试]设保压 10 MPa 与速度；在[竖向控制]中[板式抗剪模量]设定速度与时间参数。

(3)调整

①在试验机[下压板]上放置支座试件(下)，调对居中。

②在[剪切板]上放置支座试件(上)，预调居中。

③控制面板按[上升]或[下降]，可升降调整“剪切机构”剪切板试件(上)与下压板试件(下)对位放置。

④通过调控试验机上压板和调控剪切机构剪压板试件(上)与试验机下压板试件(下)，使设备与支座同步对位“就座”处为合适可工作状况。

(4)试验

①竖向压力。在控制界面[竖向控制]中设[保压和极限测试]→按[开始]，施加竖向压力至10 MPa。

②剪压板端部安装水平位移计(两个)。

③施加剪力。在控制界面[竖向控制]中[板式抗剪模量]→按[开始]，即可施加水平剪力(1.0MPa)。

初试(2～3次)和试验3次，剪压机可自动记录相关信息和计算结果(亦可导入计算程序计算)。

(5)卸载

①抗剪试验结束后，先拆下水平位移计。竖向压力应缓慢卸载，[竖向控制]中[保压和极限测试]设置为可“慢减压”数值(递减数，设置多次)，使压力慢减至零。

②回油管换阀拨拉向“里”，工作台即可下降至导轨(复原位)。

③清理现场，工具等归位。

回弹仪与混凝土碳化深度测定

回弹仪在使用前需用硬度为钢砧(60HRC±2HRC)进行率定，率定值80±2。

①握仪垂直、手下压(使弹簧压缩)并按下凸钮即“锁定”。

②混凝土面平实，握仪垂直，瞬间放弹。

③回弹仪读数值应作修正。

④钻孔后干清粉尘，滴液沿孔边缘下浸。

⑤滴液变红区为未碳化，测量混凝土表面与红色间距离为碳化深度。

⑥混凝土强度推定值应有“碳化”修正。

TICO混凝土超声波仪

设定参数之后，操作检测仪，可直接在显示屏上读出裂缝深度。

①按[menu]。

②进入[Crack Depth]。

③把两换能器涂凡士林放在 b 位置并施加一定压力，输入两换能器距裂缝的距离 b。

④按[start]开始读 t_1。

⑤移动两换能器到 $2b$ 位置，按[print]开始读 t_2。

⑥记录裂缝深度 c 值。

CTS－35A 型非金属超声检测仪

(1)检测混凝土裂缝深度

进入[超声波测缝分析]，再按[设置]，再按[新建]文件，分别触按各项，按[编辑]更改内容。按[确认]保存并返回。

“起点”为第一次两探头的距离，“增量”为前后两次同探头移动距离。

按下[采样]后，仪器开始发射超声波并采样。用⇧、⇩键，划定干扰波不参与分析；按⊕、⊖键增益增加或减小；按⊖、⊖键可使波形移动。当仪器找到正确的首波时，按[返回]键，仪器停止采样。按[存储]键，存储当前所测得的声参量。数据出现异常，选中要剔除的测点，按[剔除]。

按照设好的测点数(次数)，测取不跨缝下不同距离的声波速度，测完后屏幕有提示框，按[确定]。按照设好的测点数(次数)，测取跨缝下声波声时值，按[确定]，测试完跨缝测点。

(2)检测缺陷

进入[超声波测缺分析]，再按[设置]。

测试参数包括通道选择、发射电压、采样周期(小于所测声时的1%)、测量起点(第一测点高度)、测量间距、采样长度、介质传输速度、跨距、增益、延迟长度。

[查看]选项可各位置测波的声时、幅度、声速、PSD等。

[分析]选项分析各次波形等。[频谱]选项可显示各次频谱等。

采集波形基本操作同(1)。

CT－RS61 一体式钢筋扫描仪

①标定(清零)。

进入[钢筋检测]中的[标定]，远离金属，按[确定]。

②混凝土厚度检验。

进入[钢筋检测]中的[厚度]界面，轻贴压混凝土面缓慢右移，当屏幕中心线与瞄准框中心重合，且线变红伴随蜂鸣声，表示检测到钢筋。仪器会显示并自动保存混凝土厚度。

③混凝土厚度、钢筋间距检验。

进入[钢筋检测]中的[波形]界面，轻贴压混凝土面缓慢右移，当屏幕中心线与瞄准框中心重合，且线变红伴随蜂鸣声，表示检测到钢筋。仪器会显示并自动保存混凝土厚度与筋距。

④筋径检验

进入[钢筋检测]的[直径]界面，移动仪器至钢筋正上方(屏幕中心线与瞄准框中心重合，且线变红伴随蜂鸣声)，按[确认]计算筋径、混凝土厚度。

⑤[钢筋检测]中的[网格]同功能1，[剖面]同功能2。

DH3818 静态应变测试仪

(1)采集与连接

按照说明书上应变计(电阻片)的连接(见附表1)进行。

附表1　应变计的连接

序号	用　途	现场实例	与采集箱的连接	输入参数
方式一	1/4 桥(多通道共用补偿片) 适用于测量简单拉伸压缩或弯曲应变	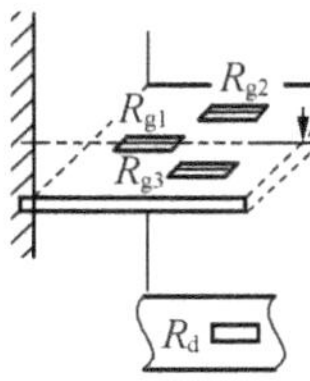 R_{g1} R_{g2} R_{g3} R_d	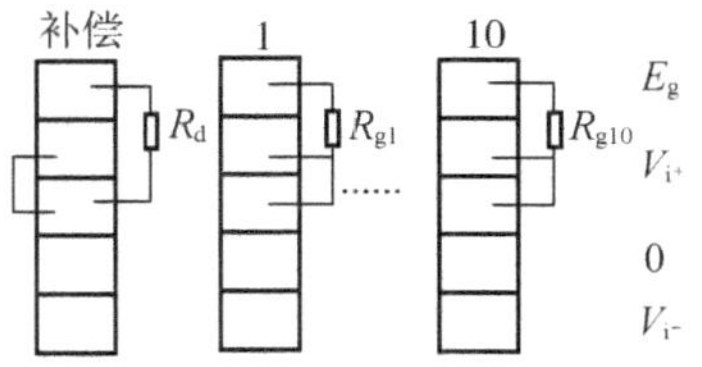 补偿 1 10 R_d R_{g1} …… R_{g10} E_g V_{i+} 0 V_{i-}	灵敏度系数 导线电阻 应变计电阻
方式二	半桥(1片工作片，1片补偿片) 适用于测量简单拉伸压缩或弯曲应变，环境较恶劣	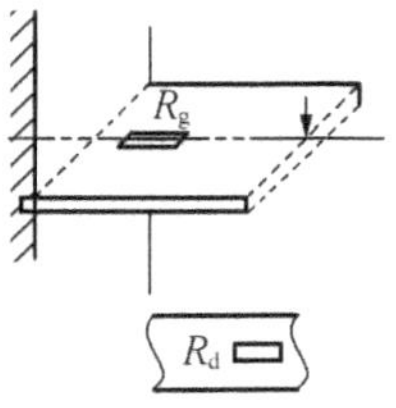 R_g R_d	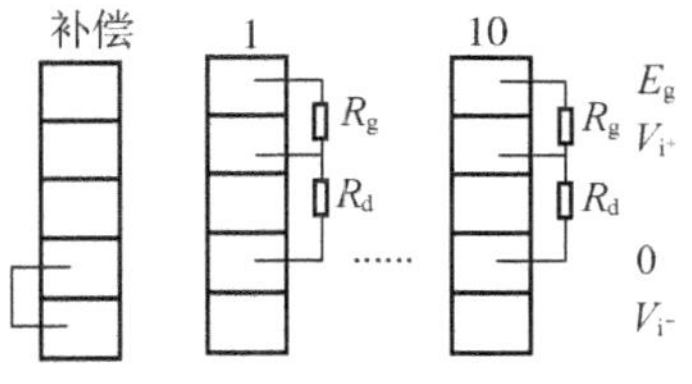 补偿 1 10 R_g R_d …… R_g R_d E_g V_{i+} 0 V_{i-}	灵敏度系数 导线电阻 应变计电阻
方式三	半桥(2片工作片) 适用于测量简单拉伸压缩或弯曲应变，环境温度变化较大	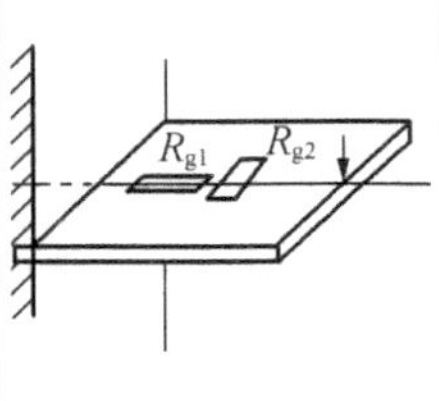 R_{g1} R_{g2}	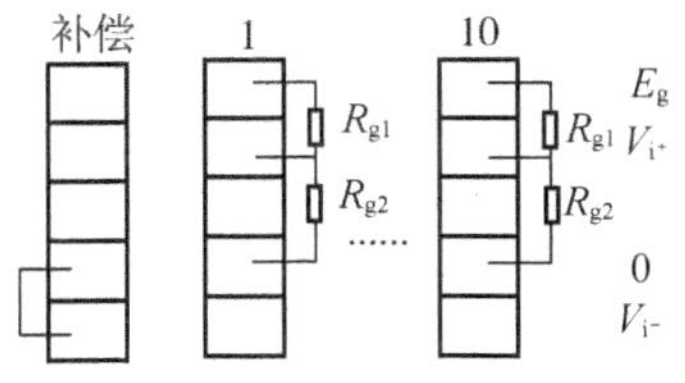 补偿 1 10 R_{g1} R_{g2} …… R_{g1} R_{g2} E_g V_{i+} 0 V_{i-}	灵敏度系数 导线电阻 应变计电阻 泊松比
方式四	半桥(2片工作片) 适用于只测弯曲应变，消除了拉伸和压缩应变	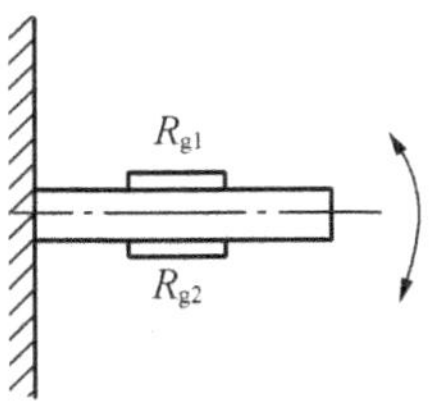 R_{g1} R_{g2}	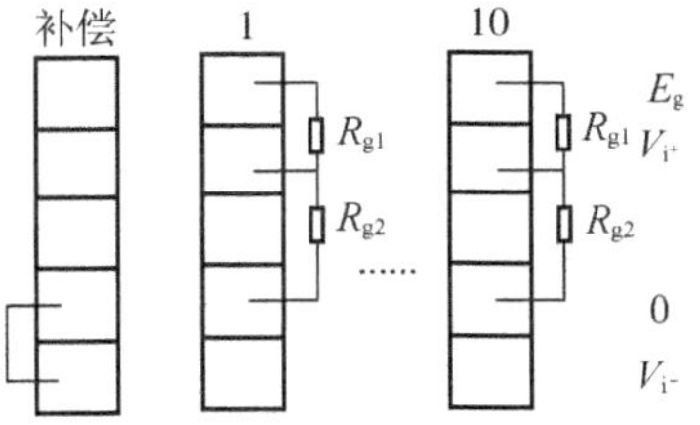 补偿 1 10 R_{g1} R_{g2} …… R_{g1} R_{g2} E_g V_{i+} 0 V_{i-}	灵敏度系数 导线电阻 应变计电阻

续附表 1

序号	用　途	现场实例	与采集箱的连接	输入参数
方式五	全桥（4 片工作片） 适用于只测拉伸压缩的应变	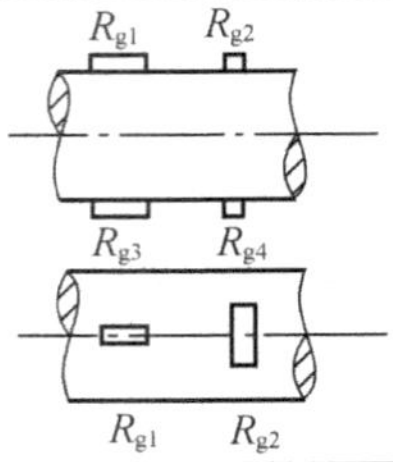 R_{g1} R_{g2} R_{g3} R_{g4} R_{g1} R_{g2}	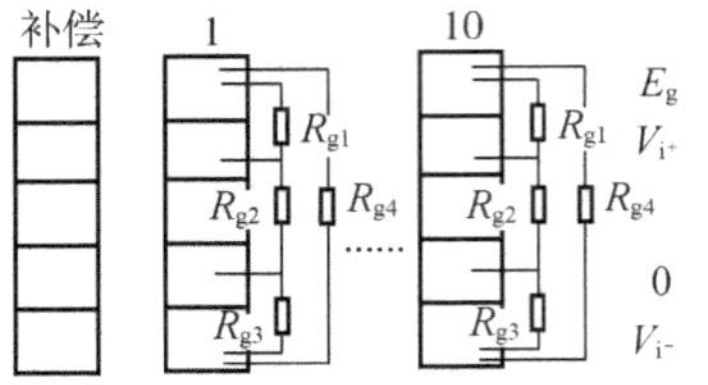 补偿 1 10 R_{g1} R_{g2} R_{g3} R_{g4} …… E_g V_{i+} 0 V_{i-}	灵敏度系数 导线电阻 应变计电阻 泊松比
方式六	全桥（4 片工作片） 适用于只测弯曲应变	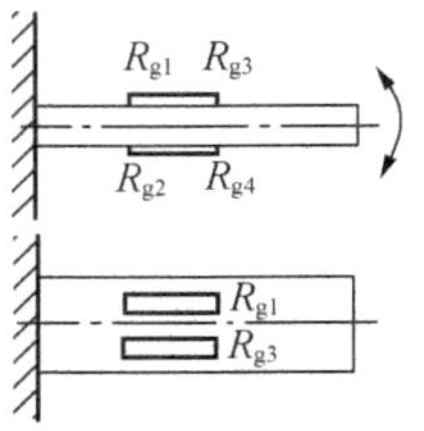 R_{g1} R_{g3} R_{g2} R_{g4} R_{g1} R_{g3}	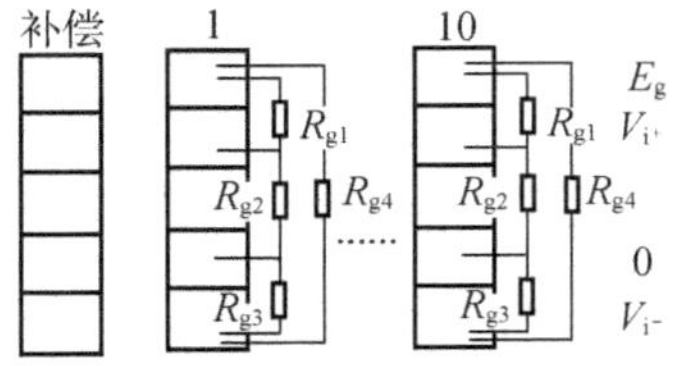 补偿 1 10 R_{g1} R_{g2} R_{g3} R_{g4} …… E_g V_{i+} 0 V_{i-}	灵敏度系数 导线电阻 应变计电阻

(2)手动控制(脱离电脑工作)

①参数设置。输入灵敏度修正系数，应为 2 除以应变片灵敏度系数的商值，按[设置]输入。

②仪器平衡(含清零)。每打开一次电源开关，应变仪所有通道自动进行平衡，若需单通道平衡，切换到该通道后，按[平衡]。

③显示。设置需测量点的通道号并确认，可在显示屏上看到该通道测量值(读数)。

(3)自动控制(由电脑控制)

①查找机箱。打开软件后，自动寻找应变仪机箱；若需手动查找机箱，单击[操作]→[查找机箱]→选择合适的串口。

②机箱特性设置：

起始测点、结束测点：输入相应通道号，回车。

比例系数：输入应变仪对应每一通道的标定修正系数，回车。

桥路方式：选择每一排通道对应桥路方式。

应变片电阻：输入应变片电阻值，回车。

导线电阻：方式一，导线电阻为两根导线之和。方式二、三、四，若应变计分别用两根导线接至数据采集箱，导线电阻为两根导线电阻之和；若将两组应变计的一端连接成公共线后再引线至数据采集箱，导线电阻为单根导线电阻。

灵敏度系数：输入应变片灵敏度系数，回车。

弹性模量：需要显示应力时，输入被测材料的弹性模量值。

泊松比：根据桥路的接线方式输入，回车。

修正：按[展开模式](修正，描述)。使用应变式传感器时，需输入经过校准的系数。如：校准前“修正”为 1，分级校准(一般分 5 级，读取数值)，计算回归方程得 $y=kx$(x 为测试显示值；y 为被校物理量；k 为校准后“修正”数)。

(4)试验测量

①一般测量。

单次采样：按“平衡采集箱”图标，单击[确定]，选[单次采样]，采样 → 按[执行采样操作]。

定时采样：按“平衡采集箱”图标，单击[确定]，选[定时采样]，设置“采样间隔”“采样次数”，采样 → 按[执行采样操作]。

②继续测量。

单次采样：单击[操作]中[平衡结果下传]，单击[文件]中[继续测试]，选[单次采样]，采样 → 按[执行采样操作]。

定时采样：单击[操作]中[平衡结果下传]，单击[文件]中[继续测试]，选[单次采样]，设置“采样间隔”“采样次数”，采样 → 按[执行采样操作]。

(5)数据处理

数据可进行查看(翻屏)、数据格式转换、绘制曲线等。

DT615 数据采集仪

(1)连机

用 RS232 线连接仪器和电脑。

点击主菜单上的 [Connections]菜单，点击[connection]，选择相应端口进行连接(一般为 dt500 Com1)。

(2)设置

①选择传感器类型、通道。

点击主菜单上的[Windows]，点击[Prog1. dlp]；

在窗口的空白处点击鼠标右键，添加需要采集数据的通道[Add Channel]；

在[Analogue](模拟信号)，选择传感器类型：voltage(电压)、Analogue State、Current(电流)、Resistance、Temperature(温度)、Frequency(频率)、Vibrating Wire(振弦)、Bridge(桥路)；

若是使用扩展箱，扩展箱的传感器，先依照上述设定，通道号可任意，设置完后，在出现的图标的中间部分“Analogue X”，单击鼠标右键，选[Channel Number]，接着选[CEM 1]，最后选定传感器所在的扩展箱的通道号。

②采样时间。

在“Prog1. dlp”的[Schedule X Y Seconds]方框内，单击鼠标右键；

选[Set Schedule Rate]，在弹出窗口中，设定采样时间。

③设定系数。

在[Prog1. dlp]的[settings]中的[Potynomial]图标上，单击鼠标右键，选择[properties]；

在弹出的对话框中，可输入 1 ~ 10 条公式，[Coefficient]右边第一个空白框输入常数，[Coefficient]右边第二个空白框输入一次项系数，依此类推；

在设定好传感器信息的图标[Analogue]里单击鼠标右键，选择[Channel Options]→“Scaling”→“Polynomial”，选择对应公式序号。

④发送命令。

点击主菜单上的[Program]，点击[Send to Connection]，若在菜单栏中没有出现[Program]，切换到[Prog1. dlp]即可出现。

⑤数据显示。

点击主菜单上的[Windows]，在[Text1. dlt]窗口下方[Connection]栏右边空白框选择对应的端口；

在[Text1. dlt]，单击工具栏中?(Data Format 数据格式)，选择[Text format]；

点击工具栏中(Properties 属性)，选择输出格式。

DH5923 动态信号采集仪

(1)设置

在[测量]中的[设置]栏中：

[存储规则]，设置存储信息；

[模拟通道]，点击[通道特征]设置量程、传感器类型(根据采样定律设定采样频率)；

[通道设定]，(设定区的右边)，按附表 2 设置参数；

[参数保存]。

附表 2　设置参数

传感器	测量物理量	单位	测量类型	输入方式	灵敏度	其他
CA－YD－127 电荷加速度传感器	加速度	m/s^2	电荷	AC	$14pC/ms^{-2}$	上限频率一般大于采样频率，量程见提示
9104 电荷加速度传感器	加速度	m/s^2	电荷	AC	$100pC/ms^{-2}$	
ICP 电压加速度传感器	加速度	m/s^2	电压	ICP	$1.25mV/ms^{-2}$	
涡流传感器	位移	mm	电压	AC	0.0017mV/mm	
测力传感器	力	N	电压	AC	3.5pC/N	

注：调整量程时，可用手轻敲测试件，看看信号是否超限。

(2)时程曲线

在[测量]中[测量]栏的［数采布局］观察时程曲线。

在屏幕右边“模拟通道”可以选择不同通道→按键盘“F2”清零所有通道 →在采集窗口中，单击鼠标右键，可选单光标读数，读取数据；在右边窗口可选需要观察的通道；

需要增加采集窗口可通过[图形区设计]实现。

(3)频谱曲线

[测量]中[测量]栏的[频谱布局]，在屏幕右边“模拟通道”可以选择通道，观察FFT曲线。

提示：使用[平均谱]，选择合适的谱线数分析，FFT曲线信息较完整，容易得到3阶频率。

(4)模态测试

①设置：

[试验模态]中[工程管理]，新建文件名 → 按[参数保存]。

[试验模态]中[模型]，建结构模型，更改测点号，此处编号需与采集设定中相一致。

[试验模态]中[数据]栏的[数据采集]，准备采集数据。

[测量]中[设置]栏的[模拟通道]，点击[通道特征]设置量程、传感器类型(根据采样定律设定采样频率)→[通道设定](设定区的右边)，按附表2设置参数→[参数保存]。

[测量]中[设置]栏的[频响分析]，注意测点号与测点方向与所建的振动模型一致。

②采集数据：

按F2键清零，信号发生器设定为1～300 Hz范围内2 Hz/s扫频，电压调节500 mV内，[测量]中[测量]，[采集]600 s。

③模态识别：

[试验模态]中[数据]，点选“测力法”“单点激励”“导纳圆法”→添加已保存数据。

[试验模态]中[导纳圆法]，通过竖向两条光标，水平一条光标，选择振动峰→[计算频率阻尼]→[振型计算]→[保存]。

④结构振型图：

[试验模态]中[振型]→[动画]，观察不同阶的振型图。

RJ45振动应变测试分析仪

(1)设置

选[设置]中[选择测试系统]，选择“RJ45振动应变测试分析系统”，单击右工具栏[联机]按钮。

屏幕下方[通道面板]的[通用参数]中设置“上限频率”。

屏幕下方[通道面板]的[IEPE]中设置“满量程、灵敏度”。

左工具栏中在[采集频率]位置点击鼠标右键，选择采样频率。

(2)采数

右工具栏[清零]，按[采集]开始采集数据。

(3)场景设置

添加场景可将测点与现场布置点对应，图文并茂地显示现场状况。

选[设置]中[场景设置]，加载现场照片，设置位置与对应通道。

屏幕下方[通用参数]中设置报警功能、报警方式、报警类型、预警值、报警值。

选[设置]中[场景选择]调用设置好的场景。

(4)频谱分析

在左工具栏[FFT参数]的“分析块长、重叠率和平均方式”项处单击鼠标右键选择参数。

选[分析]的[频谱分析]，在频谱分析视图中单击鼠标右键会弹出设置窗口，设置观察的通道、分析类型等。

(5)模态分析

选[模态]中的[结构建模]，建立模型简图。

软件下方[通道面板]的[通用参数]中设置通道的[模态参数]，“节点号(与建模对应)，激励通道(激振器位置节点)”。

打开信号发生器，产生扫频信号，采集数据。

选[模态]中的[导入批次数据]，选择采样文件，导入数据。

选[模态]中的[模态识别]，在频谱识别图中，双击各峰位，收取各阶模态。

选[模态]中的[振型动画显示]，显示各阶振型曲线。

2000标准负荷测量仪

(1)校准

把物理量值“量化”为相当的电量(电压毫伏量)。

①设置采集量化电压：

按[单位](多次)，使小光标移到[mV/V]位置；按[置零]两次后，即按[置零]，显示：“.00000”(表示清零)。

②采集相当电压毫伏量：

分多级量采集量化电压。如分5级量规标准块(厚度)，记录标准块对应电压毫伏量(系数)。

③输入系数：

选定通道：按[复位]，在松开[复位]后2s内，按[峰值]不马上放开，显示：“CH _”(表示选择使用通道，可按[+]或[-]选定通道数)。

选定功能方式：按[↵]，显示：“CAL -”(表示选择功能方式)，可按[+]或[-]选定功能方式为4，即显示：“CAL 4”。

清除原有系数：按[↵]，显示：“CLr..... -”(表示将清除 _ 通道先前输入系数)，若同意则依次按[置零]、[清除]、[↵]，即显示：“CP - 1”(表示可按序输入物理量及量化电压量，“1”表示第1校准点)。按[↵]。

输入校准点：显示："0000.00"，即可输入物理量(按[+]或[-]选数字，按[▶]或[◀]选字位)，按[↵]，显示："0.00000"，即可输入相当的电压毫伏量(按[+]或[-]选数字，按[▶]或[◀]选字位)。

然后，按[↵]，显示："CP-　1"改"1"为"2"（按[+])即可输入第2校准点，按[↵]。依次类推，输入所有的校准点(最多6个点)。

输入校准点完毕，按[复位](即完成输入系数)。

(2)仪器校验

对校准仪器进行验证。

选定使用通道对应的单位(按[单位]选单位项)。如选用量规标准块(厚度)验证位移值，"显示值"与"标准值"的差值在精度范围内为通过"校准"。

经验证的仪器可用于测量。

(3)测量

切换到对应的通道、对应的单位。

按[置零]，连续2次即清零；

按[峰值]、[清除]，再按[峰值]即清除原有峰值数(可在测量过程中、测量后按[峰值]观测最大值)。

DH1301 扫描信号发生器

(1)仪器连接

把激振器或非接触激振器两根线连到信号发生器的后面板"功率输出"的两个端子。确认后面板"输入信号输入"拨向"内"。

(2)正弦定频

①调节[类型]，使"正弦定频"对应指示灯亮。

②按[设置]，通过调节[□](数字位置)[▲][▼](数字增减)，设置好频率值后按[确认]。

③按[开始]，产生振动信号输出。

④按[电压调节]区的[▲][▼]，改变振幅。

⑤按[▲][▼]超过3 s，参数值将快速变化，按另一方向键，停止变化。

在"电压衰减"区，可按[-10]或[-20]或[-40]，指示灯亮，幅值衰减，再按一次指示灯灭，幅值无衰减。

如需改变频率，按[▲][▼]调整，调整过程中不能[停止]，也不能快速下降到0，避免产生误差。

⑥按[停止]，停止振动信号输出。

(3)线性扫频

①调节[类型]按键，使"线性扫频"对应指示灯亮。

②按[设置]，选择"起频"(对应指示灯亮)，通过调节[□](数字位置)[▲][▼]

(数字增减)，设置好最小频率值后按[确认]。

③按[设置]，选择“止频”(对应指示灯亮)，参照上一步，设置好最大频率值后按[确认]。

④按[设置]，选择“扫速”(对应指示灯亮)，参照上一步，设置好扫速后按[确认]，扫速最低为1 Hz/s。

⑤按[设置]，选择“起频”，设置频率值，按[确认]键。

⑥按[开始]，产生振动信号输出。

⑦按[电压调节]区的[▲][▼]，改变振幅。

⑧按[停止]，停止振动信号输出。

附录二　实验要求与实验分析报告内容

1. 实验前准备(有预习与收集资料、拟订方案、分析计算和如何实现等资料)。

2. 独立或分组完成试验项目。

3. 个人完成实验报告(手写版，插图、表格除外)。实验报告内容如下：

实验目的：实验达到的目标。

实验方法：实施方案、过程、步骤。

实验设备：实验所使用的仪器或设备。

实验原理：实验相关理论依据。

实验数据：实验采集相关原始数据、整理数据及图表。

实验分析：实测值与理论计算值比较分析。

实验结论：对实验结果做出评定。

4. 完成实验习题。

5. 后语(本人对课程实验开展模式谈感悟、建议和评价；对实验内容提出改进的建议)。